分身入門

鈴木創士

作品社

分身入門

分身入門

目次

2

イマージュ、分身 163

はじめに

大昔に映画にもなったエーヴェルスの小説『プラーグの大学生』には主人公の分身が登場する。鏡のなかに映った自分がドッペルゲンガーとなって街を彷徨《さまよ》うのである。ホフマンの小説でも分身は有名であるが、文学の話だけではなく、芥川龍之介は自分の分身を実際に見たことがあったそうだ。自分の分身を見た者は必ず死ぬと言われているが、芥川であれ誰であれ、自分の分身を見なくても、人はどのみちいずれ死ぬのである。

『源氏物語』に登場する生霊も分身に近いものとして考えることができるだろうが、私がいま思っている分身はこういうものとは少し違う。ここでは幽霊はお呼びではない。怨念や悔恨や欲望とは直接かかわりをもたないもっと別の「やつ」がきっといるのである。

たとえばこういうのはどうだろう。誰にでも覚えがあると思うが、記憶のなかの自分という厄介なやつがいる。あの「自分」は実に曖昧で、実に不確かな存在である。それは果たして「存在」と呼べるものなのか。存在というよりむしろ分身に近いのではないか。自分がそこにいたことは確かなような気もするが、私自身についていえば、数学的意味においては無論、確証というものが完全には持てないのである。記憶の底の底にいたのはほんとうに「私」なのか、それとも「あいつ」なのか。追いかけても、捕まえることはおろか、逃げていくばかりではないか。

しかも記憶などといっても、そもそもそれはいったいどこにあるのか。脳？　身体？　遺伝子？　魂？　宇宙のどこか？　それとももっと量子論的、素粒子論的次元なのか。ニュートリノは記憶や忘却と何らかの関わりを持っているのか。記憶がどこかに保存されているといっても、何によってなのか。電気的信号、思考、像、言葉、音、エトセトラ？　どれなのだろう。

今をときめく脳科学者たちの話を聞いていると、どうも記憶が脳のなかに保存されていることを無条件に前提としているようだが、そんな保証はどこにもない。十九世紀の哲学者ベルクソンはすでに記憶は脳のなかにはないと言っていたし、記憶のなかの「自分」はいつもどこかに接続され呼び戻されることを待ち望んでいるようでいながら、霧の彼方に消えてしまっている。黄昏時《たそがれどき》にでもなれば、我と彼、犬と狼の見分けがつかないように、記憶のなかの「私」や実在らしきものは分身とほとんど見分けがつかないのだ。

さっき「像」という言葉を使ったが、英語やフランス語ではimageである。ラテン語のimagoから来ていて、とても日本語に訳しづらい。絵が好きなので、物と像、あるいは対象と視線の関係をつらつら思ったりすることがあるが、imageもまたほんとうにわけがわからないものである。古代ギリシアの哲学者たちのなかには、物が見えるのは、対象物から「像」が剝がれて空中を飛んでいき、それが目にまで届くからだと考える人たちがいた。像は光でできているのだから、半分は物質なのだし、この見解はそれなりに正しいような気もする。でももしそうだとしたら、「像」も物の分身ということになるのだが……

分身とは何か　序にかえて

ドイツ出身の作家ゼーバルトに逆らって、しかも彼の言い方を借りれば、写真があれほど人の胸を衝くのは、そこには時間が写っているようで、時間の影すら写っていないことを誰もがほんの少しの悔恨とともに認めざるを得ないからである。彼岸にあるものも含めて、それは過ぎ去ったかに見えて、消滅と同時に何も過ぎ去ってはいないからである。

このことは写真の秘密が何であるのかをわれわれに少しだけ教えているかもしれない。消え失せると同時に過ぎ去らない時間、それは前過去でも前未来でもなく、現在という反時間である。だがそこに写っていたものはいったい何なのか。

錯覚にしろ、そうでないにしろ、悔恨と慚愧の念が頭をもたげる前に、もしかしてまず時間のなかにあるかに思えたもの、つまりそこに現在として写っていたものは、常識的には存在のイマージュ（映像）と呼ばれるものにすぎないかもしれないが、このイマージュは原理としてまるで復讐でも遂げるかのように消えることがないのだし（それは宇宙空間を永久に旅し続けている）、それ自体が運動のなかにあるならば、結局ただここを通り過ぎてゆくことになるだけである。しかしその核心には執拗な残余のごとく過ぎ去らないものがあったのである。

この存在のイマージュとはアイオーン的な永遠の現在の別名なのだろうか。そしてこの現在を含む「今」と呼べるものは、変化することなく過去と未来に無限に分割され続けているだけなのか。だがそれならこのイマージュはほぼ無限に増殖してしまい、存在のカテゴリーを壊乱してしまうことになるが、そうはいっても存在のイマージュはすでにして存在ではなく、しかも現在の存在のイマージュは、かつてそれがあった存在とは別のものであることに変わりはない。なんとも複雑な事態である。

反時間は時間ではない。それにもかかわらず反時間はつねに時間とともに、時間のなかにあるのだから、この物理的イマージュを、時間のなかにある、もしくは時間をしたがえた分身と言っていいのだろうか。だが仮に分身は時間をしたがえているとしても、どうやら分身自体が死ぬことはないらしい。時間のなかに生まれたはずなのに、死なないものがある。始まったのに、終わらせることができない。奇妙な観念論だ。映像が目の前から消えてそこから消滅してもどこかに残存し、なくなることがないように、現在しかもたぬ時間がやがて消えても反時間は残存する。つねに時間と反時間の対称性は破れているのだ。

分身の「主人」はいずれ死ぬだろうが、分身が死ぬことはないだろう。不死は死ぬことを自らの経験の覚醒とするはずだが、逆に死は不死によってしか思考できないからである。それに分身が心のなかに巣食う罪や欲望、悔恨や復讐と関係があるように考えるのは、われわれのただの性懲りもない性癖であって、分身の側からすれば、大きなお世話、無関係であると言うほかはない。分身はひとつの全体であって、「私」から分裂した心や魂の一部ではない。

だが、そうは言っても、「分身」とはそもそもいったい何のことなのか？

最初に私に分身の着想を与えたのは何だったのだろう。

それがアントナン・アルトーから来ていることはたぶん間違いない。私の眼前を最初によぎった分身の概念は、アルトーの言う「分身Le double（二重のもの、写し）」から直接もたらされたはずである。それは一種の形而上学のように見えて、物質よりも物質的かつ非物体的であり、質料よりも形相的であり、言ってみればアルトーが生涯格闘し続けた身体＝物体の裏面のようでもあり、二重のものでありながら、生身の身体から出てきたのに、身体と同じ資格をもつその反対物のようでもあった。アルトーは存在を唾棄すべきものと考えていたようだが、それとこのことは無関係ではあり得ない。

だがアルトーは分身が何であるかについて定義めいた書き方はしなかったし、時おり自分の文章に「十字架にかけられた者」などと署名していた。分身は前世にも来世にもいるかもしれないが、私が思考しようとしている分身は、私にとっての現在を成り立たせているものを説明するものでしかなく、私がアルトーの言う分身をはっきり理解しているとは今でもとうてい言い難《がた》い。

アルトーの『演劇とその分身』についても、演劇の分身が、演劇を外側から脅《おびや》かし、演劇の外部にありながらも、じつは古代ギリシア以来、同時にアルトーのいう演劇の根幹をなすものであり、人間の生自体や、あるいは生身の肉体のなかで起きてしまっている歴史の「根源的ドラマ」に近いものであることはわかるが、それが正確に何であるかという点については、アルトーのこの演劇論に限っても難問であるとしか言いようがない。
アルトーは他に自分のことをアントナン・ナルパス、アルトー・ル・モモ、ナナキなどさまざまな呼び方で呼んだり署名したりしたが、最後にこれらの分身は一度ばらばらになったアントナン・アルトーの「私」を補強し、補完し、アントナン・アルトーをついには完成するものとしてそこに「存在」していたように思われるのである。アルトーは死の直前にこうも言っていた。

俺は誰なのか?
どこから来たのか?
俺はアントナン・アルトー
そしてそれを俺は言わねばならない
いますぐ
俺にそれが言えるときに
君たちは、いまある俺のからだが
粉々に砕け散るのを
そして名だたる
無数の相の下に
一個の新しい身体が

寄せ集められるのを見るだろう
そこでは君たちは
もうけっして
俺を忘れることができないだろう。

しかも分身はフランス語風に二重（double）だけではなく、三重にも四重にも、もしかしたら無数にもなるように私には思われるのだ。

フロイトはイェンゼンの小説『グラディーヴァ』やホフマンの『砂男』についての分析のなかで、当然のこととして分身めいたものを妄想に関係づけている。だがそれでは元の木阿弥である。ここで詳しく論ずるつもりはないが、フロイト説の発端もまた同じように彼自身の無意識の欲望に根ざした妄想ではないと言い切れるのだろうか。フロイトの説では最初から幻覚を現実のものとして知覚することが問題となっているが、私はそもそも現実の知覚自体を問題にしたいのである。それは誰にとってもまったく既得のものではないし、共有されてもいない。

科学と真理の関係は、ラカンが言うとおり、一筋縄ではいかない。ひとたび制度の外に出れば、「そこで患者を分析し、それについて語っている精神分析家は、ただの気違いである」という言明も、クレタ島人のパラドクスのようにあながち嘘であるとは言い切れないではないか。真理は妄想とどのように折り合いをつけるというのだろうか。最上位のメタ言語は存在しないのだから、妄想はどこまでいってもより上位の妄想を前提にしなければならないのである。フロイトやラカンの議論が有益であることは重々わかっているつもりだが、ここでは、それで辻褄を合わせることも、辻褄が合わなくなることも拒否して、あらゆる心理学をできるだけ退けようとした。そういう気分だったのだし、それが私の立場である。

むしろ私の言う分身は、すでに言ったように、一見、反時間が時間の反映と瓜二つであるかのように、存在らしき何かからそっくりそのまま分岐または剝離するものとしてのimageに近いかもしれない。ところがこのimageらしきものは思考と言葉の裏面を照射する性質を持っているらしいのである。

Imageという言葉は日本語に訳しにくい。英語のイメージ、フランス語ではイマージュ。さまざまな意味がある。水や鏡に映った姿である「像」。絵や写真の画像や写像である「像」。それから音の「像」。あらゆる「映像」。数学の集合論の「写像」。幽霊じみた「幻像、幻影」、神の「似姿」。そして今ではみんなが使っている、心に浮かぶ「心像」としてのイメージ。

ところで、私はこれらすべての物質的とも非物質的とも言える意味を、(心的)「表象」からあたう限り遠く、物理的なもののほうへ引き寄せて考えたいと思った。表象なんて手垢のついたものは、ショーペンハウアーに立ち返って使うのでもなければ、もうはやらないではないか。

エイドロンのようなもの。そいつは心的領域にまでやすやすと入り込むのだが、イマージュとは、まずは光が半分物質であるという意味において物質現象なのである。

古代ギリシアの哲学者たちがいる。エピクロス派のルクレチウス、あるいはストア派のクリュシッポスといった古代の詩人や哲人たちが考えていたような、目と光と像の関係、あるいは音声としての言葉とその意味と像の関係。

何かを見ると、対象物から像が剝がれて、目にまで届く……。何かを語ると、像が口から出て行く……。

さっきも言ったように、像は光でできているのだから、半分は物質であるし、それなら、物が像をもつのであれば、物にも分身があるということになるのではないか。だがそれは模像（シミュラクル）ではない。模像があるということは、ほんものの像があるということになってしまう。私の言う分身は、時間とは微妙に対称をなさない反時間のなかに「同時に」いるのだから、模像とは似て非なるものであり、模像よりもたぶん「実体」に近いだろう。

いまやあらゆるイマージュはわれわれの暮らす世界のあちこちでアーカイブとして保存されている。やがてわれわれは映像を追体験することを強要されるかもしれない。だが追体験などというものは強迫観念による錯覚であって、われわれがそれを義務と感じ、義務とせざるを得ない世界のなかにすすんで身を置くなら、精神病の世界にしか行き着かないだろう。われわれは発狂するだろう。ただそれらをはじめて見るようにわれわれはそのつど眺めることができるだけなのである。すべての映像の追体験は、世界とまったく同型の、原寸大の地理模型をつくるのと同じようなことだ。われわれは愚かな世界に生きている。映像と同時に時間を取り戻すことはできない。それができるかもしれないのは分身の世界においてだけである。

ところで、これらの文章を書いたのはほんとうに私なのだろうか。だがランボーのように、「私」は私ではない、とさまざまな場面で言うのは非常に難しい。社会はそれを許さないが、ここには少なくとも名指されない、あるいは名指されそこねて逆に「私」を名指そうとする抵抗する身体がある。それはもちろん社会的身体などではない。

それに私は私ではないが、ここにいて語っているのは私だけであり、記憶のなかに見え隠れする「私」のイマージュのように、時には私は私を選び、私を利用し、あるいは私を消すこともある。だがそれでも聞こえた音が耳のなか以外のどこかに残存するように、「私」は何かの残滓でありながらも、私の所有権を奪うものとしてあるか、もともと所有関係というものを持ってはいないのだ。主体性はつねに「事物」を組織しているとしか言いようのない非主体性に送り返されるか、再びここに戻って来るしかない。別の見方をするなら、それは言葉の本質を真似るふりをして、そいつの裏をかこうとしていたのか。

結局のところ、これでは無い無いづくしというそしりを免れることはできないだろう。道中、五里霧中というほかはない。あれでもないし、これでもない。しかし私はこれらの粗末なエッセーにことよせて、苦労して否定神学の試みをやっているわけでもない。残念ながら私は狐でも狸でもないのだから、人を化かす前に、誰に望まれるともなく、より精妙にしてより野蛮でなければならない、ということが前提となるのだ。物質の影だけを記述していればよいというわけにはいかないからである。

しかしながら無い無いづくしの虚空のなかにあるのは、さっきも言ったように、やはり一個の紛れもない身体である。

身体や物体には、表層のみならず、表層の破れとしての奇妙な深さのようなものがある。それが否応なく現れて自分をつくり直し、別の自分が姿を見せてしまうことになるのを、書くという行為を通じて、日々、私も薄々気づかされているのだが、それには別の書き方が、まったく違う記述のやり方が必要だとずっと前から考えてきた。

この「深さ」は、そこに一本の木が立っていて、一個の岩があるように厳として現実であり、同時にこれらの木や岩が奇妙なものに見えるときがあるように、実際に奇妙なものである。ニーチェが言うように、たしかに「木は瞬間ごとに新しい」。木は木の木であり……、岩は岩の岩であり……。つまりこの無言の木や岩は分身をもっているかのように自らの表面を破ってそれ自体が何かしら口をきくことがあるのである。だから、急いで言っておくが、いまから記述されようとしているのは、言うまでもなく純粋な思考ですらない。それは、誰が何と言おうと、何かしらざらざらとした「現実的なもの」を生み出すからである。そして現実的なものは必ずや身体を経由するのである。

身体には、医学によっても哲学によってもまだ捉え切れていないいくつかの諸相があるように思われる。もしかしたら分身はそのような「身体」の様相のひとつであるかもしれない。

芸術は消え失せ、分身は残る。分身の歴史は禁断のモンタージュであり、歴史の言いそこなった断片でもある。それは書かれなかったのだ。私は分身を、幾人かの量子物理学者にとって反物質がそうであるように、絶対的実在と見なしている。

本書におさめたエッセー群は分身のとりあえずの実験である。書かれたもの、描かれたもの、撮られたもの……等々は、そもそも分身による実践である。

それで分身入門である。

まずは私自身が入門するというわけだ。分身入門にははじまるものがあるのだ。

この入門の向こう側にはとうぜん崩れた門の形骸のようなものが見え隠れしてはいるが、そうはいってもその門には怖い番人などいないのでご安心を。きっと門の掟もないに等しいに違いない。かつてもいまも掟がないことが掟かもしれないが、法はここでもつねに無法を前提とするのである。しかも、もしかりに番人がいたとしても、その番人は動物であるか、人間以外のものであるか、それともたぶん一個の分身にすぎないのだから、事態はさらに紛糾するばかりなのかもしれない。

その門は地獄の門なのだろうか。

ダンテは七百年ほど前に言っていた。

「この門を過ぎゆく者はなべての希望を捨てよ」、と。

1……言葉、分身

誰でもない人　異名としてのフェルナンド・ペソアを讃える

ある人の家に足繁く通っていた頃、電車を降りて駅の北側へ出ると、いつも寄り道をした。ある人の家は駅の南側にあるのだが、線路から北側に少し急な坂を上がると、さして大きくもない、緑色の水をたたえた池があった。その池の奥に目立たない小道があって、さらにそこを入っていくと、お気に入りの細道があったのだ。

二百メートルほどのこの小さな道を通ると、いつも別の時間のなかにしばらく居ることができた。別の時間？　たしかにそうだ。この界隈《かいわい》には別の時間が在って（時間は流れているようには思えなかった）、そこにわだかまるように時間のはざまが停滞していたのだが、私はそこをたまたまのふりをしてただ通り過ぎるだけだった。そこを通ることが、私が私に対して行う儀式か芝居のようなものだったのかどうかは分からない。灰色の、しんと静まり返った小道には、ほんの少しだけ別の蒼白い光が、時には黄色い光が射していた。だから雨の日にはそこを通るのをやめた。

道に沿って壁がずっと続いていた。ところどころ古びて変色したコンクリートが剝げ落ちて、なかの煉瓦が丸見えになっている。壁にはスイカズラの蔓《つる》が垂れて、五月頃になると白い花をつけた。時々、花を無造作にいくつか失敬して、子供の頃にやったように蜜を吸った。路地じゅうにいつも強く甘い香りがしていた。スイカズラは忍冬と書くくらいだから、冬をも耐え忍ぶ強い草であるからだろうか、そこを通ると、花の咲かない冬でも鼻を突く香りでむせ返るような感覚に襲われる。

小道はいつもひっそりとして、人とすれ違うことはまったくない。鳥の囀《さえず》りが遠くでしているだけだ。鳥の姿はなかった。ずっと続く壁からは生い茂った樹々しか見えず、家屋は見えなかったし、このかなり広大な屋敷が誰の住む屋敷なのかは知る由もなかった。私はただ速度を緩めてそこを歩く。けっして何も見てはいないのに、見えるのはいつもほんのわずかにざわめく梢《こずえ》だけだ。

道のもう片側には竹を組んだ塀があって、道の左半分が和風で右半分が洋風だった。変な言い方だが、日本の平凡な町にある、それでいて見たこともないような道には違いなかった。ずいぶん間の抜けた感想だが、私はいつもそんな風に思った。

歩いているとき、私は考え事などしなかった。私は何も考えてはいなかった。何も思考できなかった。だが、どこにでもあるというわけではないが、どこかにあるようでもありながら、この道には独特の、名状し難《がた》い風情があった。それが私に何かを強要した。ここはリスボンでもブエノスアイレスでもないのだけれど、一瞬、なぜか自分がどこにいるのか、どの町なのか、どの国なのか、わからなくなるのだ。私は幸福感を覚えた。自分のことなど知らない、という幸福感である。危険な幸福感だ。私は突然の多幸感にとまどうほどだったし、またそうでなければならないと義務のように思わずにはいられなかった。

ここを通る数分間、外国語も含めたあらゆる言葉の十全な意味において、私は完全に独りだった。内と外の両方で、同時に何かが溶解していった。自分に対する理由のない親密さは自分というものを雲散霧消させる特効薬のように思えることがある。

私がランボーの言うような「場所と公式」を求めて焦っていたのだとすれば、場所は図らずもこの道であり、公式は、この場合、自分から抜け出すことだったはずである。私は誰でもない人だった。私は否定の権化であり、何かと何かの間隔であり、隔たりであり、空気でできた壊れた機械のバネ、中空に放り出されたただの螺旋《らせん》であり、忘却であり、遅れ、ズレであり、空地であり、未分化の細胞にも似た不定形な原型、プラトンの語る「彷徨《さまよ》える原因」だった。

そして不思議なことにそれらすべてのものが、ゆるやかな類似のひとつの形をなした。風景はどれひとつ同じものがないとはいえ、互いに似ていたし、私にも似ていた。人と風景が一致してしまうことがある。風景は全体であるのに、しかし実際には全体のない部分だけがあった。奇妙な集合論だ。これは私を一種の麻痺状態にした。というか誰かの麻痺状態のなかを魚のように泳いでいるみたいだった。フェルナンド・ペソアは、人が死のことを眠りと呼ぶのは、外部からすれば死と眠りが似ているからだと言っていたが、それならばここは集合の外部だったのだろうか。私は眠ってはいなかった。

ここ二、三日、私は熱に浮かされている。これを書いているいまもまだ熱が下がらない。意識が朦朧《もうろう》としているわけではないので、熱に浮かされているというのは言い過ぎかもしれない。昨日も昼間、床に臥《ふ》せっていて、切れ切れの夢をたくさん見た。目覚めると、何も覚えてはいない。何かがからだのなかで増殖していたらしい。私のからだは戦闘中というか内乱状態にあるのだ。風邪に似た症状はかなり不愉快なものだけれど、たいしたことはない。

　私は書いてみる。一行、また一行と、少しずつ。ペソアは「無意識のウィルス」などと言っていたが、熱とともにガラクタのような私の無意識が蒸発していくみたいだ。病気は肉体の狂気の発端であるだろうが、肉体を除けば私は発狂してはいない。そしてそのことに安堵することすらない。昨日、寝床でペソアにまつわるタブッキ原作のアラン・タネールの映画を見たからだろうか、訳もなくランプや灯台や下町のレストランのことを考えてしまう。

　枕元のランプ、半分廃墟になった灯台、ポルトガル料理のSarrabulho。海、酷暑、ジプシー、手相見、タクシー運転手、路地裏のペンション、模写されたボッシュの絵の部分、雨ざらしになったぼろぼろのピアノ……。

　そしてリスボンのバイシャ（ダウンタウンの中心街のこと）の入り組んだ路地や、情緒溢れる古い界隈アルファマの喧噪や、ドウラドーレス街の中二階にあるレストランやカフェ・ブラジリアがなければ、ペソアは存在しなかったのだろうか。もしペソアがドウラドーレス街から出て行くことは決してないだろうと自分に言い聞かせなかったならば、リスボンの街から出て行ってしまっていれば、ペソアがほんのわずかの「永遠」を知ることはなかったかもしれない。こうしてひとたび書いてみると、それはもう永遠のことのように思われるのだ、と彼も書いていたのだから……。

　いや、彼が書いたというのは不正確だ。ペソアの分身のひとりであるベルナルド・ソアレスがそれをペソアに向けてそっと誰かの耳元で囁いたのだ。マラルメが言うように、「永遠が彼を彼自身に変える」ことができるのなら、そのとき、正確に言って、ペソアはどこにいたのだろう。

無駄な言葉、零《こぼ》れ落ちる言葉、無関係のいくつかの隠喩。漠然とした不穏さがそれらを別の時間に結びつける。ペソアはそれを郷愁だと言いたげだったが、それがわずかに苦い郷愁を呼び起こしはしても、郷愁そのものだとは私には思えない。

あるよく晴れた日のことだった。私はいつものようにその道を通った。その道を行くことだけが目的にさえならない目的だったのだから、相変わらず私は何も考えていなかった。ある人の家はそこから遠くはなかったが、その頃になると、この道を通るためにだけ、ある人の家へ私は通っていたのかもしれなかった。

昨日はかなりの土砂降りの雨だったので、陽が射し始めると、最後の雨が空を去った後、これ以上ないほど空気が澄み渡っていた。ものの輪郭が黒く、くっきりと見えていた。雨上がりはいつも美しい。そして奇妙なことが起きる。私のヴィジョンはこのきわめて摑み難い希薄さと奇妙なたゆたいのなかにしか棲息できないみたいだ。

いつものようにその道に足を一歩踏み入れると、妙な感じがした。

変な予感がする。何かがおかしかった。スイカズラの匂いがしないし、雨上がりなのに、鳥の囀りもまったく聞こえない。その当時でもとても珍しいものになってしまっていたアスファルトではない土の道も、もうすっかり乾いてしまって、雨が降った後のようには思えなかった。

私はいつもと同じように歩いた。

見ると、道の右側の塀にはスイカズラの蔓も花もなく、枯れた蔦《つた》の蔓がわずかに壁にへばりついているだけだ。塀はたしかにところどころ剝げ落ちていて、なかの古い煉瓦が見えている。塀の向こうは家屋の見えない大きな邸宅であることも変わりはない。だが、左側には竹を編んだ柵のような純日本風の塀などなく、鬱蒼とした空き地があるだけだった。その左側には、日本家屋の離れの一軒家だったのだろうか、古びた勝手口が見えていたはずだが、そんなものは跡形もなく消えていた。この南側の向こうはいろんな種類の樹々が乱立する林があるだけで、手前にはスイカズラではなくエニシダが密生している。エニシダの黄色い花はほとんど枯れかかってはいたが、あちこちにサヤエンドウのような黒ずんだ実をつけていた。

　私の記憶違いなのか。そんな馬鹿な。何度となく通ったはずの道だ。間違うことなどあるはずがない。百歩譲って、それでも別の道を通ったということもあるかもしれない。だが近くにもう一本道があるなどとは気づきさえしなかったし、ありそうもないことだった。別々の自分がそれぞれ違う道を歩いていたのだろうか。だがそのたびにそこを歩き、その道のことをとりとめもなく思っていたのはそのときの「私」ただひとりだったのだし、そのことに考え及んだことすらなかった。そのつど歩いていたのはいずれにしてもひとりの、この自分である。スイカズラは金銀花とも書き、白だけではなく黄色の花をつけることがあるのを知っていたので、私は急いで近寄ると、エニシダのまだ完全に枯れてはいない黄色の花をもぎ取って、あわてて吸ってみた。萼《がく》の苦い味しかしなかった。甘い蜜は消えていた。

　そのとき私が見ていたこの風景は世界で最初のものだったのだろうか。いま見ている風景も最初の風景なのか。画家であれば、いつも風景は最初か最後の風景であるほかはないと言うだろう。でもそれを見ていたのは誰なのか。

午後も遅く、陽が傾きかけていた。わずかに蔦のからんだ塀が薔薇色に染まり始めていた。私は立ち止まり、薔薇色の光のなかに立ちつくした。どうしていいのかわからなかった。透明な光は、いまから弱々しくなる一方であるはずの光は、それでも生まれたばかりの光だったのだろうか。

ペソアという詩人が存在したのかしなかったのかと問う前に、だから私はほとんど存在していなかった。私は生きることなく、そして同時に死ぬこともなく、この道を通り過ぎていた。通り過ぎた痕跡はおろか確証もあるはずがない。すべての足跡はあらかじめ失われている。そのことは分かっている。私はこの異なる風景のなかで同時に生きていたのか。それともいまも生きているのか。だが残念ながらこの私には感情というものがあるのだし、この立証しようのない感覚は、いまこうして書いている最中の私にとって、いかんともし難い。二つの世界があるのではない。だが私が誰でもないのだとしたら、それもあり得ることなのかもしれない。

ふと私は思った。誰かを通して生が生を語り、死が死を語るのではないのだ、と。そうではなくて、ひとつの生のほうがたまに誰かを選んでいたのではないか。そして死が生に似ているのは、外部というものが存在しないからだ……、いま私はここにそう書こうとして、柄にもなくためらってしまう。死が生に似始めるのは、それとは逆に、内部が存在できなくなるからなのかもしれない。この誰かにはほとんど内部というものがないかもしれない。

人ではなく、風景が、何かしら祝福されたもののように唐突に思えるときがある。それが一新されたように思えるときがある。われわれには世界が見えている。この祝福は光が時間に干渉しようとする魔法なのだろうか。だが人間がそこにいようといまいと風景は風景である。誰かがそれを見ている。そして誰も見ていない。ちょっとした小道、急な坂、貧しい家々もお屋敷も。新しい風景。それはたいていはすがすがしいものであることをわれわれは知っている。

だがそんなすべてを目にすることができなくなるときが間違いなくやって来るだろう。誰でもない人フェルナンド・ペソアはそれを日々感じ取っていた。人っ子ひとりおらず、誰も見てはいない砂浜、誰も気にもとめない街路樹、駅を走り去った電車、明かりの消えたバー、人のいないオフィス街、紙屑が舞う汚れた名もない通り、冬の山並み、そんなすべてはそのまま存在し続けるだろうというのに。まったく別の世界、あるいはほんの少し変化した、けれども決定的に異なる世界が現れていたかもしれないのに。だがほんとうなのか。それだけなのか。風景の意味は間違いなくペソアの時代とは異なるものになってしまった。神の目があろうと、カメラの目があろうと、風景自体がなくなってしまうかもしれないのだ。

誰かがそこを通り過ぎる。そして私も君たちもまたそこを足早に立ち去っていくだけである。

＊＊＊

詩人フェルナンド・アントニオ・ノゲイラ・ペソアは一八八八年にポルトガルのリスボンに生まれ、一九三五年、リスボンで死去した。一九一五年、雑誌『オルフェウ』を刊行し、前衛的な文学界の一部からポルトガルのモダニズムの旗手と見なされるようになるが、さまざまな会社を転々としながら、生前刊行された詩集は一冊だけだった。二十世紀ポルトガルの最も偉大な詩人としてペソアがほんとうに読まれ始めたのは、なんと半世紀以上も先の一九八〇年代半ばを過ぎてからのことである。いまでは全集の刊行が行われているが、『不穏の書』をはじめとする彼の仕事の全貌は、唯一残された彼の「トランク」のなかの、未整理のままの膨大な草稿がなければ、誰にも知られることはなかっただろう。

ペソアの特異さは彼の経歴だけではない。というか彼の詩人としての経歴は前代未聞のものだったとしか言いようがない。なぜならペソアは、七十人以上にも及ぶ「異名Heteronimo」を創出し、これらの異名たちがそれぞれの詩や本を書いたからである。例えば、『群れの番人』はアルベルト・カエイロ著であり、『海のオード』の作者はアルヴァロ・デ・カンポス、『不穏の書』はベルナルド・ソアレス著といった具合である。

これらの異名たちはフェルナンド・ペソアのペンネームではない。彼らは異なる出自、経歴、人生をもっていたばかりか、体格、気質、仕事も違えば、思想信条も異なっていた。しかもペソアがただ文学的様式の発明のために異名たちを創出したのだと言えば、ペソアを恐らく裏切ることになるだろうし、少なくとも不正確の誹《そし》りを免れない。なぜなら二十六歳のとき、友人をかつごうと冗談半分で架空の詩人をつくり出そうとしていたペソアは、突然、忘我の状態に襲われたからである。このエクスタシーのなかでペソアは三十篇ほどの詩を書き上げたのだが、それが詩集『群れの番人』であり、作者のアルベルト・カエイロ、最初の異名の出現だったからである。異名たちが(そしてペソア自身が）詩や文章を書いたのは、文学の方法としてではなく、文字通りの意味においてなのである。

それぞれの異名たちがペソアの文学にもたらした寄与の詳細はこれからも研究されるだろうが、さしあたって私の関心はそこにはない。では、それならフェルナンド・ペソアその人はどうなのか。「彼」と呼んでもほとんど何を指しているのかわからないのだが、彼はどこにいるのか。ペソアは多重人格者ではなく、これらの異名たちとともに、あるいは彼らの見えない後ろ盾になって、あるいは彼らが背後にいたからこそ文章を書いたのだし、書くことができたのだろうと私は考えている。ペソア自身もまたたしかに文章を書いたのである。

ひとつだけ言えることは、これらの異名たちとともに歓喜し悲嘆し苦悩し、さまざまな危難を乗り越え、それに打ち克ってきたのは、つまりこれらの異名たちを生かしただけではなく、これらの異名たちそのものを生きたのは、ペソアその人だったということである。それは勝利だったのだとフェルナンド・ペソア自身は語っている。

だがそれだけなのだろうか。イタリアの現代作家アントニオ・タブッキや一九九八年にノーベル文学賞を受賞したポルトガルの作家ジョゼ・サラマーゴのように、ペソア（とその異名たち）にほとんど生涯にわたって取り憑かれた作家がいることは私にもよく理解できる。タブッキもサラマーゴも素晴らしい書き手たちであるが、これはけっして文学的影響などと呼んで済まされるようなものではなかった。

ペソアの作品には単純さのバロックと呼んでも差し支えないような、エクリチュールと人格における複雑さと単純さの不思議な融合があるのだし（こんなことは普通は起こり得ない）、あるアルゼンチンの大作家が言っていたように、文学の歴史が幾つかの隠喩の抑揚からなっているとすれば、事はごく少数の単純さを主題としながらも、さらにしかし全き複雑化の様相を呈するに違いない。この複雑さと単純さの奇妙なアマルガムは、成就しかけでいつまでも成功しない計画のように私にとっても心地のよいものである。と同時に、ペソアが「ペソア」を知らないように私は「私」を知らない以上、当然のことながら私にとっていまでも解けない謎のままであり続けるほかはないのだ。

そしてこの単純さのなかにペソアという作家の全存在それ自体も含まれている。異名たちとペソア。彼らをどのように区別できるというのか。つまり私にとって、ペソアが創造し、彼から出現した異名たちと同じように、フェルナンド・ペソアその人もまた「異名」のひとりになったということなのだ。

ところで最初に語った道だが、阪神淡路大震災から数年後、その有形無形のさまざまな後遺症から何とか立ち直りかけたとき、真っ先に電車に飛び乗って行ってみた。

私は唖然とするほかはなかった。倒壊した駅も駅の周辺も新しくなり、風景は一変していた。誰でもない人といえども完全に所在をなくしていたのだ。駅前の道という道は新しくなり、あまりにも無様な区画整理のために拡張され、あの道も、長い塀も、そしてたぶん、かつての私がついに家屋も住人も目にすることはなかった屋敷もろとも、まるで他人の夢の跡のように跡形もなくなっていた。落胆と悲しみをこめて、そのことを報告しておきたい。

正午を探す街角

絶対的な理解と絶対的な無理解とのあいだに思考の伝達をとりかわすことができたなら、それはすでに哲学的友情と呼ばれてよい。自分相手の場合でも、これ以上のことは望めないのだ。
（ノヴァーリス「花粉」）

ボルヘスはもう目がほとんど見えなくなっていた晩年になってあちこちを旅した。盲人だけが知る薄明、あの明るい靄《もや》に包まれた（とボルヘスは言っていた）「視界」のなかに彼は何を見ていたのだろう。その空間、そう言ってよければ、未知の空き地は、今日のお天気のように一面の薄曇りだったり、突然、深い霧に覆われたりしたのだろうか。映画のように有毒性の霧が出てくるのだろうか。きっと思い出したように、突然、日が射すときもあるはずだ。慎ましい、ほんのささいな出来事の喜び、あの恩寵のように。

どの街角でもいい。名もない街角でもいい。

「それはオンセの菓子屋の街角かもしれない。死の影に怯《おび》えるアルゼンチンの作家マセドニオ・フェルナンデスが、死はわれわれの身に起こり得るもっとも些細なことだと説いた」あの街角でもいい。自分が木であることを、そして人々に涼しげな木陰を提供していることなどつゆ知らぬ一本の木が、短い影を投げかける街角。木も見当たらない街角。どこまでも広がる、目が痛くなるような青空、くっきりとした黒い影。素晴らしいコントラスト。正午を少しだけ過ぎた街角。

思い返せば、どこでもよかったのだ。住民への相談などなしに最近無駄に植え替えられ移転されてしまった、巨大で力強い大木があった(われわれはそれを京都のバオバブの木と呼んでいたが、木はすっかり元気をなくしてしまった)。その木がひっそりと聳《そび》える京都東山の入り組んだ路地の奥にある誰も知らない街角。どこかで群青色か薔薇色に染まる街角。それともそこで人が死に、手向けられた花も枯れてしまった表通りの埃《ほこり》だらけの街角。うっとうしい人間さえいなければ、昼の日なかにはかつてそこが処刑場の一角であったことすら忘れられた、薄汚れた街角であってもいい。ボルヘスは、街角とは、それはどこの街角でもあり得るのだから、目には見えない「原型」なのだと言っていた。

ある日、ボルヘスは異国のホテルに到着したばかりだった。盲人たちの見る明るい靄のなかを手探りで、部屋の輪郭を知ろうとそろそろと歩いていた。彼はいろんな物にぶつかったかもしれない。ボルヘスは手を回しても届かないくらい太くて大きな円柱に行き当たった。彼は円柱に触れる。それが白い色をしているのがわかる。盲人に色が見えないなどと考えるのはわれわれの思い上がりである。固くてどっしりとした円柱。天井まで伸びる円柱。そのとき束の間の幸福を覚えた、とこのブエノスアイレスの大作家は出し抜けに述べている。奇妙な幸福感だった、と。それは原型というものが人に与える幸福感だった。

この形態も手触りも幸福感もまた、当然ながらはじめて手にする、文字どおり目には見えない「原型」なのだ。ボルヘスは飛び上がったかもしれないし、靄のなかをほんの少し浮き上がり、浮遊していたに相違ない。円筒、方形、球体、角錐。ユークリッド幾何学の純粋な形態がもたらす啓示。この作家にとっての大いなる幸福。ボルヘスはこの上なく美しく簡潔な言葉でそう語っていた。

とはいえ、盲人ではない私が見ているもの（ほんとうに私は何かを見ているのだろうか）、それはプラトン立体のような神的な形態ではなく、どこにでもある街角と同じように、単純であれ複雑であれ、同時につかみどころのない不可解な形態である。ある時はでこぼこしたり、ある時は平坦だったり、異様にとんがったり、家並みや風景に混じって輪郭がわからなくなったりしている。原型はすぐさま失われ、そして再び現れるだろう。この原型は少しだけ忘却に似ている。

そこはパリ六区のシェルシュ・ミディ通りだった。ずっと昔、ドラゴン通りの裏に住んでいたことがあったが、そのドラゴン通りを抜けてフール通りに出ると、五叉路になっていて、そのままフール通りを渡るとシェルシュ・ミディ通りが始まる。この通りは六区と十五区を横断していて、サン・ジェルマン・デ・プレとモンパルナスをつないでいる。最後はカミーユ・クローデル広場で終わっている。

シェルシュ・ミディ。正午を探す、といったほどの意味だ。フランス語には「午後二時に正午を探す」という諺《ことわざ》があって、なんでもないことを難しく考えたり、簡単なことを難しくする、という意味らしい。だが、「なんでもないこと」などどこにあるというのだろう。すべてがどうってことないのであれば、なんでもないこと、「なんにもなし」をあえて探すのは至難の業《わざ》だ。美学も道徳も倫理学も太刀打ちできない。正午を探すのは、ミノタウロスのいない迷宮にいるようなものである。何を頼りにどちらを向いて進んでいいのか、皆目わからないのだから。

ニーチェも正午を探していると言っていた。垂直に光が射す。影の消える刻限。一瞬だけ原型さえもが見えなくなる。夜は思い出でさえなくなり、昨日のなかへ遠ざかり、消滅する。樹々の影も一瞬消え失せ、キリコの絵のなかの街路も、また別の日常のありふれた神秘に覆われることになる。見回しても、輪遊びしている少女もいない。ありえない蒸発、停止。諸々の生の停滞、とランボーがうんざりして言ったのはこのことではない。そうではなく、ただひとつの停止。あっという間のことである。一瞬だけ感情も来歴も何もかもが外に追い出される。お払い箱なのだ。

昼間のドラゴン通りではいつも二人の顔見知りとすれ違った。ひとりはハンサムでシャイな（そんな風に見えた）日本人。何度となくすれ違い、彼の目と私の目は何度も交差していたというのに、彼の名前も、彼が何をしている人なのかも知りようがなかった。彼とはいつも足早にすれ違い、お互いがお互いに魅せられながらも、お互いを避けるように彼と口をきくことはついぞなかった。彼は誰だったのだろう。実在していたのだろうか。

もうひとりは、そうしなければならなかったかのように（どこにいようと、ある意味できつい時代だった）、あるいは何らかの兆候ででもあるかのように、毎日同じくたびれたセーターと同じよれよれのコートを着ていた美しくて少し奇妙なモデルの卵のフランス人。近くにあった近所のおじさんしか通わないような小さなカフェで、このファッションモデルの卵は早口にパリ訛《なま》りのフランス語を喋った。私にはたいてい彼女の早口はちゃんと聞き取れなかったが、モデルのくせにいつも挑戦的に「服なんて、これしか持っていないのよ」と言わんばかりだったし、実際にそうだったに違いない。

私の知っているドラゴン通りはいつも空虚で、なんの変哲もなく、暗かった。ロシア人の知り合いの姉が通りに面したアパルトマンの最上階の奥のほうに住んでいた。正面から見るとさして特徴のない建物だけれど、上へ昇って奥へ行くとずいぶん変則的だった。貧民窟か宗教施設の安物の建て増しの離れみたいだった。粗末な色刷りのガラス張りの三角形のような通路があって、奇妙な造りだった。そんなものがあるとして、斜光ガラスとでも言っておこう。光は斜めからしか射してはいなかった。

光は傾き、世界も傾いていた。いかがわしい所ではないのに、どこか猥雑でいかがわしかった。彼女の弟と一緒に何度かお邪魔したはずのこの姉の部屋の様子はちゃんとは思い出せない。たしかカティアという名前だったように思うそのロシア人は、昔ここにシュルレアリスムの画家のマックス・エルンストが住んでいたのよと言っていたようだが、ほんとうかどうかは知らないし、確かめる気もなかった。エルンストはもういなかったし、どうでもいいことだった。

めったにドラゴン通りを南の端まで、ましてやそれ以上行くことはなかったように思う。フール通りに出れば、たいていまたフール通りを北上し、サン・ジェルマン大通り、さらにセーヌ河の方向へ歩くことになる。パリの通りが人の狂気につけ入る隙を与えるのは、何もベンヤミンが言うようなパッサージュだけではない。通りから通りへ、それは思考のガタガタの道筋にも似ていた。思考は必死に何かに抵抗していたが、思考と心理を区別できずに、道筋は自ずと決定されてしまっていた。五月革命を準備する前に、ギー・ドゥボールとシチュアシオニストの革命家たちが「心理地理学」と言っていたのがよくわかる。

小さな散歩のなかにも地政学らしきものがあったのだろうか。たぶん！　たぶん戦略が必要だったが、戦術を探しあぐねて、ミイラがミイラ取りになってしまったりもする。当たり前のことを言わせてもらえば、思考のなかで場所を非場所と区別するためには、われわれはつねにひらめきを必要としていたし、いまも必要としている。場所は公式をともなう。だがこのひらめきが指し示す公式に名前を与えることは非常に難しい。スペインの神学者で神秘家だったライムンドゥス・ルルスが構想したような思考機械を、われわれは歩きながら創案できなかったのだ。

その日はシェルシュ・ミディを南に歩いた。モンパルナスまで歩いて、後でカフェ・セレクトかクーポールまで行くつもりだったのかもしれない。なぜ南下したくなったのかはまったく覚えていない。日曜日だった。日曜日のパリは退屈でけだるい。ダミアの暗い日曜日。かつて大勢の人が自殺した日曜日。商店などほとんど閉まっている。人通りも少ない。なおさら空虚で退屈なシェルシュ・ミディの通り。もっとずっとパリの北のほうだが、ブルトンとナジャが出会ったのもこんな日曜日だったに違いない。だが私は、ブルトンのようにいきなり「私とは誰か」などとは思わなかった。

家並みも風景も半透明の靄のなかでぼんやりしていた。すべてが霞んでいてよく思い出せない。街角の佇まいも何もかも。記憶のなかの街角は盲人ボルヘスのいたあの薄明とどのような違いがあるというのだろうか。私は霞のなかを手探りするでもなく、もしかしたら手探りしながら、ひとりでやけに（たぶん）殺気だって歩いていたのだと思う。ブルトンとシュルレアリスムが言うような客観的偶然はそれ自体としてほんとうにあるのだろうか。だがむしろ廃棄された偶然の外で、私のアウラとシェルシュ・ミディ通りのアウラはぴったり一致していた。というかシェルシュ・ミディ通りのアウラが私のそれに混じってしまっていたに違いない。私は一種の透明人間だった。向こうからフランス人らしき若い三人組がやって来た。男二人と女一人。曇り空の日曜日だから他に人通りはなかった。彼らは立ち止まって、じっと私の顔を見た。

「交換しないか」、とフランス青年がいきなり言った。

「何持ってる？」

「ＬＳＤ。君は？」

「カプタゴン」

ちょっと待っててくれと言い残すと、私がにこりともしないで差し出したむきだしのアンフェタミンの錠剤をポケットのなかに急いで突っ込んで、彼らは建物のなかに消えた。彼らはチンピラではなく、どちらかといえば育ちがよさそうな、少し退屈したようにも意気盛んなようにも見える美しい男女だった。ひょっとしたら皆殺しの天使というのはこんな感じなのかしらと私は理由もなく思ったかもしれなかった。天使は変幻自在だ。七〇年代は旧約聖書の時代ではなかった。天使も様変わりする。ヴェンダースの映画のベルリンの天使よりはまだましだろう。

扉のなかに消えた彼らの後ろ姿をぼんやり見ながら、彼らが戻って来ないことがわかった。私はなぜか確信した。LSDは非在のなかで居場所を求め、宙吊りになったままどこかに迷い込んでしまうだろう。この状況はまだ摂取されていないLSDのバッドトリップとはまったく違っていた。私は別に今日LSDがなくても何の不都合もない。でもこちらだけが騙されたのではなかった。私が渡したのも、残念ながら(ごめんなさい!)アンフェタミンではなく、日本から持参したただの残り物の頭痛薬の錠剤だったからだ。

物々交換は、架空のポトラッチ、つまりノヴァーリスの言う「絶対的理解と絶対的無理解」の交換は、ちゃんと成立していた。それでも聞き耳をすませ、試しにほんの少しだけ待ってから、私はそそくさとその場を立ち去った。これはたしかにノヴァーリスが言うような哲学的友情と呼べるようなものではなかったし、喧嘩にでもなれば、人数からしても私が負けて天使が勝つに決まっているからだ。それに冒頭に引用したノヴァーリスの文章で重要なのは「自分相手の場合でも、これ以上のことは望めない」という点である。つまりこのエピソードめいたものは完全に宙に浮いてしまっている。いったい私は何を思い出しているというのだろうか。結局、私は自分自身の分身と何かを、無を交換したのである。

さっきも言ったように、彼らが戻って来ないことはなぜかわかっていたが、彼らが騙されたことに気づくのはあの頭痛薬を飲み干してしばらく経ってからなのだし、先手を打ったのは私のほうだった。この分身とのポトラッチは、現実的外観としては、一種の天使的ゲームであるには違いなかった。私は歩きながら少しだけ笑ったと思う。独り言に笑ったみたいに。気分は悪くなかった。天使を騙したのだから。おまけに徒手のお土産付きで。そして天使たちに騙されたのだから。

天使がいるかどうかは誰かに尋ねてみないとわからないとしても、街角はどこにでもあったし、街角はあらゆる場所であり、ここには絶対に存在することができない「いたるところ」だった。ここと同じように、いたるところは同じ仕方で在るのか。いや、そうでもない。だから町並み自体が時間と呼ばれる大河のなかを小舟のように漂い、私は正午の日なたの皮膚病にかかった犬ころみたいに、日に照らされた舟の上でじっと立ち止まり、身動きせずに「停止」を通り過ぎたことになる。「停止」はこうして誰かによって横切られたのである。


シェルシュ・ミディを南下するちょっとした散歩。これもまた「原型」なのだ。旅や散歩のなかに原型を見つけることを私はボルヘスから教わったのだった。原型は時間のなかにあったのだから、これで過去のなかにも未来のなかにも何かが解消されることになるのだろうか。だが過去の一点、未来の一点が解消されるなら、混じりけのない「純粋な泉」はどこから流れ出すのだろう。

変な通りすがりのしらけた天使たちと別れて、ラマ僧であるチベット人たちの秘密結社がシェルシュ・ミディ通りにあったという話を思い出しながらモンパルナスへ向かって歩いた。何かの本で読んだはずだった。モンパルナス大通りまではそれほど遠くはない。第二次大戦の頃、パリを占領したナチスがその結社の場所を血眼になって探していたらしい。だがそれでもそこはひとつの灰色の街角にすぎなかった。

珍しい状況、例えば、津波の後、仙台や福島からやってくる人たちが街角で理由もなしに偶然出会い、誕生日を祝い合う日はそうざらにあるものではない。誕生日が祝われたとしても、私はそれを「客観的偶然」だとは思わない。

予兆はあるのか。時間に抵抗できるものは何だったのか。私はそのチベット人の話が本当であれデタラメであれ秘密結社の場所を探したりはしなかった。シェルシュ・ミディ通りが重要なのではなかった。いくつもある通りのひとつにすぎない。シェルシュ・ミディはたしかにひとつの原型だったが、いつも通るドラゴン通りの何の変哲もない灰色の風景もまたひとつの原型だったことに変わりはない。そしてこの原型は、漠然とした日常でも突飛な非日常でもなく、「日常の内部」、こちら側にしかなかったはずなのだ。

数ある原型。でもそれは原型だった。盲目のボルヘスの場合とは少し違って、それは後で原型になった。どれでもいい形ではない。こんな風に言うと、ただの散歩だというのに気取りすぎているように思えるかもしれないが、まあいいだろう。「私とは誰か」ではなく「私は誰でないのか」……。こんな命題を立てたからといって、どうなるものでもない。もうそれしか残っていない言葉が私にそんな風に書くことを要請するのだ。

もうずいぶん前の話だし、パリにもどこにも行く気がしないのだから、現在のシェルシュ・ミディがどのようになっているのか知らないし、別に知りたいとも思わない。与太話のようなあの昼を私はけっして忘れないだろう、などと私は言えるだろうか。

「私は居て、そして居なかった」、とジャン・ジュネは格調高くそう書いていたが、これに勝る言葉はないだろう。これこそが、そこにいた、という意味なのだ。幸福な暗い日曜日に。シェルシュ・ミディからは見えにくかったあの教会の十字架の下には何もなかったように、そこには、底には、何もない。恐怖と畏怖にふさわしい場所を見つけることができるかもしれないなどと私は思わないし、そんなものはただの詩的なたわ言、恐怖の代償でさえない無用の長物なのだろう。いまは足が悪くて……などなど、思うように散歩ができないのが少し不満だ。懐かしいのはパリではなく、散歩のほうである。

ニーチェの狂気?

自分の謙虚さにとって不愉快で邪魔なことがあります。それは、結局のところ私が歴史上の各々の名前であるということです。

（トリノ、一八八九年一月六日、ヤーコプ・ブルクハルトへの最後の手紙）

私がひとりの人間であるというのは偏見です。しかし私はしばしば人間たちのあいだですでに生きてきましたし、人間たちが感じることはすべて知っています、最も卑しいことから最も高尚なことまで。私はヒンズー教徒たちのもとでは仏陀であり、ギリシアではディオニュソスでした。――アレクサンダーとシーザーは私の化身ですし、同じようにシェイクスピアの詩人、ベイコン卿でした。ついには、さらにヴォルテールとナポレオンでしたし、恐らくリヒャルト・ワーグナーだったかもしれません……だが今度こそ、地上を祝いの日に変えようとしている勝ち誇ったディオニュソスのようになるのです……私にはありあまるほど時間があるということではありません……天は私がそこにいることを喜んでいるのです……私は十字架に吊り下げられたこともあったのです……

（トリノ、一八八九年一月三日、コジマ・ワーグナーへの手紙）

*

ちょうどこのワーグナーの妻コジマへの手紙を書いた日に、ニーチェは狂気の発作を起こしたと伝えられている。ニーチェは狂気に屈したのか。ドイツを、「北」を逃れて滞在していたイタリアのトリノの広場で、鞭打たれていた可哀想な馬の首に飛びついたニーチェは、泣きながらそこにくずおれるように倒れたのである。再び目を覚ましたとき、ニーチェはディオニュソスであり、十字架にかけられた者となっていた。

ニーチェは明るいイタリアの空の下で、自らの影が消えてしまう「正午」を探していた。彼はトリノにいながら、正午の果てのイタリアのどこにもないあの僻地で、バタイユが言うように、わけても自分自身の犠牲《いけにえ》になっていたのだろうか。

ニーチェは『遺稿』のなかに「われわれのうちで最も勇気ある者も、厳密に言って、自分が知っていることのために十分な勇気をもってはいない」と書いていた。彼の思考を追い越し、分身としての自分が自分自身を、あるいは自分自身の主人を覗き込むようにして、ニーチェは自らが知っていること、知ってしまったことをこの勇気と引き換えにしたのだろうか。だがこの勇気、ひとつの必然性は、はたして思考の崩壊を手玉に取ったのか、無論、その逆ではなく。彼はそのために早起きし、毎日、四時間散歩し、膨大な量の断片を書いたのだった。

晩年のニーチェの「狂気」はいったいニーチェを何に変え、かつての思考を逆照射することになるのだろうか。勿論《もちろん》、永遠の時間は彼を彼自身に変えはしなかったし、その後、ニーチェは死ぬまでの十二年間を狂気の淵に沈んだまま過ごし、再び向こう岸から帰ってくることはなかった。

妹のエリザベートや弟子のペーター・ガストはニーチェにいったい何をしたのか。だが「家族小説」の話などどうでもいい。彼らはナチスに口実を与えただけだった。ニーチェは『曙光』のなかで、古代文明の瞠目すべき人物たちが辿った運命に思いを馳せている。「気違いではなく、気違いの振りをする勇気もないとき、人はいかにして自ら気違いになるのか?」

何かを言うことは命取りになりかねない。われわれはアルトーやヴァン・ゴッホの場合と同じ轍を踏み、そこにはまって身動きが取れなくなっている。精神医学や精神分析がこの点で役に立ったことはまったくといっていいほどなかった。唯一の例外として、私はここでフーコーの『狂気の歴史』の最後の数ページを思い浮かべているのだが、狂気が作品＝営みの不在であり、その絶対的な断絶であるのなら、ニーチェの最後の手紙のなかのどこへ「言語の不在」を探しに行けばいいのか。われわれは思考の中心的な欠如と言語のあまりにも執拗な不在に苦しんでいるのだから、何をおいても急いでそれを問うておかねばならないのだ。

嘘をつこうがつくまいが、全般的な社会の話をしようがしまいが、いったい誰が言葉を所有し得たというのか。世界が散文でできているとしても、いったい誰が何のためにそれを読んでいるのか。言語活動の不確かで不分明な最初の伝達さえをもそれ自体の破産として飲み込んでしまう狂気は、あらゆる言語の間隙の死に至るほどの登攀《とうはん》を、あの勇気をなかったことにし、たしかに哲学者のハンマーは手という手から滑り落ちた。それはニーチェより十歳年下だった若き日のランボーがあれほど嫌った手だった。だが、そうであれば、こうして作品の中心をなしていた空虚をじつは無時間的な広がりのなかで最初に決定づけていたはずの「狂気」によって、作品＝営みの実質は、踏破されたあらゆる時間の和解と手厳しい拒絶の外で、最後の透明なページにいたるまで煙のように消滅してしまったとでもいうのだろうか。

だがフーコーはこうも言っている。

「アルトーの作品＝営みは狂気のなかでそれ自身の不在を身をもって知るのだが、しかしこの試練、この試練を繰り返し始める勇気、言語活動の根本的な不在に対して投げつけられたこれらすべての言葉、空虚を取り囲む、というかむしろ空虚と一致するあの肉体的苦痛と恐怖の空間のすべて、これこそが作品＝営みそれ自体なのである。つまり作品＝営みの不在という深淵の上の切り立った斜面である。（……）ストリンドベリ宛の絵葉書を含めて、すべてがニーチェに属し、そしてすべてが『悲劇の誕生』の大いなる親縁性のたまものである。しかしこの連続性を、ひとつの体系、ひとつの主題系の水準において、ひとつの実在の水準においてすら思考してはならない。ニーチェの狂気、すなわち彼の思考の崩壊は、それによってこの思考が現代世界に通じている当のものなのである。この思考をかつて不可能にしていたものは、われわれにその思考を現前したものにしているのだ。ニーチェからかつてその思考をもぎ取っていたものは、いまわれわれにそれを提供しているのである」（『狂気の歴史』）

フーコーがここで言っていることはきわめて微妙で困難な事柄であるが、われわれにとってあまりにも決定的である。私のこの言葉に留保はない。経過するかに思えた時間は局所的な細部にだけ宿り、言葉とともにアポトーシスの領域に入り込むらしいのだから、ほとんど理性と非理性の外縁を消し去る瞬間は、別の時間を、別の空間を設定せざるを得なくなる。そして別の生ではなくこの生は、自殺を決行するのでなければ、いや、自殺しても元の木阿弥なのだが、残念ながらそれ自体を別の仕方で生きざるを得なくなるだろう。消えたものは何なのか。死はどこにあるのか。だがそれなら同じことだ！　どうやって書けばいいのか。ここでは何かを言うことが問題なのだから……。死後の生は禁じられている！　ああ、たしかにそれは書かれたのだから、自ずと書かれたのである。

ニーチェに限った話ではないが、狂気と作品は互いを退けながらも同時期になされたものとして考えねばならない、というのはいまや喫緊の命題である。作品と狂気はもうひとつの同じ時間の開始のなかにあって、この度外れの尺度によって世界は自分を測っているのだとフーコーは言う。ひとりの人間において、作品＝営みと狂気が同じ時間のなかにしかないのであれば、もしそうであれば、時間の継起は幻想であり、たいした問題ではない。勿論、ここで私は新しい空想のカレンダー、あらためて幾度となく空想化されることになるはずの日付の話をしているのではない。哲学の歴史も文学の歴史もどうでもいい。それらの帰結だけが見ものである。そしてすべてがニーチェに属しているならば、最後の手紙の言葉を、ぼんやりとしたあの辺獄《リンボ》で書かれたものを、いま一度、別様に、別のパースペクティヴのなかで読んでみなければならない。そのくらいは私にも解っている。

恐らく大方の予想に反して、ニーチェ的な意味において、例えば、かつて私が「仏陀であり、ディオニュソスであり、十字架にかけられた者であった」としても、それが輪廻思想をわざわざ前提にしなければならなかった必要はないと私は考えている。少なくとも私の「分身Le double」はそんな風に抗弁するだろう。それが輪廻思想に基づいていても実のところ私自身はいっこうに困りはしないが、たぶんそれでは的外れである。

われわれはニーチェの奇妙な言葉の行く末を見届けたいと思っているだけで、ニーチェが仏教徒であろうと、戦闘的な反キリスト者であろうと、それから何らかの当たり障りのない教訓や、どうせたいしたことはない、言いっぱなしの哲理を引き出そうと考えているわけではない。そんなものはどれも卑しいことである。ほんとうに血にも肉にもならないことは、どのような遠近法的眺望のなかに置かれようともニーチェが嫌ったことだった。私はそんなことにはまったく興味はない。ニーチェは激怒していたのだ。

*

もっともここで言うに事欠いて、駄々をこねながら、自分は宗教の世紀には生きてはいませんなどと私は言いたいのではない。それどころではない。言うまでもなく、ニーチェ自身が言ったように、あたりをカンテラで照らさなくとも、神が死んでいるのがただちに分かるのは、神の死体の腐臭がいたるところから臭ってくるからであり、最初に「殺害」が生起したのだし、神の苔《こけ》むした墳墓をわれわれはあちこちで目の当たりにしているのだから、バタイユが言うように「われわれは獰猛なまでに宗教的である」ことははっきりしている。いたるところが霊廟だ。どう転ぼうとも、われわれが骨の髄から宗教的であるという点で、無神論も科学も精神分析もまったくそれを免れてはいないのである。だが宗教の話はさしあたりこのへんでいいだろう。

ところで、私があるときディオニュソスであったということは、そのとき私はディオニュソス以外の何者でもなく、あるとき私がそうであった十字架にかけられた者は、いかにもあるとき私がそうであった仏陀とは何の関係もない。この「私」とは何なのか。誰なのか。ニーチェのことをここで文法どおりに、慣例どおりに彼と呼ぶことはできない。なぜなら、『リグ・ヴェーダ』や『イザヤ書』のなかに見つけることのできる謎めいた言葉が語っていたように、この「私」とは「彼」であり、この入れ替えはなぜか時間をまたいで瞬時になされることになっているからであり、そして狂気に沈んだニーチェのように、「私」が同時に歴史上の各々の名前をもつ人物、要するに「彼」であるには、なんと言えばいいのか、そのつど「私」と「私」を繋いでは切り離す、ある離接的綜合の作用、「絶対的分身」のようなものを実在的に仮定しなければならないからだ。

この絶対的分身もしくは離接的綜合は、当然のことながら、太初の闇以来の時間のなかに突発する時間の極限形式、時間の絶対的分身もしくは時間の離接的綜合でもあるのだが、断っておくが、それが、通俗的なものも含めて、何らかの「意志」や欲望に関わるものだとは私はまったく考えてはいない。

フランチェスコ派のスコラ神学者たち（ドゥンス・スコトゥスを筆頭に）は、最終的解決として、その本質が無限性の様態によって個体化された存在の一義性の果てしない連関、この世の真の堂々巡りを超越論的に断ち切るために「神の意志」説を介入させたのだが、それがたとえドゥルーズの言うような、あらゆる条件と作用のおおもとを排除する純粋な強度によって構成されたものであるとしても、この場合は「意志」とは無関係である。悲しいかな、涙ぐましい努力を続ける哲学的、あるいは心理学的な意志については言わずもがなのことだろう。

そうではなくて、むしろこの絶えず回帰する離接的綜合は、「イマージュ」のいってみれば物質的な絶対性、無軌道であまりにも幽霊じみた光と時間の物理学的関係を成立させているはずのものに近いのではないか。世界のなかには驚くべきことがいろいろある。周知のとおり、イマージュの同一性というものが存在するのだ。よくよく考えてみれば、それは常軌を逸したものだ。この同一性は同一性の不正であるが、それは、この世における「悪」の存在がそうであるように、「不正の神秘」（聖パウロ）がそうであるように、私の意に反して、神秘的であるというほかはない。

それはそうと、冒頭に引用したニーチェの手紙の言葉をはじめて読んだとき、すぐさま同時に私の脳裏に浮かんだのは、なぜかシルスマリアの湖畔で、突然、降って湧いたようにニーチェを襲った「永劫回帰」の啓示《ヴィジョン》のことだった。いや、正確に言えば、「永劫回帰のヴィジョンのこと」ではなく、空気感まで伝わるようなヴィジョンそのものだった。

あの枝の間から零れる月の光、月光を浴びて濡れたように光る蜘蛛の巣の上を、のろのろと這っていくこの世のものとは思えないあの蜘蛛、また門の側でぼそぼそと人知れず囁《ささや》き交わしているあの会話の光景だった。同じように、そもそもニーチェが体験したものも、「目でもって聴くことができる」ように、厳密に言って、霊感《インスピレーション》ではなく五感のヴィジョンであったに違いない。このヴィジョンはイマージュでできている、というかイマージュそのものである。ここが肝心な点であるが、それを見ていいたニーチェ自身を含めて。そして私がかつてディオニュソスであったのとまったく同じように、私がかつてこの私であったごとく、私がいま眼前にし、聞いているあの会話の主のひとりは、紛れもなくこの私自身の物質的イマージュでもあったのである。

「おまえが現にいま生きていて、これまでも生きてきたとおりのこの人生を、おまえはさらにもう一度、そして幾度となく生きねばならないだろう、そこには新しいことは何ひとつなく、それぞれの苦痛と喜び、それぞれの思考と呻《うめ》き声だけではなく、おまえの人生の言い尽くせぬほどの大事や小事のすべてが、おまえに向かって回帰してくることになるのだ、しかもすべてがそのままの順序と脈絡にしたがって。──あの蜘蛛も、あの枝間から洩れる月光も、そしてまさにこの瞬間と俺自身も。実在の永遠の砂時計は、いつまでもあらためてひっくり返され続ける──それとともに、おお、塵のまた塵の粒たるおまえもまた！」(『ツァラトゥストラ』ではなく『愉快な知識』〔喜ばしき知恵〕のヴァージョンによる)

道は後ろにも前にも延びてどこまでも続いているが、われわれはどこにも行けず、そこに釘づけになったままだ。一瞬が過ぎ去る、また一瞬が。私は時計の秒針を見ている。チクタクという音が聞こえる。いま私は何かをしているのだろうか。ここははたしてピラネージが描いたような永遠の牢獄なのか。これはそれほどまでに恐ろしいヴィジョンなのか。だが誰にとって？　そう言っていいなら、どの「私」にとって？
　だが、ほんとうは身動きできず、そのまま生まれることも死ぬことも消滅することもできずにいるのは、「飛び去る今」を呆然と見送るわれわれ自身ではなく、言葉の厳密な意味における、そして言葉の物理学的あるいは美学的意味における、われわれの像でありイマージュのほうであるに違いない。繰り返し回帰するように見えるのはイマージュの同一性であり、粒であり波である光と同じくらい堅固なイマージュの存立性なのだ。

　われわれは世界のなかにいて、同時に世界を見ている。だがそんなことがほんとうに可能なのか。これは言葉の単なる矛盾であり、一種の錯覚ではないのか。世界が迷妄であることはわれわれが目にできる最も揺るぎない事実だとニーチェは言っていた。世界はいまここに生まれ、姿を現したばかりではないのか。そしてそれは、ありがたいことに、じつはまぎれもない「救済」ではなかったのか。ニーチェの運命愛は因果律を受け入れることをけっして意味してはいなかった。イマージュの因果律についてはなおさらであり、もっと言うなら、イマージュは因果律などもち合わせてはいなかったのである。だからこそイマージュの絶対の同一性を支えているのは、私と物、私と世界、私と時間、等々の対称性が破れるまさにその刹那に出現するはずの、というかむしろこの対称性の破裂、裂開としてはじめからそこにあった、入れ替えのきかない「絶対的分身」であるほかはないということになる。

もしそうであるなら、それこそフィルムのなかでは、原理的に、それ自体としては死ぬこともできないイマージュとしての分身が永久に動き回り続けるだけの「映画」のなかにいるようなものだ。生の極みで、また日常の生活のなかでも、延々と同じ動作を繰り返し続けるこの「分身」の観点からするなら、別のものではなく、まさにこの生それ自体のなかでほんとうにわれわれが見ているのは、実際、「月光を浴びてのろのろと這っていくあの蜘蛛」であり、押し込み強盗のような時間の襲来をまともに食らう停止したわれわれの思考の欠如のあの光景であり、つまりわれわれ自身の姿であるかもしれないのである。そしてわれわれがわれわれ自身であるということは、かつて私があるときはディオニュソスであり、あるときは十字架にかけられた者であり、また歴史上の各々の名前であったということと別の事柄ではあり得ない。そこには何の違いも、もう少し言えば、何の質的差異もないのだ。

ニーチェ自身は永劫回帰を「およそ到達し得る最高の肯定の形式」であると言っていたが、だからわれわれがあるとき仏陀であり、またあるときはディオニュソスであり、要するにそのつどわれわれ自身の成れの果てであるためには、砂時計をひっくり返す張本人が誰であれ、それぞれの息詰まるような瞬間が、繰り返しいまこそ生きられるものとして、無条件に、最大限に肯定されねばならないのである。

追記

蛇足ながら、ものを書く人間として、翻訳する者の端くれとして、最近の不都合な話題にぜひとも言及しておくべきだろう。

まずはニーチェの言葉を聞いてもらいたい。『善悪の彼岸』より。「ある言語から別の言語へ最も伝わりにくいのは、その文体のリズムである。これはその民族の性格に、あるいはより生理学的な言葉で言い表すなら、その「新陳代謝」の平均的リズムに由来する。誠実な翻訳でありながら、ほとんど裏切りに等しい歪曲された翻訳というものがあって、こういう翻訳は原文を知らぬ間に凡庸なものにしているのだが、それはただ単にこのリズムを大胆で楽しげなものに翻訳して、言葉と物のあらゆる危難を飛び越えて突き進んでいくことに失敗しているからである。ドイツ人は、その言語において、急速な調子《プレスト》にはほとんど不向きである。そのために自由な思想、解放された思考の最も洗練されて最も斬新なニュアンスの数々にもやはり不向きであるとされるのもむべなるかなである」。あるいは、「いったい何人のドイツ人が、よくできた文章ならどんなものにも技芸というものが、もし文章を理解したいのであれば、見抜かなければならないひとつの技術が含まれていることを知っていて、また知ろうと気にかけているだろうか！　このようにある文章のリズムについて思い違いをすることは、文章の意味そのものを取り違えることとなのだ」。

ここでニーチェが言っていることをたとえそこまで文字通りに受け取らなくても、最近の我が国の出版界を席巻しているニーチェの「超訳」なるものや、ある意味でナチスと同じ次元だと言いたくなるような「編集」による「ニーチェの言葉」なるものが、いかにニーチェの思想を根底から裏切っているかということがはっきりするだろう。「超訳」などというものは、「誠実な翻訳」ではないことを自ら表明しているのだから、それはまさにニーチェとは何の関係もない紛《まが》い物であり、でたらめであり、詐欺商品であることはわざわざここで断るまでもない。とうとうニーチェまでもがペテンにかけられてしまったのである。

ドクロマクラ　夢野久作『ドグラ・マグラ』覚書

邯鄲《かんたん》の枕は、夢野久作風に言えば、髑髏枕である。

一生の夢から覚めるのではない。何十、何百、何千、何万世代にもわたる夢である。別の夢のなかで夢から覚めたとしたら、誰が見ていた夢なのか、夢のなかで夢から覚めたのが誰なのかわからなくなる。ある人が夢のなかで夢を見ていて、その夢から夢のなかで別の人が目覚める。他人の夢のなかで。私にはよくあることかもしれない。ほんとうなのか。彼は誰なのか。他人の夢ならまだしも、塀の上で寝ている野良猫の夢だったりするかもしれない。

動物ならまだいい。生物などと言うが、下等生物には「誰」それということがない。それすらも忘れてしまって、原生時代に見たようなまた別の夢のなかで目覚めている。たまたま狂人がそこにいたりすると、彼が暴れたりしないでいてさえくれれば、原生生物や無生物状態の夢の海で溺れかかっているよりもはるかに救いである。

誰それが見ている夢と狂人の夢がまったく区別できないことは言うまでもないが、栄枯盛衰の夢から覚めてふと気がつくと、そこでさっきからぐつぐつ湯気を立てていた粟粥がまだそこにあったとしても、それがまた別の夢のなかの出来事ではないという保証は、数学的に言ってもどこにもないのだ。それならこの小説の呉一郎は、あるいは私は、夢を見ているのだろうか。さあね。だがどこかにこの夢の枕を盗む奴がいるらしいのである。

何の因果か、去年の暮れも夢野久作を読んでいた。病室のなかで、である。病気は肉体の狂気のひとつではあるだろうが、そこはキチガイ病院ではなかった。何を隠そう、たしかにドサクサに紛れてそうではなかったけれど、私以外はかなり高齢の人ばかりの六人部屋だったので、有意義に楽しく冬の数日を過ごすことができた。だいたい心臓系などの病気の人たちばかりらしかったが、夜ともなれば、呻き声はそのまま歌に変わったりもした。

呻き声が歌のように聞こえたということではない。その人は喘鳴《ぜんめい》を洩らして苦しい夜を過ごしておられるのかと思いきや、喘鳴が終わると、間髪をいれずそのまま続けて流れるように「蘇州夜曲」のようにも聞こえる歌をうたっておられましたのだ。それも一日に何度も。咳、くしゃみ、呻き声と歌声のなかからその老人の人生が全速力で洩れ出ていました。夜陰に乗じてなのだが、『ドグラ・マグラ』読書のバックグラウンド・ミュージックとしては申し分なかったことを申し添えておこう。カーテンの隙間からのぞく、病気のわりにはまるまるとしたご尊顔は胎児のようにも見えた。大変無礼な言い方ではあるが、とても気味が悪かったのでございます。

私は笑う気になんかなれない。あまりにもあほらしいからである。『ドグラ・マグラ』が言うように、狂人なんてどこにでもいるじゃないか。それに誰もが知っている話をするなら、われわれの政治はますます精神異常と不可分なものになっている。

　例えば、われわれの首相がちんけなエディプス・コンプレックスの病理学的な個人的捌《は》け口を政治の理想とやらに求めていることは明らかだが、それが極端に意識されたものであれ、されないものであれ、そんなことには関係なく、「父」（無論、祖父その他を含む）の亡霊が異常にしつこいものであり、その恨みが始末に負えないしろものであること、つまりあからさまに幽冥界から、現実の些事などとはとてもじゃないが言えない大事《おおごと》に介入しようとしていることは、個人的な事柄などと言ってもはや済まされることではない。いい気になって「子」がその気でいる限り、「死んだ父」の成仏などとうてい叶いはしない。亡霊はますますつけ上がるばかりである。

　夢野久作が士族の出身であり、右翼の父をもっていたから言うのではけっしてないが、政治のナショナリズム的な激発は、それがどこで起ころうとも、つまり日本的であろうとなかろうと、いままでの世界の歴史から鑑みても、つねに精神病の完璧なモデルであり続けた。それは「家族」や「村」と同じように精神病の機制と似たようなかたちをしていただけではなく、精神病の症例であり精神異常の病理学的実験そのものである。

　すべてのナショナリズムとは、「外」が厳にあるのだということを何が何でも闇雲に否定することである。すべてのナショナリズムという言い方自体がすでに矛盾をきたしている。ナショナリズムとは、そんなものが思想のうちのひとつであるとして、論理的に「唯一」のものでなければならないはずだ。

「内」にあるものが、「内」という存在だけが、民族的、文化的、歴史的、地理的、地政学的、あるいは生理学的、大脳生理学的等々、ひいては存在論的な真理であると主張し続けることは、「内」は自分自身だけではなく、無数に存在することがわかっているのだから、理屈上「内」と「内」の殲滅戦にしか至りつけない。坂口安吾が言っていたように、戦争はバカかキチガイがするものと相場が決まっているが、なお、さらに最近ではそれが国際的な平和的理念のもとに行われるであろうと嘯《うそぶ》くに至っては、神経症の域をとうに越えているのである。このような連中が自分を手本にして利用しているのは、夢野久作自身の言葉を借りるなら、無生物と紙一重のところまで近づいた人間心理の「黴菌性の流露」である。われわれはお隣のお嬢さんのノイローゼに付き合わされているわけではないのだ。

この小説には主人公はいないといってもよい。殺人を犯したらしい犯人はどこかにいるのだろうが、主人公が決定されると、時間に基点ができてしまうからだ。警察的リアリズムは「ひとつの」原因と結果をとらえることができるだけで、いくらプロファイリングを積み重ねようと、犯罪を形づくる全体性、因果の全体については結局何もわからないだろう。それはすでに『ドグラ・マグラ』が探偵小説として証明しているとおりである。

因果律はたった一本のラインからできているのだとしても、いずれにしても、もつれにもつれた因果律を時間と同一視することはできない。それでも『ドグラ・マグラ』は、ある人が言うように、「時間」の小説なのだろうか。時間が小説の「地」になどけっしてなってはいないという意味でなら、そう言えないこともない。だが作家ではなく、むしろ小説自体が小説を書くだけで、時間は邯鄲の夢のごとく簡単に破綻する。でもこれではあまりにも大雑把にすぎるというものだ。

『ドグラ・マグラ』の冒頭の時計の音「…………ブウウ――――ンンン――――――ンンンン…………。」から、最後の時計の音「……ブウウウ…………ンン…………ンンン…………。」までは、数秒しかたっていないか、まったく時間は経っていないかのどちらかである。

この時間はその場にとどまって分岐するだけで、進化の過程のなかですら進むということがないし、過去から未来へ流れる時間というのは、「記憶」というものが、細胞のなかであれ、どこであれ、なぜか太古の昔から存在してしまっているのだということを間接的に明かしているだけである。古代ストア派が言うように、アイオーン的時間という、過去と未来に無限に分割され続ける「現在」というものだってあるのだし、実在しているのはそれだけかもしれないのである。

寺山修司の映画『田園に死す』にあったように、家のなかから柱時計を動かすことができなかったり、つまり時間を家の外に持ち出すことが禁じられているだけではない。たぶん時間を移したり、持ち運んだりすることはできるだろうが、そうではなくて時間自体がじっと動かないのである。夢のなかの時間が、過去から未来へではなく、逆に未来から過去へと流れているように感じられたり、ただただ時間が切迫しているだけでどこにも辿り着けないのは、そして夢と現実の接続がなぜかフィルムを逆回転させるように一瞬のうちに成し遂げられるのは、もともと「幾つかの」時間の単位、時間の塊《かたま》りがそこにあるだけで、時間など流れてはいないからである。犯罪は瞬間的な点の上で犯すことはできるが、刑事が足を使おうが、刑事をやめるまで捜査に長い時間をかけようが、時間を遡るようにして犯人を追いつめることはできないのである。

「そうした幻魔作用《ドグラ・マグラ》の印象をその一番冒頭になっている真夜中の、タッタ一つの時計の音から初めまして、次から次へと逐《お》いかけて行きますと、いつの間にか又、一番最初に聞いた真夜中のタッタ一つの時計の記憶に立帰って参りますので……それは、ちょうど真に迫った地獄のパノラマ絵を、一方から一方へ見まわして行くように、おんなじ恐ろしさや気味悪さを、同じ順序で思い出しつつ、いつまでもいつまでも繰返して行くばかり……逃れ出す隙間がどこにも見当りませぬ。……というのは、それ等の出来事の一切合財が、とりも直さず、只一点の時計の音を、或る真夜中に聞いた精神病者が、ハッとした一瞬間に見た夢に過ぎない。しかも、その一瞬間に見た夢の内容が、実際は二十何時間の長さに感じられたので、これを学理的に説明すると、最初と、最終の二つの時計の音は、真実のところ、同じ時計の、同じ唯一つの時鐘の音であり得る……」(『ドグラ・マグラ』)

これらの幾つかの説話自体が時間の流れだと言ってごまかすことはできない。それではあんまりである。テクスト理論は「小説」というもの自体が孕む狂気と比べれば何ほどのものでもない。小説ではすべてが許されるのだが、だからといって小説の外部を小説の内部で想定してしまうことはあるときは邪道である。一見、『ドグラ・マグラ』のなかに描かれた時間が円環的時間のように思えるのは錯覚であって、元に戻ってしまうのは現在にある記憶の特性にすぎないと言っていい。季節が巡るからといって、時間が円くなっているわけではないのだ。

フロイトが言うように、無意識は時間を知らないだけではない。どこに向かってであれ時間は動かない。現在しかないからである。現在しかなければ、犯人がいないのも、犯人が不確定であるというのも実にうなずける理屈であるというものだ。違うだろうか。何十万年の時の経過も一瞬のうちに決してしまう。あれよあれよという間もなく、すべては始まった途端に終わってしまう。人生はあまりにも短い。私も含めて誰もがいずれ思い知ることである。この本をやっと刊行にこぎつけたほぼ一年後に夢野久作は死んでしまったのだから、なおさらではないか。

しかも瀕死の者だけが特権的に見るのではないらしいこのあらゆる出来事の走馬燈を目撃し体験しているのが、つまり小説を書くと同時にそれを読んでいるのが、まだ母親の胎内でぐずぐずしている「胎児」であったとしたらどうだろう。殺人事件、エトセトラは必ずしも過去の事件というだけではなく、もしかしたらこの胎児にとって未来に起こる出来事であってもおかしくはないし、胎児はいま現にどこかで起こりつつある事件の映像を瞬時の「人の記憶」あるいは「世界の記憶」として母親の胎内で見ているのかもしれないのである。それに時計の音が「ボォーン」ではなく「ブウウン」であるのは、母親の胎内の水のなかで、しかも逆さまになって、彼が帯状の臍の緒の振動をとおしてそれを聞いているからなのかもしれない。

夢野久作の『ドグラ・マグラ』のページを埋め尽くしている、一見、複雑怪奇にして、よくよく考えれば、つまり経験的には極めて明快な数あるテーゼのなかでも、私が一番好きなやつは「脳髄は物を考えるところに非ず」である。脳髄が考えなくても、我思う故に我有りは破綻しないが、我、我、とわめいてもどうなるものでもない。細胞が思考するならば、自発的な細胞死であるアポトーシスや死の欲動のほうがまだ理にかなっていることになる、と私は思う故に我は有り、したがって私は何度となく死すべき存在となるであろう。

この本は一応探偵小説なのだから、心底困る人はいないなどと思ってはいけない。これ自体はじつに困った事態なのである。探偵小説はそれを書きつつある主体を巻き込んだりしないと考えることはたぶん間違っているし、私が探偵小説のことをよく知らないとはいえ、そんなことを言っては探偵小説に失礼だろう。

巻き込まれた書き手はどこにいるのか。この小説の作者が狂人でないことは火を見るよりも明らかだが、夢野久作がこの小説のなかにいることは、だからといってどうだというわけではないが、ほぼ間違いないだろう。作者が小説のなかに入り込むということは、切羽詰まっていたとも、誠実な態度だとも考えられるが、たしかに作者の不在は主人公の不在と等しくはないし、作者の非不在は主人公の非不在と等しくないとはいえ、それにもかかわらず夢野久作は、この小説のなかでこの小説を書きながら、「脳髄は物を考えるところに非ず」ということを思考しているのはまさしくこの脳である、などとは言っていないのである。

記憶というものを考えれば、脳髄はからだ全体にある。私は夢野久作にならってそう考えたいと思う。

「お尻をつねればお尻が痛いんですよ」。

これは多くの論者が言っているような全面的な「唯心論」でもなければ、神なき「汎神論」でも、いわんや「汎精神論」でもない。量子力学的記憶論の先取りとも言える夢野久作の細胞記憶談義へと至る議論は、いささか唐突ではあるが、それに本人の意に反してではあるが、それでもきわめて唯物論的なものであったのかもしれないと私は思う。なぜなら脳髄だけではなく、お尻も細胞もただの物質にすぎないからである。

勿論、ここでは唯物論は転倒されてしまっている。マテリアリズムの顚倒。プラトニズムの顚倒よりもさらに手強いものである。夢野久作がベルクソンを読み込んでいたのかどうか知らないが、夢野久作の「脳髄電話交換局」説のことを考えていると、遺伝として細胞に仮託された「因縁」（『ドグラ・マグラ』が声を大にして主張しているように、おしなべて言えることはそれが悪因縁であるということだ）というものが、生物学的な情報の伝達によるものなのか、前世のものも含めた「記憶」そのものの現在の振舞いによるものなのかわからなくなってくる。やはりここでも因果律を記憶と同一視してはならないのである。


いまだに脳科学者たちが、思考も含めて、すべての偽装された、というかあまりにも暫定的にすぎる「第一原因」に関して、何の根拠もなく脳を拠り所にしていること、つまり個々人の、あるいは人類の記憶が、自分たちの知識も含めて、細胞のもつ情報量に比べれば些細なものにすぎない記憶が、脳にあることを信じて疑わないことは、学者にも似合わず単なる論点先取の虚偽であるし、お粗末というほかはない。私は今をときめく脳科学者たちの言うことなどただの手品と同じくらいにしか信じていないことを率直にここに告白しておく。信じてはいないのだから、そんなものはたんに頭が悪いだけだと吐き捨てたくもなる科学「信仰」よりはまだましである。

この小説で気になることがひとつだけある。私にとって少し不可解であるのは呉一郎の離魂病の行方である。もうひとりの誰かはどこへ行ってしまったのか。もうひとりなのか、ひとりっきりなのか。彼はどこに帰ってこようとしているのか。まあいいさ。離魂病といえば、源氏の愛人であった六条御息所《ろくじょうのみやすんどころ》の生霊とか、ホフマンのドッペルゲンガーとか、古今東西いろいろあるようだが、私の言いたいのはその手のお化けではなく、じつは分身のイマージュ論のことである。自分が自分を見たとしても、別に死んだりはしないだろう。実際に事を起こしているのは細胞や染色体であって、分身のほうではないからである。

そもそも夢のなかの、いわんや胎児の夢のなかのすべての登場人物は、呉一郎も呉モヨ子も正木博士も若林博士も呉青秀も病院の小使いの爺さんも含めて、さらにそこでは誰にとって誰が他者なのかはわからないにしても、他人の夢のなかの登場人物も含めて、どれもが一種の分身である。

それは光学的、物理学的、素粒子論的等々、つまり物理的意味における光でできた「影」であり、要するに絶対滅びることのない、消えることのないものとしての「イマージュ」ではないのだろうか。物質であり波動であるこれらのイマージュは永久自動人形のようにひとりで動き回る。分身のイマージュ、イマージュとしての分身は、映画のなかのイマージュのように、主人と分身の関係などには目もくれずに、夢の内側でも、夢の外でも、形而上学と形而下学を簡単に結合して、ごちゃ混ぜにしてしまうように思える。実体を外から観察しているだけでは、実体の次元に介入しない限り、生身の人間のイマージュも幽霊のイマージュも本質的に何ら変わりはないのである。だが、残念ながら探偵小説的リアリズムはイマージュのことなど見向きもしない。いや、そんなことはないかもしれない。夢野久作はちゃんとこう書いているのだから。

「オーヤオーヤ……ナンのコッタイ……。天然色浮出《うきだし》発声活動写真が、とうとう会話ばかりになってしまった。これじゃ下手なラジオか蓄音機と一緒だ。活弁もやって見るとナカナカ楽じゃないね。一々『御座います』とくっ付けるだけでも大変なお手数だ。ツイ面倒臭くなって『御座います』を抜きにしようとするもんだから、こんな事になるんだが……おかげで少々くたびれたから今度は一ツ『御座います』抜きの『説明要《い》らず』という映画を御覧に入れる。否……『説明要らず』どころではない。『スクリーン要らず』の『映写機要らず』の『フィルム要らず』の……これを要するに『何も彼《か》も要らずの映画』と云っても差支《さしつかえ》ないという……とても独逸《ドイツ》製の無字幕映画なぞいう時代遅れな代物《しろもの》が追付く話ではない」(同書)

これが「何も彼も要らずの映画」であれば、分身のイマージュはじつに自由闊達なものとなる。これで落ちがつくというものだ……。

無い無いづくしの映画はわれわれの現実生活と何ら区別がつかないどころの騒ぎではなく、それらは同一性の裏と表であるからだ。現実は映画から盗み取っては悦に入り、映画は映画のほうで現実がそこで眠りこける夢の枕を抱えて、いつもすたこら逃げ出している始末である。これは大変都合のよいことである。このドクロ枕があれば、われわれは『ドグラ・マグラ』という小説のなかにいることができるし、映画のなかにもいることができるからである。

だからというわけでもないが、夢野久作がまだ杉山萠圓《ほうえん》と名乗っていた頃の初期の作品「白髪小僧」より引用して、最後にちょっとだけ私も枕を盗んでやることにしよう。人の寝込みを襲うコソ泥である枕探しのことを邯鄲師というようだが、王である白髪小僧が聞き惚れていた、美留女姫にそっくりの声をした赤い鸚鵡《おうむ》、その鸚鵡が語って聞かせる歌からだって、なんだかんだといって盗むことはできるのである。

妾《わらわ》の今が夢ならば、あれだけ皆《みんな》で笑われて、
また疑っている筈は、どう考えてもありませぬ。
昔の妾が本当《ほんと》なら、まだ夢を見ぬその前を、
少しも思い出す事が、出来ない筈はありませぬ。
今も昔も本当なら、又はどちらも夢ならば、
妾は居るのか居ないのか、解らぬようになりまする。

ジャコメッティとジュネ

1

通りは不安げで、灰色で、震える大気のこちら側で静まり返っている。オベルカンフ通りの先はメニルモンタン通りに変わるが、それは上り坂のまま未来からやって来る錯乱のように空までずっと続いていて、顔の破片が反射するように、あの世から射してくる細かな光に満たされているように見える。針のようにしだいに細くなり、最後には尖った先端だけになる道。最も不確かで最も軽く、時には最も重々しい、ありそうもない輝きを帯びる恒久不変の実在性。

彼らが見たものを私もまた見たというのだろうか。非現実性としか言いようのないものがこの世には溢れている。それは向こうでもくもくと立ちのぼる空の雲のぎざぎざの縁のように、この世のものとは思えない鋭利で曖昧な美しさに縁取られているのがわかる。

非現実の一種の縁飾りが時おり向こうに覗いている。私は事のついでのようにそれを見つめているが、それを表現することはできない。口でも手でも言ったり描いたりすることはできないのだ。色彩はほとんどない。暗い色彩すらない。レンブラントの描く装飾品のようには。

とんでもないものを見てしまったのか。だが雲の立つ空はあまりに明るくて、私ははっとして、その明るさのなかで目を細めると、やはりそれはうまくいけば反射のなかに虹色が見えることもあるただの雲の縁でしかなかった。だがこの灰色の通りはそんな空や雲とははっきりとしたコントラストを示している。対照のなかには対称を破るものがある。まんなかには捉えどころのない亀裂が走っている。目には見えないだけだ。光のなかに塵が舞っている。私たちに塵を軽蔑する権利はない。

通りはすでに彫像であり、彫刻家が造らなかった彫像の雛形であり、それは縦にすくっと立っている。その立像はそれほど甘美で、遠く、恭《うやうや》しい通りのなかに空気のように充満しているが、実際には誰もその立像を目にすることはできない。ジャコメッティの立像でさえも。イマージュは実現されたのか。キリストは彼のイマージュの実現を阻《はば》もうとしたペテロを叱りつけたのだとジュネは言っていた。

雨上がりのみぎり、立像には鳥がとまりに来たこともあっただろう。目の端で水辺《みぎり》に映る日本の円い月を思い出す。請け合ってもいい、ジャコメッティは雨上がりの風景が何よりも好きだったはずだ。千夜一夜の視界。それは発光する。世界は停止し、そこで息づいている。実像などない。しかしそれは紛れもなく視界と呼べるものだったはずだ。このみずみずしさに反して、彫像はからからに乾いているようにしか、からからに乾くほかはないようにしか見えないのだ。

彼は暗い映画館から出て、雨上がりの最初の数分間にそれを見たのだった。舞台のスクリーンではすべての記号が混じり合い、もうどの記号も意味をなさなくなっていたのに、映画館の暗い森を出た途端、すべては信じられないほど鮮明になり、記憶を消し去り、過酷だが風格のある、過ぎ去りゆく世界の一端を彼に見せたのだった。それが永遠に思えたのは、あまりに孤立しすぎた一瞬の出来事だったからに相違ない。

ちょうどいま私の目から五十メートルくらいのところにある白く焼けてしまったような屋根の上に山鳥が墜落したところだった。ほとんど急降下だった。山鳥は猛暑のせいだろうか屋根の上でさんざんもがいた後でぐったりしていた。このまま焼け死んでしまうのだろうか。私は固唾《かたず》をのんで見守る。死んだと思っても死んではいないもの、死なないものがある。山鳥はやおら身を起こすと思ったより長い羽をばたつかせ、それから日陰にある黒い屋根のほうへ向かって飛び立った。

だが今ジュネのいるこの通りに物欲しげに囀る鳥はいないはずである。

パリの通りにはそれぞれひとつの人格があるように思えるにしても、むしろさまざまな通りの人格は名前も持たずにどこからともなく現れるか、あるいはたまには暑苦しいほどのほとんど架空ともいえる歴史的登場人物のようなものであって、しかしこの通り自体は優しい灰色をしているのだし、見られれば見られるほどこちらを見返すのにそれでも消え入りそうな廃品同然の風情がある。

だがここで急いで名指ししなければならないこの通りの人格とは、むしろ今はそこを歩くジャン・ジュネのことを指している。したがってジュネ自身にはあたかも重さも、あえて人格もないかのようであるし、彼は彼を無のなかに突き落とした誰かにもう似始めているのだ。向こうにアーチ状になった奇怪な枝振りの大きなケヤキの木が見える。葉っぱは日の光を透かし、小声でさざめき、聞こえないくらいの死後の光の歌をうたう。昨日まではそこへ種々様々な鳥がやって来ていた。鳥たちは喧嘩をして羽を大きくばたつかせていた。

木の潜り戸を押して、ジュネは勝手を知った近所の人のように中へ入る。勿論、通りからこんなところへ入っていくのは始めてのことである。蔓薔薇《つるばら》が生い茂って、古い庭のタイルをほとんど隠してしまっている。タイルはすでに残骸であり、ずいぶん古びてはいるが、ところどころコバルトブルーと白と緑とオレンジ色とおぼしい色彩が残ってはいるのだけれど、このタイルが何のためのタイルの残骸なのかはわからない。

図らずも庭師はここに埋葬されているのだ。蔓薔薇を剪定する彼の指先がジャコメッティに乗り移り、朝を迎える。石膏のかけら、縄、麻屑、ちぎれた針金が落ちている。ジュネは昼間の押し込み強盗のように、それとも神殿内の物売りを蹴散らすイエスのように、ずかずかと遠慮なくさらに庭の奥へとわけ入る。ほんのりと汗をかいて光った禿頭の後頭部が揺れているのが見える。ジュネの着ている白黒の派手なチェックのコートはクロード・モーリアックからの頂き物である。クロードの妻はプルーストの姪孫だったが、このコートは勿論、プルーストのものではなかった。

それほど広いとはいえないこの中庭でジュネは尿意をもよおす。ジュネは口元にほんの少しだけ笑みを浮かべ、音程のはずれた鼻歌をうたいながら（古いシャンソンだ）、蔓薔薇の茂みに向かって立ち小便をする。まるでずっと青春期にいるみたいに、つまり生まれたときから年老いたままの古代人のようだ。

小便は光を浴びて空中に弧を描いている。濡れたのは薔薇ではなく古びたタイルだった。後にパレスチナの地で同じことが起きたように、立ち小便の直立不動のまま、ジュネは何かしら光に導かれ、空に鼻を向け、パレスチナの地ではフェダイーンたちが手渡してくれた毛布のなかにいたように、自分のコートのなかにじっとして、何かの渦のなかに捕らえられていくのを感じる。この渦はそんなものがあるとして大気の眩暈《めまい》に似ていなくもない。

途轍もないことが起きたのかもしれなかった。彼は何かに慰められていたのだろうか。それまでは幸福だったのだろうか。サブラ・シャティーラで虐殺現場を目撃した直後だったのだ。ヨルダンの川が流れる音がする。ジュネは凍えている。わけても季節を感じる大気の感触、風のそよぎ、オリーブの木々のあいだから何年か前に見た、あるいは何年か後に見ることになる埃にまみれた女性たちのぼろぼろの民族衣装、空と土と樹々の色、軽やかな酩酊、純真な少年たちの目の輝き、あらゆるものが透けて見える。突然、笑いさざめくものすべてが耳のなかに波浪のように押し寄せ、死体とともに、モーツァルトのレクイエムの冒頭が切れ切れに聞こえ始めたのだ。

ジャコメッティのアトリエにいるときとは反対に、ここではすべてがまるで真実ではないかのように見える。死体から死体へと飛び越えて行かねばならなかった。写真には写らない蝿と屍衣の皺とあれらの臭気とともに。死にゆく人々の死はそのまま世界の死である、とジュネは語っていた。

ジャン・ジュネは、狭い中庭にいながら、そこは古代ローマの遺跡の風穴だと直観する。だが風穴ではない、ただの穴ぼこなのだ。どちらかといえば薄汚くも見える雑然としたこの庭の地下にはきっとそれがある。埃と砂、土と乾いた血だけがある。彼ははっとする。乾いた風が、恐ろしく古い風が、太初の時間の闇から吹いてくるみたいだ。

かつて国家であったものの屑が、残骸が風に舞っている。カエサルの見た空、ギリシアの哲人たちが地面に吐いた唾。賽は幾度となく投げられたし、乞食の知恵というものがあった。砂を嚙むような日々だ。ジュネは神の狂人たちとも言っていた。あれらの狂人たちに囲まれて、柩《ひつぎ》の蓋は閉まっていた。彼は墓の平石を恐れていたのかもしれなかった。

それにこの世の生とは反対のものがあったのだ。蔓薔薇は生い茂り、そもそも名前すらわからない遺跡は実際にはどちらを向こうとも跡かたもない。欲望が輪を描き、そこを通り過ぎた者たちがいたのだろうか。モーツァルトはほんとうに永遠の休息、もうひとつの生を願ってこの曲を書いたのだろうか。すべては未完のままだ。

そしてすべての遺跡は架空なままのもののなかでわれわれの喉元を締め上げる。血がごぼごぼいう音が現実の琴線を隠蔽する昨日の出来事のように聞こえる。怒りの日々。軽い狂気の発作。心に呟《つぶや》くものがある。臨終のみぎりはミサではなくオペラに似ているとジュネは言いたかったのだろう。

なぜなのか。画布は灰色に塗られ、すでにとっくに落ち着きを失っていた。何かが動揺していた。染みだらけの絶対的実在。ひとつの実在性。それを前にして、ジュネは死に絶えた古い土地の遺跡の上で凝固する。石膏のように。

ジャコメッティがジュネに言ったことには一理ある。立像を造って、それを地中に埋めてやるというのだ。彫像の記憶を、そしてわれわれの記憶を消してしまうには手っ取り早いやり方かもしれなかった。埋葬の際には、誰が彫像に土をかけるのだろう。パスカルが言ったように、それはそのまま「どうか彼にとって土が軽からんことを」ということを直接意味するわけではないが、不謹慎にも埋葬の次の日のお天気を私は思い浮かべてしまう。二千年か三千年のあいだ。雲ひとつない晴れ渡った青空。

言い知れぬ恐怖を味わった人たちがいる。瞼《まぶた》は閉じられることを拒否している。死者たちに差し出された彫像は、しかし空の下のあらゆる儀式をまぬがれてはいても、それでいて私たちをとても古い儀式のひとつの端緒につかせるのだ。恐ろしく潑剌《はつらつ》としたものがある。金輪際もう誰も何も覚えてはいない。生命が極端に蓄積されると、後には生きるべき時間は一秒たりとも残らない。死者たちに差し出すために、死者たちが必要である。それを書き、描くのだ。過ぎ去った時代が、存在が限りなく欠如するようにあったのだろうか。少なくとも彼が象《かたど》るものには。

中庭の引き戸を開けて階段を上がる。神殿がそこにある。いや、神殿であってそうではない。ネクロポリスの黒い西瓜。それは人の頭だった。アトリエの扉を開ける。新しい、見たこともない自由。髑髏の眼窩のなかの執拗な眼差し。それは死んでいるのに、最も生きているものに近かった。

この埃だらけのアトリエの隅に小さな立像たちが打ち捨てられてあるのはわかっている。その目はじっと見ている。こちらを見てはいないはずなのに、間が悪いことにこちらを見ているのだ。眼差しは部屋中に充満する。彫刻というものにはそもそも何かしら禁忌を思わせるものがある。なすべき仕草など何ひとつないではないか。身じろぎしないもの、動く気配を見せる前からずっと不動であったもの。


ここにはどちらかといえばみすぼらしい二人の男しかいない。アルベルト・ジャコメッティとジャン・ジュネ。投げ出されたように乱雑に部屋に置かれたこれらの彫像は彼ら以外のすべてのものを取り除く。

ジャコメッティは素描を始める。空白に何かが付与される。何かが付与されなければならないのではない。ひとりでに、いや、ひとりでにではなく、何かが死に物狂いで、無理やり、しかし誰に強制されるともなく付与されるのかもしれない。そんなことは滅多に起こらず、とても稀なことだが、そうなのだ。素描が優雅なのではなかった。とんでもない。充実しているのは描線ではなくむしろ白のほうだ、とジュネは言っていた。素描は何かを存続させることではけっしてない。それなら、たしかにその通りではあるけれど、モデルだった彼は無のなかの無であったことになる。それを言祝《ことほ》ぐために、しかし言葉は見つからず、絵が描かれることもあるのだ。

ジュネはスツールに腰掛け、ジャコメッティのほうを向いている。彼らは友人である。少しでも動くと大声で文句を言われる。煙草を吸って一からやり直しだ。死を狩り出すように、からだはどこまでも弛緩している。硬直していなければならないのに、硬直は脳が命じてくれなければならない。大変な作業だ。今度は、からだに命じたからだが抜け出して、明日の通りを、人のいない通りをうろうろ歩き回ったりしている。

彼がプロのモデルのようにできるはずもない。ジュネはポケットのなかを探る。ネンブタールの錠剤が二、三錠残っていることはわかっている。その点では間違うことはほとんどない。ジュネは自分の半身を探すようにポケットに手を突っ込み、ジャコメッティがトイレに立ったとき、微笑《ほほえ》みをうかべてズボンをちょっとだけたくし上げ、それをすかさず飲み込む。すぐに薬は効かず、酩酊も始まらない。ラリるにはまだ少し時間がかかる。窓からモーブ色の空が見える。半ばオリエントの地とはやがてそこへ行くことになるヨルダンのことだったのか。

残りの世界のすべてと離れて彼がいる。脱色したようなジャコメッティの目。彼が万人と同じに、等しくなる一点を逆にモデルであるジュネが見つめている。あるいはそれが醜さかもしれないとしても、ジュネは何かの番人ではない。自分だけが見分け、見破った光と影の分岐線があるのだ。ジャコメッティとジュネ。画家と批評家は、稀有なことに、この場合まったく同一の水準に立っている。ジュネは、このままスツールに座って、夕日の最後の光の名残りのように、できるだけ遠くにまで退却しなければならないのだと考える。笑い転げていたのは誰だったのか。言うまでもなく死は何度となく確実だったのだ。この埃だらけのアトリエで、引き潮の浜辺が見えるようだった。

空っぽの空間をつねに見ていたいと思う。それに憧れる。ほんとうなのか。だが庭園は荒れ果てて、見るかげもない。木立の下ではいつも裏返しのトランプを、あの駆け引きの続きをやっている人たちがいた。監獄はへこんでいる、とジュネは言っていた。これを最後に見たと言ってもいい、いや、そのつど、そう言い切ることのできる世界の最後のイマージュというものがあって、モデルのジュネはジャコメッティの瞳のなかにそれを覗き込んでいたのだ。砂漠に散らばる銀河の下で、ジュネは小熊座のなかのいつもの場所にある北極星をずっと見つめていた。

あるインタビューで尊敬する人は誰かと訊ねられたジュネは、ためらうことなく即座に答えている。

「アルベルト・ジャコメッティ」、と。

＊右の文章はジャン・ジュネの著作『アルベルト・ジャコメッティのアトリエ』（現代企画室）、『恋する虜』（人文書院）、『シャティーラの四時間』（インスクリプト）の幾つかのページを元にしている。鵜飼哲氏をはじめとして訳者の方々に感謝を申し上げたい。

2

もう通りのゆるやかな上り坂も最後までのぼりきれないような気がする。坂の傾斜は私に湾曲して涸れた一種の底をつくりだす。底は無底であり、むろん目には見えない。すでにそこへ向かってのぼることも降りることもできない。私の周囲にあるものは一切が生彩を欠いてしまっている。もう明日の脚がないかのように、すべてが目のなかで壊れる準備ができたかのように、私は坂をのぼることを諦める。オベルカンフ通りもメニルモンタン通りも消えている。

　常軌を逸したものが生きていて、光をはね返す梢の下で、カケスが鳴いてやかましい。カケスの真似をして、言うことができるものすべてをいまこの瞬間に言うことはできない。私はそれをすでに言ったのだろうか。

　だが彼は簡単には通り過ぎない。けっして通り過ぎることはないだろう。彼はきっと疲れ切って、あるいは何を措いても急いで戻ってくるだろう。誰のもとへでもない。幽霊が数人だけ足早に通り過ぎる。彼はただ埃だらけの古めかしいアトリエに戻ってくるだけだ。昨日と今日、外では、陽だまりにあったように、言葉がぐちゅぐちゅに腐って悪臭を放ち続けていたというのに。

　あらゆるものが瞬時に違って見える。この感じをどう言えばいいのだろう。毎日見ているこの通りもあの通りもあの曲がり角も異国の風景のように見える。何もかもが、あるときは強く、あるときは弱々しい光を受けて、違っているのだ。そこを歩く女の薄手のスカートの襞《ひだ》の光沢にいたるまで。さっきまで凪にそよいでいた金髪の髪はもう消えている。松果体が混乱を起こす。通りにある店という店はなぜか閉まっている。

永遠が誰かを誰かに変える前に、永遠は目の前をよぎり、いっときしかめ面をしたのだ。バスから見える通りを行く灰色の老人は、あの隠された類似を受けて、この同一性の揺れと錯乱のなかで、静かに別人から別人へと姿を変える。いま見たはずのすべての印象をぺしゃんこにしてしまうような、もはや彼とも呼べない見ず知らずの人がこちらを見ている。いつもありえないような場所に人が立っている感じがする。

錯覚なのだろうか。ここでもあそこでも、夕暮れの行方が誰にもわからないように、画家たちの言う空間と時間は見分けがつかないし、すべての瞬間が周囲からさっと逃げてしまうのだ。どこに逃げるのか。こちら側の灰色で薄茶色の世界のなかには、その溜まりがあるように思われる。それは動かない。

フランス風に煙草で穴だらけになったツイードの上着を頭からかぶり、斜めに降り込む雨が、肩の上に石が降るように、突如として血の雨に変わったりするのを見てしまったような気がする。彫刻家がいたのだ、雨のなかに。

愚かなことだ。硫黄が降り注ぐ空の下、「芸術のすばらしい錯覚でしかまだなかったものを雲霧消させてしまう」雨のなかを走るなどということは。

だが雨は一本の木ではないし、木立でもないし、二、三人の若い娘でもなかった。結局、彼が見るままに見たその刹那、果てしないもの、不動のもののなかで果てしなくかすかに揺れ動くものだけが、それでいて何か固い核のようなものがあったのだ。

芸術の錯覚も現実の錯覚も何ら変わるところはなかった。違うだろうか。そうでなければ、いかに画家自身の言葉に反してであれ、アッシジのジォットやヴェネツィアのティントレットをどうしてあれほど穴があくほど見つめることができたろう。それに何の意味があったろう。

彼の見た、矛盾に満ち、暴力と呼ぶしかなかったものが充満する幻影を通して、目の前の雨の跳ねがかたちづくる蜘蛛の巣を振り払い、そうしつつ不器用な口ごもりのこちら側で、蒼白い出現に似たものを透明な帳《とばり》をかきわけるようにして私もまた垣間見たいと思ったのだ。


脆《もろ》くて、軽くて、死ぬほど貴重で、望みもなく、羽のあるもの。私はひっそりと静まり返った夜の美術館にいる。何かを無頓着に写しとらねばならなくて……、と彫刻家にそそのかされるようにして、こんな風に反り返った姿勢で地べたに倒れてしまう前に、エジプトの古代彫刻を叩き割る。そんな夢を見る。

ガラスのない窓から黄色い土煙をあげて王家の谷のいたるところが陥没していくのが見える。谷からはゴーという音が聞こえる。雲間に隠れたアメン神の肩をつかんだネフェルティティの手が粉々に砕け散る。彫像の首が、肩が、脚が、手が地面に落ちている。やつは、隠れた太陽神のほうは、『ゴエティアの書』に記された悪魔だったのか。

片目の残骸が馬の首に突き刺さっている。だが彫像はいまだに無傷のままなのだ。ばらばらになった無傷の断片。ジャコメッティの教えのように、それを見て心底感心したり、口ごもって、他の芸術、とりわけ美術を馬鹿にして笑ったりすることができるのはわかっている。

「たえず作っては壊す、ということは、減ずること、動作を連続の中、数の中に、おだやかに沈めることになる」（ジャック・デュパン『ジャコメッティ』、吉田加南子訳）。そうだ、減ずること。こうして立像が塑造されたのだった。晴れた空の下でも、曇り空の下でも、ペストの時代の大昔に修道院の回廊の蔭に隠れて、遠くから微風に乗ってかすかに聞こえてくる途切れ途切れのホモフォニーに耳を傾けていたかのように、それは確かにかろうじて旋律と言えるものではあったのだが、この切り詰められたような旋律さえも忘れるようにして、けっしてむやみに実体の数を増やしてはならなかったのだ。

だが見かけの上でだけ現実がそれを強要する動作は、連続のなかに回帰するように見えようとも、しかし数の連なりのなかからそのつど数字をひとつの非連続としてはじき飛ばし、孤立させることになる。それは連続性の外に出てしまう。個々の数字はしどけなく、すべての無理数のようにそれ自体としてはまったく意味をなさなくなる。あたかもすべてが不動の中心であったかのように、こうしてありとあらゆる動作は消えてしまうが、それは、ジャコメッティをよく理解した詩人の言葉に反して、けっして数の恍惚のなかにおだやかに沈んでいったりはしない。後にはかならずや皆殺しの残余が、残骸が、湿った粉のこびりついた藁屑や、針金の切れっ端や、石膏の屑が残される。

だがそれはほんとうに何かを減ずることだったのだろうか。ジャコメッティは彫刻をまず「目」からつくり始めると語っていた。最初の決定的な一歩は目によって一挙に与えられ、彼の彫刻は眼差しによって生命を吹き込まれた。ほとんどそれがすべてではないかとも考えることができる。それならば、はたしてジャコメッティの彫刻に部分はあったのか。

ジュネは、ジャコメッティの彫刻が、ある秘密の場所に、引き潮の海が岸辺を打ち捨てるように引き退いていったと言っていた。それはカフェで痩せた盲目のアラブ人が白痴のようにフランス人と世界を罵倒しているところに遭遇したときに彼が思ったことだった。「彼を万人と同一にするあの地点」とジュネは言っていた。その類似の地点は、彼が彼自身のなかにもっとも遠くまで退却するとき（中世のカバラ主義者によれば、世界のなかに世界というひとつの場所を創出するために、かつてユダヤの神は自己から自己のなかへと退却し亡命したのだった）、存続し維持されたのだ。

このアラブ人はジュネとジャコメッティのあいだにただ気詰まりな沈黙を与えただけだったのだろうが、しかしジュネはこれに似た感想をいたるところで持ったはずだった。この印象はきわめて独創的なものだった。一見、世界のなかにいるかのように、ジュネは、ジャコメッティの向こう側に、画家の目を透過して、崩れ落ちる前の最後の同一の世界を見ていた。それは類似の仮面だった。だから画布はとっくの昔に落ち着きを失っていた、とジュネは言っていた。

遠さによっても近さによっても測れないものがある。そこでは接近と遠ざかりはほぼ同時に起こるからだ。尺度はなく、岸辺は打ち捨てられる。流されなかった流木も、洗われた砂も、残りの世界の一部にすぎなかった。

立像が、石膏像が、ブロンズ像が、ある退いた地点からやって来ることは確かだった。われわれがどこにいようと、立像はわれわれを巧みに回避し、結局、われわれは一段下にさがってしまう、とジュネは言う。

昼下がりに、誰もいないとき、ジャコメッティのアトリエにこそ泥のように忍び込むことを私は夢想する。アトリエはひっそりと静まり返っている。外の喧噪が遠くに申しわけ程度に聞こえるだけだ。ここには誰とも交わすことのできない奇妙な親密さがある。親密さはどこまでも孤立している。

埃だらけの粗末なテーブルの上に無造作に置かれた立像。小さなものも少し大きめのものもある。腰をかがめ、小さな立像の目の高さにまで私は低くなってしゃがみ込み、立像たちを見つめてみる。私は底にいる。そこでしゃがんで、じっとしているだけだ。冷や汗が背中をつたう。立像の目は私を見ているようでもあり、何かをたしかに見ているようなのに、けっしてどこにも向けられてはいない。目は突き出ることによってむしろ虚《うつ》ろに陥没している。

ここには、この立像たちの埋葬場所には、何か恐ろしいものがある。誕生と同時に埋葬されたもの。生まれつつあるものは、実際、恐ろしい。神聖ではあるが、何かを剝奪された神聖。ものを言おうとしても、それでも言うべきことなど何もない、ささくれ立った神秘。空間がかすかに振動し始めたのか。一瞬のうちに何かがすり替わり、それとは名指せない変容が起きているのがわかる。

女神たちがいたのだろうか。女神たちはひとりでに位置を変えたのだろうか。退却した自己の芯は溶け始め、立像はつねに遠ざかる。遠くの平面、それが見える。そして物と物の関係が稀薄になり、あらゆる権利を剝奪され、仮面から別の仮面を剝ぎ取るように裸にされたとき、最後まで退却した地点にあの類似が現れるのだ。
すべてが絶対的実在のなかで凝固してしまった、とジュネは言っていた。世界のなかにそのまま置かれていたはずの事物に限りなく似ているのに、ぞっとするほどそっくりなのに、よそよそしく、少し翳《かげ》った、馴染みがあるとは言えない世界の場所が、陥没した瓦礫のようにぽっかり口をあけている。

そこに立像は立っている。ここは空地なのか。林間の空地。立像の置かれたあたり、すべては彼の造った顔と同じように、徐々に鋭角的になり、尖り、同時に果てしなくぼやけて、中心から外へと流れるように消滅の線が現れ、しみだらけの灰色を背景にして、私をあのディレンマのなかに突き落とすのだ。

舞踏家土方巽を読む

私は江戸時代など嫌いだが、幻想の辰巳の里はもうない。別の匠のタツミ、土方巽は書いている、「春先の泥に転んだ時の芯からの情けなさが忘れられない。喋ろうとしているのに喋られたような、泥に浸されて下腹あたりにひっ付いた木の瘤《こぶ》が叫びを上げているような、自分という獲物がそこに現われているのだった。癇癪玉《かんしゃくだま》も、破片のように考えられるものも、泥で湿ってしまっていた。転んでいるからだは確かに餌食のようでもあったし、飛びかかってやりたいようなものでもあった。しかしそれもまた心の中の出来事がかたちをおびて見えてきているのではなく、ただ泥にまぶされた切ない気分となってそこに現われているのであった」（『病める舞姫』）

俺は三歳だった。サロペットというのか、新調した半ズボンを着せてもらって、喜びいさんで遊びに行った。背丈くらいにぼうぼうの草が生い茂る近所の野原でかくれんぼをやった。俺は地べたを匍匐《ほふく》前進していた。空が晴れ渡っていたことは言うまでもない。蒼天。雲ひとつない。記憶もない。俺はずるずる地面を這っていた。

一緒に遊んでいたのが誰なのか、気のきかない幽霊だったのかもう覚えてはいないが、みんなが、突然、わーと叫んだ。立ち上がってふと春うららの自分の姿を見ると、我ながら、俺はうんこまみれになっていた。まっさらのズボンがうんこの虜になっていた。恋をしていたわけではない。べとべとだった。犬の糞ではない。人糞の上に寝そべり、その上をずるずる匍匐前進していたのだった。大人の人糞だった。

戦いはすでに終わっていた。空は翳った。臭気は宇宙の果てに行き着いたみたいだった。臭いなんてもんじゃない。口先三寸、目を閉じさえすればいい、するとうんこはもう目の前だ。卑怯にも大人のくせに、こっそり誰かが野ざらしのババをしたのだった。

野ざらしや髑髏の眼窩にクソ蝿死に

春先の情けなさが忘れられない。殺されかけのスパイになったみたいだった。喋ろうとしても喋れず、喋らされもしなかった。別の誰かが喋り、耳元でわめいていた。うんこに浸されて下腹あたりにひっついた人間《じんかん》の業と宿痾が瘤の叫びを上げていた。瘤はぐちゅぐちゅにつぶれてペースト状になっていた。自分という獲物がそこで、三歳だというのに、バターがわりにレバーペーストを塗られたパンのように、無惨に食いちぎられていた。

人間を憎しみで歓待してやりたかったが、歓待など子供の俺には知ったことではなかった。俺は泣きべそをかいていたかもしれない。覚えていない。忘却もまた俺を食い尽くす。転んだからだはたしかに獲物の涎《よだれ》のようでもあったし、飛びかかって、めちゃくちゃに殴りつけ、自分を嚙んでは血の唾を飛ばし、さっさと自殺させてやりたいようなものだった。心のなかで出来事がかたちを崩して、目の前どころか瞳孔が、網膜が、真っ暗になった。うんこにまぶされた気分は何十年後の最悪の気分となってそこに現れているのであった。

あっという間に友だちはほとんど消えていた。いまからやろうという鬼を、かくれんぼの真の鬼を、うんこまみれの鬼をひとり残して。烏丸君がひとりだけとぼとぼ家までついて来てくれた。俺は三歳だった。それが人生で最も醜い年齢だなどとは誰にも言わせまい。

普段の生活をしていると肉体が絶えず「死」のようなものに魅入られていることを忘れてしまっている。肉体は呑気に動き回っている。それが生のかそけき条件だということもつねにないがしろにされる。散歩できなくなったり、病気になったりもするが、あるいはけっしてそんなことはないと心のなかで言い張る人たちもいるが、これは死に魅入られるというのとは少し違う。人はそれを通過儀礼だなどと能天気に言うが、実際に人は何度も死んでいる。

死にそうな経験をしたということではない。うんこのせいではなく、私はすでに死んでいてもおかしくなかったことが何度かあったが、そういうことが言いたいのではない。そうではなくて、ふと気がつくと、生きるために死ぬのか、死ぬために生きるのか、それともそのどちらでもないのかがわからなくなっている自分に気づくことがある。うんこにまぶされていても気づかないだけではなく、死は不死によってしか思考できないからだ。

河村悟の新著、『舞踏、まさにそれゆえに――土方巽　曝かれる裏身体』（現代思潮新社）と題された瞠目すべき土方論を読みながら、舞踏のからだは、何故に「ことばの外部にあるものが、「私」のことばのうちに「私」の同一化を拒むものとしてありつづける」ということを白日のもとに暴き出したのかをあらためて考えさせられた。

「私」と「私」の類似は、この同一化のことではない。この類似のどまんなかに、肉体は知らん顔を決め込んで居座っている。そいつは最初からはぐれて、ぐれてしまったのに、舞踏などというものを、たぶん舞踏病よりもっと古いものをつくり出してしまった。肉体が勝手に動いているぶんには問題はない。あるいは肉体は勝手に動くのではない。あらゆる自動症は、脳ではなく、結局は肉体自体のささやかで、いたずらな欲求であり、ある種の自己統御である。ただ肉体が最初に脳に命じ、ついで脳が肉体に命じたにすぎない。危機はもっと後になって訪れる。

だが「肉体」はいずれ復活するのか。いや、そうでもないだろう。肉体は負の様相を帯びれば帯びるほど、己れを主張しはじめる。痛み、痛み、痛み。欠損、最初からの欠如、脱落、堕落、腐敗、崩壊。崩壊寸前の部分。しかし肉体にはほんとうは部分がないからこそ、フェティシズムが存在し得るのではないか。それはすべてを消し去る衝動を抑えとどめる技術なのかもしれない。だがこんなことは余談にすぎない。


足は曲がり、手はねじれる。腰は壊れる。肩は鉄の鎧と化し、首が回転し、とれる。すべての動きと均衡は歴史を背負ったさまざまな瑕疵にしか見えない。ギリシア彫刻のあの理想的なからだはナチスの専有物などではなかったが、いったいどこへ行ってしまったのか。それはそもそもどこにあったのか。

「なるほど、「私の身体」は「私の脚」「私の手」「私の肩」というように「私」固有の皮膚と筋肉と各器官の有機的な構成で成りたっていることはたしかであろう。しかしそうした「私の」肢体や「私の」器官の裏に、それぞれ影の肢体や影の器官が「私」をとりのぞいた影の身体として蔵されている。つまり、「私の足」なら「私の足」の裏に「私」固有のものの轍《わだち》からはずれた、非－人称の、だれのものでもない影の足があるということである。それは「私の手」においても同様である。ただし、それは幻影肢のたぐいではない」（河村悟、同書）。

舞踏が身体を裏返すところを何度か見たことがある。私はそれを見たと思った。そこにあったのは裏の手や裏の足だったのだろうか。アルトーは裏返しのダンスと言っていた。それなら裏の首、裏の目、裏の耳もあったはずである。とりわけ裏の舌も。この裏の手や足が誰のものでもないとすれば、それは突然「私」になる可能性があったということである。例えば踊っている土方巽の「私」ではなく、私の「私」に。

手は手から出てくるのではない。足は足から出ない。首は首から出ない。われわれは誰もが目玉の劇場にいると思っているが、目玉も裏返っているのだから、そこはただの舞台裏であった。この薄暗い舞台裏に「肉体」はじっとして潜んでいたはずである。つまんだり、つねったり、引っ張ったりすることはできるが、それをうまく言うことはできない。舌も裏返ってしまっているからである。

「暗い空を背景にして、光を受けた雪の上に取り残されたように坐っている私の尻のあたりから、からだの電気がすっかり放電され尽くしていた。そのうえ額に氷嚢をのっけたようなだるいからだになっていた。のほほんとした鴉が私のそばで餌をつっついており、私の坐っている雪の下からは幽《かす》かな声が聞こえていた。ぴったりと雪に耳をつけて、虫のしゃべってるようなその声を私は聴き取ろうとしていた。そこらあたりの雪は光線をすっかり吸収した残り滓のように散乱していた。そのとき、立ちあがった私の頭のてっぺんで、コンパスのようなものが輪を描きながらくるくるとそのまま輪を縮めていった。わけのわからない合図が私を襲った。あやふやな雪道をただぼんやりと歩いている私に、眼には見えぬ芒のような弱い光が届いていた」（土方巽『病める舞姫』）

掛け値なしにいい文章である。私は北国の出身ではないから、明るい雪の反映に包まれ、そこに取り残されたからだというものをよくは知らない。だが、からだから何かが放電されるその刹那、からだが身震いするような、あるいは、どう言えばいいのか、身震いとは反対の、意志をもたないかすかな仕草ともいえない仕草を示すことは知っている。示す、というのは少し違うかもしれない。それは何も示さない。からだがその示すという行為をすかさず飲み込んでしまうからだ。

私の場合は、思い出せるかぎり、京都建仁寺のなんの変哲もない、さして美しくもない境内でぼんやりしている時にそれが起こった。放電と同時に私のなかで何かが溶解するのがわかった。静けさのなかで遠くに幼稚園児たちの歓声が聞こえていた。他にも何度か謎の放電があった。

雪の下からはかすかな声が聞こえたが、土方自身によれば、彼は蝦蟇《がま》の匂いを嗅ぎ、蝦蟇の合唱を聞こうとしていたらしい。だがもしかしたらそれは土方の思い違いかもしれない。土方はからだを動かしていたからだ。脳の襞がさわさわしていたからだ。だからそれは彼の体内にいる鴉や蝦蟇の声かもしれなかった。鴉はそばにいて見えない餌をのほほんとついばみ、かつ鴉は彼の体内にいるのである。リルケがどこかで言っていたように、内部の空間にも同時に鳥は落ちるのである。

この刹那が信じられないくらい「緻密にして近しい」瞬間であることは間違いない。ゆるやかな緻密さと近さはひそやかな幸福の証であり、自殺の対極にあり、ここにいるのは私だけであり、他の誰でもなく私だけであり、かつ「私」はほとんど意味を欠いているだけでなく、とっくに意味の器であることを自らに許さなかった。過去も未来もそれらの瞬間は髪の毛一本先にあり、同時に同じようにあたりに溶けてしまっている。つまり私が、私の「私」が溶けたのである。

「芒のような弱い光」。芒。すすき。のぎ。イネ科植物の実の外殻に生える針のように細い毛。ぼう。芒にはもともと弱い光線という意味もある。すすきはこの過去か未来へ分裂し溶けてゆく毛一本の弱々しい光を透かしてしか風にそよいでいることはできないかのようだ。これはれっきとした「風景」である。肉体の風景である。肉体は「宇宙の一番遠いもの」である。どこにでも目には見えないすすきがそよいでいる。空は暮れなずんでいる。声はこの益体《やくたい》もない喜劇を全滅させる一本の弱々しい光線だったのか。

コンパスのようなものは魔術の道具を指すのではなく、たぶん尖ったものが二重になってそう見えたのだろう。「私」の溶解には必ずや尖ったもの、人を刺すものがともなうのである。それは輪を描き、輪を縮め、最後には頭の上で消えてしまう。コンパスは鴉の不吉な残像であり、二匹の鴉であったかもしれない。この鴉は魔術の道具より恐ろしい。
いや、そうではない、という声がする。わけのわからない合図が土方巽を襲ったからである。頭上を旋回して土方をつけ狙っていたのは、踊り出しては消えてしまう物語ではない。物語は最初から隠されていたではないか。肉体の物語など語るに落ちるというものだ。だがそんなものはどこにでもある。幼年期や舞踏家だけが持っているものではない。それは物語ではなく、物語がそのつど終わったという合図なのだ。わけがわからないのは、そいつがいきなりやって来るからである。

「二本脚で立っているので、右にしようか左にしようか迷ってしまう。迷いだけが争って、野ざらしになるのはわたくしのからだなのだ。もともと脚は一本なので、こうして脚の上に乗っている骨盤も一つ。ぐるりと身体をそり曲げれば、身体の極限の口腔の中で舌を転ばしているだけの舌の由来、脚の上に脚を重ねてみれば脚の由来が知れよう。うらめしそうに運動を眺めている姿勢を支えるのがやっとだ。この文章が終るのはこれが寝床の中で書かれているからだ」（土方巽「犬の静脈に嫉妬することから」『美貌の青空』より）

二本の脚は日本の脚ではなかった。土方が田んぼで鴉についばまれる案山子《かかし》をやっていたとしてもである。田んぼのそばに置かれ、東雲《しののめ》から月が昇るまで赤ん坊を入れておく「飯詰《いづめ》」のなかにたとえねじ込まれていたとしても、籠のなかで手はねじれ、足は曲がっていたとしても、そこは東北ではなく、東北のあの世だったからである。死をかかえて野ざらしになるのは土方のからだであって、身体は無国籍であり、日本の身体などではないからである。

肉体の由来は死にあるのか、生にあるのか。二本足があるのに、一本脚の土方巽。なかなか壮観な眺めだ。すべては異郷に変ずる。ただちに、いまここで。足は大地についてはいない。足の裏は風の便りであり、未来の風聞であり、異郷の消息どころか、それを越えて異郷そのものだったことはわれわれだって知っているではないか。

肉体は迷っている。どちらに行こうか。それは病気になろうとしているのか。これではまだ観念だ。

肉体は勝手に動くものをうらめしそうに眺めて暮らしている。何かがうごめく。肉体は普通は蟹のように進み自分の横を向くばかりである。仕方ない。肉体はヒエラルキーをもたないからだ。だが兵隊の真似をしてはならない。匍匐前進してはならない。横に進むものはたまにクソまみれになるからだ。一本脚の日本の舞踏家はだから肉体の井戸のなかを下に降りて行ったのである。

身体から抜け出す身体

私はいつも自分のからだが魔術幻燈になったように感じている。ファンタスマゴリックな腕、シメールのような脚。幻想の首。

ギクシャクとしたからだの動きはあまりにも多くのものが犇《ひし》めき合った幻影のなかにある。身体はつねに充溢に向かう動きのなかで生きているらしいのだから、痛みを回避するこつを覚えねばならない。痛みは悪である。悪を知ったとしても、からだに巣食う悪が何なのかは金輪際わからない。だがどうしてそれを知る必要があったのだろう。プラトンが言うように、知ることは思い出すことなのだろうか。痛みを?

少しだけ意識を集中して、心臓を「立て直す」。長年、あまりに痛めつけたからなのか、悲しいかな、こいつはちゃんと働いてくれない。中心は、ジャベスが言うように、井戸である。井戸は砂漠にある。心臓は井戸のように血を汲み出している。心臓は本来は井戸のように空っぽの器官であり、器官を逸脱したかのような器官である。あらゆる器官が身体の敵であるのと同じ意味で、心臓は身体の敵なのだろうか。そう断言できる勇気が私にはまだない。

だが在るのはただひとつの充溢身体である。アルトーはそれを「器官なき身体」と名づけた。それはドゴン族の「卵」のように、その外縁はあまりに遠く、卵のかたちをわれわれは目にすることができない。それは無限の夢幻の属性からなる実無限実体である。これが実にリアルなものであることを誰もがわきまえておかねばならない。

エーテル。エートル。深い息をしてみる。息をしている感じがする。気息は遠い。誰かが、あるフランスの作家が、ヴェネツィアの古い石畳に接吻するように、私は呼吸に接吻する。私……は……呼吸……に……接吻……する。抑揚のないモンテヴェルディの祈りの曲の最初の小節が聞こえはじめる。鼻は詰まり、何の香りもしない。

もう何年か前のことだが、息ができなくなったことがあった。気のせいだったのか。そんなことはない！　心臓が悲鳴を上げ、ほんとうかどうかは知らないがそこが生命の在処《ありか》であるとでもいうように、生体的機能が過剰化されたために、肺に一気に夜が流れ込み、水浸しになって、私は窒息しかかっていた。私のからだは自家撞着に陥っていた。

いままでずっと首と後頭部は鉄の鎧でできているみたいに感じていた。ボンノクボはさながら闇の鉄栓、裏返しになった暗闇の入口、その錆びついた堰門だ。ここから毒が下に向かって、からだの下方に重力の法則どおりに滴り落ちる。毒は何からできていたのだろう。たぶん「言葉」に違いない。そしてからだは一気に硬直する。痙攣《けいれん》なしの強直性痙攣。たまには痙攣したこともあったかもしれない。神経組織は完全なる変性状態におかれていた。たぶんというか、ほぼ確信に近いというか、そんな風に確信をうながされてしまったのだが、軽いパーキンソン病に似ていなくもない。ただ不思議なことに、ドーパミンの重大な欠如は苦痛を生み出すはずなのに、投げやりな諦念とともにそれを取り巻いていたのは、一種の快感に近いものだったかもしれない。

皮膚がからだを覆っていたのだろうか。夜が皮膚の上に降りてきたのなら、皮一枚などというのは嘘である。幻を吸気のように吸い込み、食べ続けてきた鉄の皮膚が、呼吸するのを、呼気を吐き続けるのを忘れて、タマネギのように何層にも重なっている。

眼窩はうつろなままだ。頭蓋の奥にまでめりこんでしまった幻想の目玉。だが本物の目玉。そいつが痛む。網膜も眼球もない。瞳孔だけが開いている。凝視すればするほど、私は何も見てはいない。……

「言葉」が右側の側頭葉からしか入ってこない。

なぜなのかはわからないが、身体の「宿命的な」身振りというものがある。それは身振りであることをすでにやめてしまっている。身振りというよりも、それは行動の、動作記憶の規範であり、空間というかむしろ空虚のなかで、時間と連動した身体の一種の悪癖のようなものだ。それはほとんど物質の様相の一部をなしはじめた思考の始まりである。

脳の右側から入った言葉の粒子または音響は、左側に合図を送り、システムを装う言語を私に強要する。なんという疲労だろう。ドゥルーズ・ガタリは、カオスはシナプスとシナプスの間隙にあると言っていた。儀式めいた電気的交換も遮断もほとんど無駄になる。染色体を含めた「運命」の設計図はすでにくしゃくしゃの紙屑のようになり、誰が描いたのかも、誰のものかもわからないまま、机の片隅から遠くへ追いやられているのだが、轍にはまるように、井戸に落ちるように、私の場合はそうなってしまうのだ。これは私にとって「言葉」が強いる身体の「宿命」のようなものかもしれない。土方巽は「肉体の井戸に梯子《はしご》をかけて降りる」と言っていたが、舞踏家ではない私に梯子はない。

「言葉」が入り込む。

だがそれは瞬時の映像、音、リズム、感触、ほんの少しの、あるいは深い情動であり、あえて言うなら意味形成性の、最初の、目にもとまらぬフラックスであり、そのとき脳は広々としたプラトーのように開けていく感じがしないでもない。草のない草原。山も岩も何もない高原。書割りも小道具も一切ない演出の舞台。あるいは海。光源をもたないようなぼんやりとした光がそこを照らしている。私は滑空する。ここまでなら何の不都合も感じられない。

だが、この瞬間をすかさずとらえなければ、私の身体がうまくその通路、円筒、チューブ、連通管になることはないだろう。なぜなら表現と内容は私にとってずっとただひとつの同じものでありながらも、結局私は私の存在と非存在の間で宙吊りのままの言語活動に引きずり回されることになるからだ。さもなくば、私はただのざわめきになってしまうだろう。ざわめきは最後には塊りとなるだろう。たぶん癌化はその一例である。

まだ最後まで精読できていないのだから口幅ったいことは何も言えないが、江川隆男の新著『アンチ・モラリア――〈器官なき身体〉の哲学』のページをめくっていたら、「身体の身体」という概念に出会った。

ああ、そうなのか……。

この留保なきスピノザ主義者のあまりにも徹底的な哲学的冒険の結論はさておき、冒頭から、とにもかくにも私はとっ捕まってしまった。私は哲学が嫌いなはずなのに、哲学は私をとらえて離そうとはしないらしい。「身体には或る無仮説の原理が隠されている」。この哲学者は、ニュートンの言葉のような単純にも見える言明を、この本全体を通じて、誰もがそうしているようにいい加減に語ったのではない。最初にあったのはアルトーの「器官なき身体」というきわめて厄介で本質的な玄武岩であり、動かし難く、厳然たる「精神のうちに外の思考を発生させる要素」であり、その証明の端々はわれわれ日本人の誰にも真似ができないほどスコラ学的であり（彼はエミール・ブレイエの訳者でもある）、一見、単純にして同時に繊細な力強さと光明を彼に与えているのはスピノザとドゥルーズ・ガタリなのだから、著者が格闘し考えているのは現在ありうるかもしれない「哲学」だけである。この点で江川隆男はきわめて誠実である。そしていかに私が哲学から遠くにいようとも、この大いなる哲学的決意にも似た巨大な企てそのものから、つまりあらゆる経験論を峻拒する哲学的経験から、そしてあらゆる道徳を排する、そう言ってよければ哲学的「身体」のエチカから、「身体」そのものが出てくるのがここからも見えるようなのだ。

……唯一の身体しか存在しないとはいえ、どうやら「身体の身体」があるらしいのだ。それは奇跡のように私に折り重なっているに違いない。不思議なことに、それをほとんど瞬間的に知覚したことがあるような気までしてくる。そして「身体の身体」から何かが少しずつ解き放たれていく気がする。それは細胞にまで入り込んで、私のからだを硬直させ続けてきた「言葉」である。

誤解がないように言っておくと、いままで述べてきた「言葉」というのは、私にとってほとんどの場合、アルトーの言葉だった。私がいつか死に、私のからだがいつか朽ち果て、崩壊するのと同じくらい、そのことには確信がある。私はフランス文学の翻訳者の端くれである。他の翻訳者のことはわからないが、いかに翻訳者として細心の注意と努力を怠らなかったとはいえ、そして翻訳の結果が日本語としてどうであろうと、この緩やかではあるが一種の巫女状態がほぼ私の文学翻訳のやり方の常態であり、ことアルトーの翻訳に関してはとりわけそうであることを私はいまでもはっきりと思い出すことができる。これは技術ではないし手法でもない。

近しい友人たちにはわかると思うが、そんなことこんなことがあって、私のからだは硬直した。自己原因がどこにあるのかはわからない。それはそうである。だがつけ加えておくなら、私はできればほんの少しの愛嬌を振りまくみたいに、できれば後になって笑い飛ばせるように、その状態から少しだけ癒えたい、その言い方がそぐわなければ、少しは回復したいと今は思っている。笑いは反アリストテレス的であるし、健康にいいそうである。そうでなければ、すでに世界の裏の裏まで逝ってしまった、すでに「墓の反対側」から何かを見てしまったアルトーを読むことに、ほとんど力能としての意味を見出せないではないか。一見、アルトーは呪われてはいたが、むしろ呪っていたのであり、誰もが思っているような「呪われた詩人」などではないからである。

天体残酷劇

天体の牢獄が広がっている。

パリ・コミューンの頭脳だったルイ・オーギュスト・ブランキは、牢獄のなかでも街頭でも、ジャコバン派のロベスピエールのように「諸君は私を破滅させる」などとは言わなかった。ブランキは牢獄のなかの泰然たる案山子である。牢獄につながれても、革命論集から屋根をぶち破り天体へ向けて突っ立っている案山子は素敵に見える。動物の骨でできた一本の橋のようなもの。異星人の歯のようなもの。何か固い芯のようなもの（石の笛のような音がする）。ブランキは鴉の敵のように頑固一徹である。すぐかっとなるブランキは、見かけによらずいいやつだったが、さっきの橋や歯や芯が永遠の衣を纏《まと》っていたなどというのは、詩人のたわ言か、真っ赤な嘘である。パリ・コミューンではたくさんの人が殺された。明日になれば永遠の真実のなかの真実がわかるということも別にないだろう。あらためて天体を眺めてみても、光が届くのにあまりに時間がかかるので、よくよく考えれば、天体には永遠の昨日しかないのである。おととい来やがれ。

そんなことを考えながら夜道を歩いていたら、俺はお月様を撃ち落とす、と誰かが後ろで鼻歌を歌っていた。誰かだって？

いつのまに月撃ち落とす秋の宵狂いもせずに猶《なお》も悲しき

誰かではなく、だんだん遠ざかる自分の鼻歌をなんとなく聞き流しながら、天体のほうを眺めていたら、横手の土手で紫色の煙が上がり、ブションという音がした。夜の川がさーさー流れていた。急に川の音が大きくなったように思った。変な臭いがしたので鞄《かばん》を見ると、鞄のなかのブランキの本から何頁かがなくなっていた。本が熱くなり焦げて真っ黒けになっていた。頁を破ったのはお月様だったかもしれない。頭にきたので拾った棒切れを振り回すと、あいつはぎゃっといって、土手の向こうまで一目散に逃げて行った。はーはーという息が道の水たまりのなかに落っこちていた。あたりがぼーっとなった。あいつはボール紙だった。銀色のマーカーでお月様とかいてあった。

ボール紙のお月様ではないが、人形は器官などもたない。当たりまえだが、このこと事体には当たりまえではないこともある。さっき錆だらけの鉄の窓からのぞくと、猫が屋根の上でずり落ちそうになってぐーすか寝ていた。猫だと思っていたら、よく見ると人形であった。寝息がそこいらじゅうに響き渡っていた。一見して、人形には「不都合さ」そのものが棲みついているように思う。生誕の不都合さではなく、むしろ死ねない不都合さであろうか。だが人形を操っているのは天体なのであろうか。江戸時代から続く糸あやつり人形も、文楽も、マリオネットもこの段ではおんなじである。地に足がつかないのではなく、足に地がつかないのは文楽人形だけれど、それは人形のほうの事情ではない。ナンバ歩きなどといばってみても、やはり操っているやつを操っているやつがいるのだ。この操っているやつを見つけ出すのは至難の業である。何にも知らないまま、犯人が能天気なことに自分であったなどということもたまにあるからである。日も暮れたのにいつまでもかくれんぼをしていて、自分が死んでもまだずっと鬼をやっていたのに気づかないのと同じことである。それとも操り糸の向こうを張って、雲のように無数の人形たちにそれとなく覆いかぶさっているのは、巨人族ネフィリムのようにばかでかいやつなのか。ただし巨人は、この場合はからだがあってはならず、煙でできていなければならない。からだもなし、頭もなしの、無い無いづくしでなければならないのである。引き算は大の得意である。実体を引き算するのである。ネフィリムというのは「天から落ちてきた者」という意味らしい。学のあるところを見せて、カバラ風に言えば、「・」から落ちてきたのである。誰もほんとうのことを言わない。すべてのクレタ人は嘘つきである、とクレタ人は言った。椅子取りゲームなどしている暇はない。

　からだが踊り出さないようにしたのは神だとアルトーさんは言う。裏返しのダンスを踊れ、とアルトーさんは怒りまくって言うけれど、これがなかなか厄介なのだと隣の和尚も妙に納得していた。踊りに貴賤はないのだ、と。そんな余計な知ったかぶりの言い草を最後にいつもつけ足すものだから、隣の和尚はいつまでたっても俗物のままだし進歩も潤《うるお》いもないのである。和尚は炎天下の地べたで勝手にわめかせておけばひとりで喜んでいるクチだし、隣の和尚のことなどどうでもよろしいが、そんなことより、人形ははたして永遠の健康を返してもらったのであろうか。からだが踊り出すのは健康であるからである。病気というのは一種の健康であるから、悪魔の世界ではない。あんまり食い過ぎたり、飲み過ぎたりするのもよろしくない。踊るのを忘れてしまうからである。人形だっておんなじではあるが、というのも人形も悪魔の世界に片足を突っ込んだりするからであるが、人形は食べたり飲んだりはしないのである。もしくはその振りをし続けることができるのである。

永遠の健康を返してくれたのは神なのか。人形は誰も見ていないとき、自分で自分を修理し、養生しているのである。摂生し、殺生しないのである。人形は慎ましい。あの慎ましさは陰険であり、ぞっとするものがある。あいつがじっとこっちを見ていると思うと逃げ出したくなる。陰は踏んでいないが、韻を踏んでいる場合ではない。あいつって誰だ。あいつだよ。からだのなかに梯子を呑み込んだひともいるくらいだから、私は、思春期のはじめ頃、傘でも呑み込んでみようと思っていた。というかだいぶ前に適当なことをぺらぺら喋っていたら喉を詰まらせて、傘をもう何十年も前に呑み込んでしまっていたことに気づいたから、すでにからだが痙攣を起こして、固まってしまい、ピノキオのようになっていたのである。ほしいままの悪業というのはあるが、ほしいままの硬直というのはちょっと聞いたことがない。清水寺の大舞台が隣にあったら、落下傘をつけて飛び降りたくなる。ピノキオは軽いので、落下傘が下になることもある。落下傘だけが落ちて行くのを見るのは壮快である。この前救急車に乗せられたときも、上から吊られたまま、車に揺られて運ばれて行くしかなかった。救急車が壁に激突しても、きっとずっとゆらゆら揺れているだけだったろう。大変な思いをしているのである。

ピノキオや吊られるままに救急車

アルトーさんによると、コーカサス山脈、カルパチア山脈、ヒマラヤ山脈、アペニン山脈の、人の来ない、陽も当たらない斜面では、くる日もくる日も、朝も昼も晩も、からだの儀式が行われているらしい。からだの儀式というのは猥褻な感じがするだけではない。なんとなく嫌な感じである。これはアルトーさんの持論であるが、うんこの臭いだってしてくるみたいである。岩陰から隠れて見ていると、ぶるっとするくらい恐ろしい光景が繰り広げられているらしい。見つかったら、お陀仏である。ナチスの役人というか、悪人どももそのへんの事情に気づいていて、探検隊を組んだりして、余計な茶々を入れていた。ところで、黒い儀式って黒人の儀式という意味じゃないぞ。黒い命というやつがいて、そいつが忌まわしい食い物をがつがつほおばっているのである。食い意地のはったやつはたいてい下品であるとだいたい相場は決まっている。忌まわしい食い物って何だ。頭とか手とか足とか腹とか、人のからだだろ。たぶんね。

アルトーさんは臍《へそ》が問題であると言っていた。オムファロス。アルトーさんの言っている臍がこの臍かどうかは知らないが、というかたぶん違うだろうが（でもアルトーさんにはギリシアの血が流れているようである）、古代ギリシアには臍の石があったのである。いまのトルコである。世界の中心だという噂である。その石に手を当てて、気狂いの真似をしたデルポイの巫女がむかしアポロンの予言をぶつぶつ呟いていた。ピュティアっていう女の子である。予言が当たらなくてハズレばっかりだったのかどうかはわからない。あてもんじゃないけれど、世界はあてもんみたいなものだから、黒い命も必死だったのである。歳のいった（といっても五十くらいだった）、八十歳くらいに見えるアルトーさんは顔とかを見ると預言者みたいなところがあったが、予言など猥褻であるとまた世界の玄関先で怒り狂っていた。このひとはお墓の反対側というか裏側という裏側で息をしていたくらいだから、複雑にできているのである。それはそうと、この臍石のまわりでは大勢の人が踊り狂っていたに決まっている。だいたい想像はつく。隣の和尚にだってそのくらいのことはわかるだろう。踊る以外にほかにすることがないからである。揺り籠の原理とはまた違う行動である。裏返しの踊りというのはこの猥褻な踊りを踊りから追い出してしまうことである。叩き出してしまうことである。

アルトーさんは黴菌《ばいきん》を憎んでいた。最後の頃はずっと黴菌への攻撃をゆるめなかったくらいだから、よほどのことである。ずっと前からきんたまに湿疹ができて治らなかったのである。アナイス・ニンはアルトーさんのために軟膏を買ってきてあげなかったのだろうか。黒い儀式の黴菌がからだのなかに下降してきて、下半身で止まってしまったのである。ぶらぶら。いつもぶらぶらして、うろついていたのは黴菌のほうである。これはからだ全体にとって一種の急降下爆撃でもある。隣の和尚に聞くと、なにせ、かゆいらしい。さもありなん。黒い儀式はペストの起源でもあるのだから、ドラキュラもノストラダムスもそのへんの研究は怠らなかったはずである。ノストラダムスはペストを治す名医であったことで有名である。険しき快癒という本を書いたジャン・ポーランというひとがいた、というかそのように日本語に翻訳した堀口大學というひとがいるが、変な日本語ではあるけれど、面白い言葉である。まさに険しき快癒である。余談だが、このジャン・ポーランは人生のさまざまな場面でアルトーさんを助けた。ところで、ドラキュラとノストラダムスのきんたまにも湿疹ができていたのだろうか。かゆかったのだろうか。軟膏を買ってきてくれるお嬢さんが近くにいなかったのだろうか。吸血鬼も医者も忙しいという点ではおんなじである。ドラキュラもノストラダムスも掻きすぎのあまり血が出たりしたのだろうか。血はやはり出ていたのである。青い血だけではない。ドラキュラだって黴菌だらけの血をだらだら流していたのである。かゆいが、汚いし、不都合なことこの上ない。ペストはかゆみであると言い換えても罰はあたらないほどである（おっと、これはまさに失言であった、ペストとかゆみは区別しなければならない）。血が世界中から少なくなってしまっていたはずである。血はほとんど剰余価値であるのだから、流通しなくてはならない。真面目なはなし、献血に行かなくてはならないのである。

それで柩の行進があった。だらだらと行進していた。こういうのを見ると、ほんと人生が嫌になる。もっともっとさらに人生が嫌になると言ったほうが当たっているのだろうか。まあ、枯れた薔薇の色をした人生を送っているのだからそんなことはないのだろうが、だけどもっと怖いのは、柩をかついでいる人たちが一人もいないことである。昼の日中なのに誰もいない。がらんとした通り。砂埃をかぶって白茶けてしまった大通り。焼けて枯れかけの街路樹。ぎらぎらとした太陽が照りつけているばかりである。大通りなのにあたりはしんとしている。この感じは俗物の和尚には理解できないだろう。柩だけが連なって行進していた。やばい。箱だけ。ずるずる音だってたてていた。柩は木でできているのだから、壊れたりしないかとひやひやしてしまう。柩のなかにはたまに夢遊病者が紛れ込んでいたりするが、ほんとうのところ、なかにいったい何が入っているのかは知れたものではない。夢遊病者ってもともと死んでいるひとの生まれ変わりなのだろうか。入っているのが鼠だといいのだが、異次元から湧いて出たような超限数のゴキブリが走り回る巣だったりするとちょっと困ってしまう。だがほんとうはもっと恐ろしいものが入っているのである。隣の和尚も入っていたりして。可能性は大いにある、と見る向きもある。近所の人たちだけれど。蛇足ながら、そんな噂話に世間はほとほと困惑しているのである。

たまに柩からは声がしたりする。柩を運ぶひとはいないが、からの柩に砂が入っているわけではなく、柩のなかでじっとしているひとがやはりいるのである。誰の声かはわからない。というか最初はわからない。声はすぐに消えるからである。他のやつが喋っていても一向に気にならない。ががやがやいっている。ほっとけばいい。かすれるような声のこともある。がらがら声のときもある。拡声器でがなりたてるような声のときもある。たいてい大通りは静かだから、これにはびっくりしてしまう。近所の人たちも、大人も子供も、何事だろうかとおもてにぞろぞろ出てくる始末である。そのほうがよっぽど怖い。よせばいいのに、また隣の和尚が、よっしゃ、よっしゃ、と言ってしゃしゃり出たりもするからである。でもほんとうは誰の声だったのだろう。ひょっとしたら、鼠でもゴキブリでもドラキュラでもノストラダムスでもなく、なかに入っているのは人形なのだろうか。ひとがたという意味ではない。もうそんな時代ではない。人形の声。ひひひ。ふふふ。ひいふうみつよう。ひょっとしたら柩をがたがたと動かしたり、揺すったり、柩のなかに入ってごはんを食べる振りをしてみたり、柩を壊したりしているのは人形かもしれない。もしかしたらもともと全部を操っているのは人形かもしれないのである。

おととい来やがれ、とルイ・オーギュスト・ブランキは再び言うのであった。

ベケットあるいは無傷の歳月

タル・ベーラ監督の『ニーチェの馬』。

われわれは見捨てられている。父は家のなかに戻ると、かならず部屋着ともいえない同じ部屋着に着替える。ボロからボロへ（ボロとはいえ、衣装として考えれば、なかなか父の服装はかっこいいのだ）。外出していたときの格好とさして変わりはない。着替える意味はほとんど、あるいはまったくない。四角い窓の前には椅子が置いてある。外はものすごい風である。風は何日も吹きすさび、荒れ狂っていて、ここで固い芯のように実際に繰り返され、反復しているものが何であるかは最後まで判然としないのだが、この後にはもう世界は終わるしかないのだろう。映画は沈黙しか強いることがないという点で暴力的である。

フィルムは回っている。この映画はそれでも進行していく。実際にこの映画を見ているあいだ、私は映画のなかで何も起こらないことを心のなかで願っていた。数回、何かが起こりかけるが、結局、何かが起こる気配すら希薄なまま、元の不穏な静寂に戻る。最小限の出来事はニーチェの馬が動きたがらないということだけで十分である。馬は頑固である。世界がどうなろうと関係ない。たまに響いてくるオルガンの音はパラノイアのように同じフレーズを繰り返している。

ニーチェの馬？　場所はもうほとんどトリノですらない。馬小屋、家、丘、井戸。そこの窓の前に黙ったまま座り、外を眺め続ける父、そして娘と同じように、私は映画のなかで揺れる木だけをじっと見続けていただけかもしれない（この大風のなかで揺れているようには見えない木があるのは不思議なことだ、というかおかしなことである！）。なすすべははじめからない。寓意？　象徴？　アナロジー？　あえて言えば、そんなものは何ひとつない。


窓の前には、いま言ったように、人が座るための椅子が置かれている。この映画のなかの四角い窓枠は、サミュエル・ベケットが恐らくいまにも書き始めようとしていたに違いない白いページ、ある意味で広大で茫漠たる四角形に似ているような気がする。あるいは白黒写真のフレームのような窓。私はベケットをマラルメと比べたりするつもりはない。

作家は窓の外の世界に、そう言ってよければ対峙するようにして、なんということもなくただじっと見つめ、耳をすましている。ベケットは「書くこと」や「読まれること」よりも見たり聞いたりすることのほうが重要なのだとどこかで言っていたように思う。窓は覗かれるためにではなく、外を見るためにある。だがその前に彼はまず窓の前に座らねばならなかった。ページのまだ音にならないざわめきを聞き取らねばならなかった。だがこのざわめきはマラルメのあまりにもヘーゲル的な白いページではなく、人気《ひとけ》のなくなった夜更けの横丁で、それでも耳を澄ませば聞こえてくるかすかなざわめきだったりするのだ。それにしても、それだけのことなのだ！

「砂浜。夕方。光は死にたえる。すっかりなくなって、やがて光はもう死にたえることもない。いや。光がないなら、もうこんなことさえない。光は夜明けまで死んでいき、もう決して死ぬことはない。おまえは海を背にして立っている。ただ海のざわめきがあるだけ。とても静かに遠ざかりながら、たえず弱まっていく。とても静かに、それがもどってくるときまで。おまえは長い杖にもたれかかる。杖の柄に手をおき、その上に頭をおく。おまえの眼がたまたま開いたら、まず、最後の明かりで遠くに、おまえのオーヴァーのすそと、砂に埋もれたおまえの編み上げ靴の胴が見えるだろう。それから、砂の上の棒の影だけが、それが消えていく間、見えるだろう。おまえの視野から影が消える。月も星もない夜。もしおまえの眼がたまたま開いていたら、闇が輝くのに」（ベケット『伴侶』、宇野邦一訳、書肆山田）

ベケットがすこしだけ身をかしげる。かすかに動く。ここからあそこまで。ほんの指の間。人差し指と親指の間。彼は振り返る。後ろ姿。急な動作。誰も最後まで見届けることができない仕草。誰も見てはいない。鋭い眼差し。鳥のような眼。ベケットはたしかに鷹に似ている。鳥の美しさ。だがゆっくりとしたイマージュ。イマージュはとことんわれわれを無視しているのだが、イマージュが先を急いでいるようには見えない。それが消えてしまうまでは。だが動作と動作の間、イマージュとイマージュの間がある。この間に広がる空虚は消えることがない。わかっている。われわれを取り巻く虚空自体が消えることがないのと同じように。あるのは空とごつごつした石だけ。いや、もうそれすらないかもしれない。

ベケットの文章はベケットの肉体にそっくりである。これはどういうことなのか。誰かが内側で書いている。外側にもベケットがいる。硬直し続けているものは、カタレプシーを起こしているものは何なのか。あるいはそれは外からやってくる何かがここで意地悪く、ベケットの肩越しに書くことを促し、いや、実際に書いている最中だということなのか。

どうせたいした人生ではない。この人生の内側にいるやつは誰なのか。光は遠くからしかやって来ない。光源がどこにあるのかはわからない。金輪際、すでにもう。いたるところがぼんやりしている。この内部は内の外なのか。外の内なのか。肉体の語る言葉や肉体という言語ではなく、ここではただ単に肉体が、非人称的な何かが肉体を通して書いているだけなのか。肉体の縁を通過して……出たり入ったり……ただ単に書いている……。からだごと。ここでもそんなことが可能なのか。

「おれは生まれるまえからおりていた、そうにきまっている。ただ生まれないわけにはいかなかった、それがあいつだった、おれは内側にいた、おれはそう見てる、おぎゃあと泣いたのはあいつだ、光を見たのはあいつだ、おれは泣いたりしなかった、おれは光なんか見なかった、おれが声をもってるなんて、おれが考えをもってるなんて、そんなことはあるはずがない、そのくせおれはしゃべってる、考えてる、おれは不可能なるわざをやってる、そうにきまってる、生きたのはあいつだ、おれは生きたりしなかった、あいつもひどい人生を生きたものだ、おれのせいだ、そしていずれおっちぬ、おれのせいだ、その話はおれがしよう、あいつの死にざまの話、あいつの人生のどんづまりと死にざまの話をしよう、死にざまの話だけじゃ足りない、おれにとっては不十分だ、のどを鳴らして断末魔の声をあげるのはあいつだ、おれじゃない、死ぬのはあいつだ、おれは死なない、たぶんあいつは埋められるだろう、死体が見つかればな、おれは内側にいる、あいつは腐っていくだろう、おれは腐らない、あいつは骨だけになるだろう、おれは内側にいる、あいつは塵になるだろう、おれは内側にいる、そうにきまってる」(『また終わるために』、高橋康也・宇野邦一訳、書肆山田)

ジョイスとともにベケットは、内容と形式は一致しなければならないと言っていたが、内容と一致した形式は別の形式を生み出し、そのことによって突然現れた内容は今度はそれに再び一致しなければならない。それは瞬時になされる。形式はもはや形式ではない。いや、かならずしもベケットは「一致」とは言っていない。「ここでは形式は内容であり、内容は形式である」(「ダンテ・・・ブルーノ・ヴィーコ・・ジョイス」)。イタリック体で強調されていたのは「である」である。

つまり「一致」ではなく、「同じもの」。最初から、同一性の壊乱があるのだ。形式は内容である。これはじつに二十世紀的な主題である。このことをどれだけの作家たちがただちに理解しただろう。唐突な話をするようだが、ドゥンス・スコトゥスの「個体化の原理」のようなものがあるのかもしれない。「個体化の原理」は質料(内容)ではなく、なぜか形相(形式)そのもののなかに現れる。ジョイスが単に人間であるだけではなく、ジェイムズ・ジョイスその人であるのは、同じような人間的形相があるということだけではなく、ジョイスの形相の「本質」が個体化そのものによって決定的な特異性(単独性)を帯びてしまっているからである。内容と形式の関係も同じようなものかもしれない。

アンドレ・ベルノルドは『ベケットの友情』（安川慶治・高橋美帆訳、現代思潮新社）のなかで、無言劇へ向かっていくような傾向を内に含んだ作品のことに言及している。クライスト、アルトー、セリーヌ、ジュネ、そしてカフカ。ベケットはどうなのか。『言葉なき行為』、『行ったり来たり』、『…雲のように…』、『クワッド』、『夜と夢』、『なに　どこ』の初版……。

パントマイムについてはこうだ、「おそらくこれは、もっとも貧しい生命の痕跡、まったくとるに足らないような存在さえもが見せるほんのわずかな生命のほとばしりに、ベケットがどれほど注意を払っていたかを証言するものである。そこで残酷なまでに剝き出しになっているのは、圧倒的な力に屈しながら、己れの悲惨さによって、なんとかその力を無効化しようと空しく希求するものの存在である。あらゆる贖《あがな》いの不可能性は、まさにパントマイムのなかで、輝かしいまでに炸裂する」（同書）。


仕草の意味が大きくなればなるほど、それは取り返しがつかない。言葉のそれも含めて、仕草が贖われることはけっしてない。ベケットの手が美しければ美しいほど、彼の文章は貧しさの核を拭い去れないまでに削ぎ落とされる。貧しさ。それはさまざまな意匠のなかのひとつではない。しかし、それだけではなく、パントマイムは「もっとも貧しい生命の痕跡」さえもむしろ消滅にゆだね、消滅の線に沿って別の無言の動きのなかに仕草の意味自体を移行させ、はじめからそんなものがなかったかのようにしまいには解消してしまうものではないのか。ベケットにとっての、息も絶え絶えの、かそけき「生命」?

ベケットの映画『フィルム』において壁と俳優バスター・キートンの動きがほとんど等価であるように思えるのはなぜなのか。無言劇が人形劇にまで延長できるとすれば、ベルノルドの言っていることはたしかにそのとおりである。ただしとりわけ文楽や江戸のあやつり糸人形をはじめとするわれわれの古典的人形劇と、西洋のマリオネットの違いはあまりにも大きいと言わざるを得ないのだが……。

それならば、「能」の動きはどうなのか。無言劇の極度の抽象性は、むしろ生命を感じさせるもの、生命の萌芽を、別の生の系列、つまり生の、それ自体、名状し難い新しい様態としか言いようのない「無関心」に接続されるしかないものとして言い表すことにあるのではないか。これは死そのものとは言わないまでも、死に似ているし、生がある意味で生を逸脱しようとしているということである。手は手以上のものとなり、ふし穴である眼は眼以上のものとならなければ、肉体はどうやって自分を肉体の外に追い出すことができるだろう。追い出すという表現は強すぎる。「能」の所作において、演者の肉体は、うまくいけば、まるでじわじわと滲み出てくるように自分の外に自分をダブらせることができるではないか。

だからこそ「声」の仕事というものがあるのだ。これは逆説でもなんでもない。「「わたしはいつも、声のために書いてきた」。「外」の美しさ。ベケットの仕事は、この声とベケットその人とのあわいにある。そのベケットの仕事の美しさ。声のために想像された寒さと夜のさなか、「外」で己れとひとつになる声の美しさ。なんと簡潔な告白であり、力強い一言だろう」（アンドレ・ベルノルド、同書）。

ベケットの文学と人生は声と身振りのあわいにあるという点で無傷なのである。時間も絶望も無傷である。「顔を覆う仕草をさせて、ベケットの右に出る者がいるだろうか」。これまた逆説でもなんでもない。

だが言葉ではなく声は、肉体から出てくるのだろうか。むしろ肉体が声から出てくるのだ。私はそう思っている。アルトーの声。一瞬で周囲を、空間を、「外」をひとつのひっ掻き傷と化す声。……呪文。マントラ。道化のように悠然としている。それは外で出会いを果たす。ぎくしゃくとした動き。動いているものは何もない。……声の壁。嘆きの壁のように？　そのように聳え立つ声。……嗄《しわが》れて、かすかな声。あまりの簡潔さのために、人は釘付けになる。ベケットの場合はそうである。ベケットの落ち着いた朗読。ルイ・ル・ブロッキーのベケットの肖像画のように、縁がぎざぎざで不分明な声。それぞれの言葉の意味だけは啞然とするほど明瞭である。……鳥の声。声の鳥。声から出てきた肉体とそっくりの空間。十五世紀イタリアの画家パオロ・ウッチェロ（「鳥」を意味する）の遠近法はそんな肉体を内側に含んでいたに違いない。ベケット、アルトー、クライスト、ジュネ。遠いペストの声。パントマイムの裏返しである声。

「ベケットもまた、なにか美しいものを作ることを願った人だ。だから、同じことを試みた人々を、そしてピエール・ガスカールのようにそれに成功した人々を、どこにでも認めることができたのだ。

ベケットがはっきりと口に出してなにかを評価することはめったになかったが、評価を口にするときは必ず美と恐怖の関係への問いが背景に潜んでいた。わたしたちはジャン・ジュネの『シャティーラの四時間』を読んだ。無感動な語り口が、犯された行為の残虐さをいかに正しく伝えているか、そして、それを絶対的なものとし、それでいながら、なにか気詰まりなものを保持している、——そんなことをわたしは言った。「そうだね、カフカの場合と同じパラドックスだ。内容のおぞましさと形式の清らかさ」——それがベケットの答えだった」(同書)

われわれは確実な答えを手にしたことになる。サミュエル・ベケットの人と作品は、文学が紛れもなくひとつの回答であることの、あまりにも雄弁で明瞭な回答である。私にはそんな風にしか思えないのだ。

デュラス　意志と表象としての愛人

したがって我々の世界は流れ去ることのない今Nunc stansとなるであろう。

——ショーペンハウアー

幾つもの分身が見える。いつも潮騒《しおさい》が耳鳴りのなかに聞こえる。それはずいぶん前から私のなかに棲みついている。海は見えないし、遠く、手の届かぬところにある。断るまでもない、手の届くものは何もない。海だけではない。投石への愛。石畳を走り抜け、敷石に口づけする。

すべての革命的な言語への愛がどこかで語られていたのだろうか。言葉。だが、たぶんそれは数語にすぎなかった。いくつかの少しだけ奇妙で美しい言葉。なんの変哲もない言葉。用途を変えられた壁の落書き。空虚に取り巻かれ、空虚を食べる言葉。すでに向こうのほうで夜会が始まっている。

屋根屋根を越えて喧噪がここまで伝わってくる。一羽の鳥が雲ひとつない空に舞い上がり、白紙の空に黒い染みをつくっている。眩暈が落下し伝染する。パリ。砂浜。波の押し寄せる気配が押し寄せてくる。屋根から突き出たデコボコの無数の煙突。言っておくが、われわれにはそれが見えるし、それを見ることができるのだ。

六八年五月革命もまた海の経験だった。

マロニエの花の咲く頃。プラタナス打倒！　やっぱり海なんかないじゃないか。五月のパリのバリケードのなかで、デュラスは海辺のひとりの霊媒である。暑い砂浜の上で。彼女は動けない。騒乱のなかにいて、じっとして、後で笑っている。数年後に。

心ある、それとも心など持たない、とでたらめに焦って宣言した二十世紀の素晴らしいすべての閨秀作家たち。女性たち。男は全部脇役にすぎない（顎をしゃくり、しゃっくりし、言いよどみ、どもり、口ごもり、沈黙する）。ひとりの霊媒とその仕草。きゃしゃで細い手の指、女性にしてはごつごつした哲学的な美しい指、陰画の指、その合図が宙を舞う。それは占星術にも匹敵するのだ。

> 夜通し、この風はうなり声を上げた、扉の下で、壁のひび割れのなかで、頭のなかで、谷、心、眠りのなかで。
> （『80年夏』）

谷、心、眠りのなかで。十二年後。いつもの風、海、雨。そして晴天。単なるお天気の話なのだが、デュラスにかかるとそうでもない。何ひとつ色褪せたものはないし、何ひとつ変化したもの、心変わりしたものはない。六十六歳のデュラス。

あなたたちに言いたかったのだ、あなたたちに。もし私が若くて、十八歳だったとしても、人が別れることや、別れの、ほぼ数学的といえるほど動かないものが何であるかについて、まだ何も知らなかったとしても、そうだとしても、私はいまと同じようにしているだろう。同じ本を書き、同じ映画を撮っているだろう。私は十八歳のままだったのだ、結局は。彼ら、あれらの読者や観客たち、はじめて読んだり、見たりするときの彼らと同じように。もし昨日死んでいたとしても、私は十八歳で死んだのだろう。十年後に死ぬとしても、やはり十八歳で死んだのだろう。

(『緑の眼』)

騒乱のさなかの静寂。果物の芯のように正体のない静けさ。こいつが広がる。街路に。前段階にある心のなかに。この極薄の波紋を必死で聴き取るなら、あくまでも大胆に、死にものぐるいで、明後日の白痴のように、昨日の案山子のように、何ひとつ黙して語らないでいられるなら(それは至難の業だった)、声が出てくるかもしれない。それを互いが互いに聞いているのだ。五月革命の経験とはそのようなものだった。

ひとつの声、そしてもうひとつの声、無数のどよめき。それはオフの声でもある。語り手からは絶対に聞こえてこない、聞こえてくるはずのない声、でも万が一語り手がひそかに語っているかもしれない、誰か別の、誰のものでもないともまた言えない、外れた声だ。大きく外れっぱなしの声。外から来るしかない外の声。声にはうっすらと色がついている。まだ名づけられてはいない幾つもの分身。たしかにこれがわれわれの大いなる一部分をなしているのだ。

遠くで、「インディア・ソング」が聞こえていた。カルロス・ダレッシオのゆっくりとしたピアノが繰り返され、それからベートーヴェンの「ディアベリ変奏曲」の同じテーマが……。過去のなかに現存するかのように。過去のなかの現存がいま現存し、現存を覆すかのように。声。もう一度言う。何度でも。オフの声。かすかに、そこから、ゆっくりと、ぼんやりとしたまま。光源のない光のように。拡散する一方だった光の声のようなもの……。この声から出現したかもしれないものがあるのだ。偽の光を纏っているのか。偽のユニット。偽の単一体。ヨハネの首のような……。だが大広間で、サロメのように、残忍にも、はっきりとそれを指差す者はきっといないに違いない。やや、あるいはかなりオリエント風に。それとも死して四十九日、なお昇天できない死者の耳のなかに、ラッパを突っ込んで大声で経文をわめいているラマ僧みたいにやらなくてはならないのか。急げ。死体が腐乱してしまう前に。般若波羅蜜多。はんにゃはらみた。般若、腹見た。ハンニャーパラミッター。はーん、にゃー、ぱっらー、みーーーーー、たあぁぁぁぁぁ。あーー。はん・にゃあーーーーーーー。ニャー。

私が愕然とするには及ばない。じょじょに雑草が生い茂り、ひと事のように広がってゆく空き地で、無関心なまま、誰がそう言っているのだろう。ここであれ、どこであれ、ほとんど未開の意味をなすものはない。だがそのことに本当に意味があったのか、なかったのかを知るには、すでに何千年かが閲《けみ》していなければならないだろう。

静寂の芯が、芯の声、真の声が、あらためて何かを語ることはけっしてない。声が彷徨っている。

ただうろついている。壁越しに。幾つかは壁をつたう枯れた蔦のようにそこにへばりついている。亡霊なのか。だが亡霊はいない。吹き払われたようにきれいさっぱり跡形もない。アルトーが言うように、午後二時には鉄のモテットが聞こえるばかりなのだ。修道院の回廊の、曲がったその先、またその先の、愛の眠りのようにしんとした庭の片隅の、ずっと先の、誰も人の来ないところ、そのしじまのなかで聞こえる静かな破裂音。それとも鉄の影のように耳のなかにまで射し込んでわれわれを狂わせてしまう音。いったいどんな音楽だというのか。

デュラス、マルグリット。海辺の気配がする。周囲の者たちはみんな黙ってしまう。登場人物たちには、ほとんど、あるいはまったく存在理由はない。名前のそばに寄り添っていると、風が湿っているのか、風のせいであたりが乾いているのかはよくわからない。インドシナでは分厚い湿気の塊りをかき分けて進まねばならなかった。モデラート。デュラスはいらいらし、それでいてくつろいでいる。ヴェトナムの海。あるいは別の同じ海。海は少しずつ満ちてくる。そして突然の引き潮。まったく唐突に。

私は海辺で生まれた。大人になると、海がそれほど好きではないことに気づいた。夕方、久しぶりに海を見に行く。光はかすかだ。もう死に絶えている。発作。海を見に行くという発作。動きをともなわない痙攣。まだ己れを知らない硬直。これほどの無為。これほどの眩暈。これほどの平穏。べとつく海風。ずっと揺れ続け、世界を裏切っている波間。一瞬でも水平線を感じたらおしまいだ。大地が傾く。海の微風を私は呑み込んでしまう。吐き気がする。砂の上に私は大量にもどす。時間が一巡する。太陽の光はもうまったく届かない。すっきりとは。嘔吐のせいで涙が出る。歪《ゆが》んだ月が出ているのかもしれなかった。いずれにしても太古の月だ。古い古い月。聖餐の城はない。立ち止まり、もう一度吐き、口をぬぐい、ハンカチを闇のなかに捨てる。真っ黒な空を見上げて、唾を呑み込む。石を投げる。何度となく。夜光虫が暗闇のなかで一斉に蒼白く光る。やめておけばよかった。朝には、夥《おびただ》しい夜光虫の死骸。汚い赤潮。繰り返された、薄汚い朝。

海辺がずっと続いている。女性と女性がいる。男性がいる。相互性は崩壊する。同性愛も近親相姦もほんとうは問題ではない。倒錯しているのは、この海のそばにあって、愛するという行為ではない。だがマルグリット・デュラスは、いずれにせよプルーストの登場人物アルベルチーヌではない。海辺であれ、どこでもない場所であれ、愛する、と彼女は言わない。男にも女にも。あなたたちには。愛することは世界の論理の亀裂、突然のひび割れから現れるかもしれない。デュラスはそうアガタに言わせている。彼女はあなたたちには言わなかった。そうなのか。それなら、私はすでに愛したのだ、と彼女は言わなかっただろうか。たぶん言ったのだ。

しばしばデュラスは、晩年の恋人ヤン・アンドレアの運転する車で、何の目的もなく、何の魂胆も、もちろん何の恥じらいも、衒《てら》いもなく、彼女の気まぐれで、たぶん書く気がしないとき、もういいと思ったときに、夜、海辺までドライブした。ヴィネガードレッシングで和《あ》えた長ネギ、ヴェトナム風サラダ、中華スープ、ダブリンのポテト料理を毎日のように食べ続けるのと同じように、海を見に行く。デュラスは譲歩しない。暗い海を眺めるのは、何も見ていないときに何かを見るひとつの方法である。人は何も見ない。いつも何も見ないし、何も見えないからだ。

エクリチュールは波に洗われる。季節外れの砂浜が広がっていた。何も残ってはいなかった。流木。腐った流木。船虫がたかっていた。ほんの少しだけ翳った空。それを馬鹿みたいにずっと眺めていた。彼女ではなく、私は砂浜を少し歩いて、それからおもむろに立ち止まる。

彼女のエクリチュール、繊細で、けだるく、それでいて堂々としたものを感じさせずにはおかない文章には、あの素晴らしい息切れがある。息切れは模倣できない。砂を嚙むようで、エロチックで、投げやりで、黙想のようで、少し飲みながら何か少し食べながら音楽を聞いた後のような、それからそんなすべてを済ませてしまった、まだ言い足りない、だが言うことのできない、激しい息切れが。オフの息切れ。囁きかけてはならない。ある日本の現代詩人は、それは下劣であると言っていた。そのとおりだ。彼女の本性は「過剰」にある。彼女はそれを一つずつ消し去り、緩和し、透かし彫りにするのだ。

あらゆる欠損、欠如が呼び寄せられ、放棄される。最終的解決は放棄、そして突然の蜂起である。だが、それにしても名人芸のようなこの抑制……。心理ドラマはあったのか。たぶん。『破壊する、と彼女は言う』あたりまでは。恐怖症についてはここでは何も言わないでおく。だが政治的言説とその外部をなす分析的言説は連結されることがまったくない。それは残念ながらわかっている。ロル・V・シュタインの歓喜を前にして、ジャック・ラカンはうろたえ、興奮し、絶句寸前にまで饒舌になって(ラカンの場合はそうである)、ぼろを出したみたいに茫然自失している。湿ったパンだ。苦笑しないでいるわけにはいかない。語り手はその苦悶そのものである、などと語る、茶目っ気たっぷりなのか、ほんとうは馬鹿なのかわからないラカン。

「死の病」はほんとうに「死に至る病」なのか。キルケゴールを参照する必要などまったくなかった。致命的な病は、病とは呼べないものも含めて珍しくはない。それなら、どうして死という病ではないのだろう。死は病のひとつにすぎない。それがあまりに大胆不敵な物言いであれば、どうでもよいが、言うに事欠いて、それがあまりに無責任極まりないのであれば、死は病のひとつですらない、と言い直しても構わない。そうでなければ、死について語ることが溺れかけの魚の泡《あぶく》のようなものであったとすれば、さらに死を語ることはおろか、ましてや死の死を語ることはできないかもしれない。死は象徴ではない。デュラスの作品を前にすれば、あらゆる象徴的解釈を即座に退けなければならないことがすぐに了解されるというものだ。すべての象徴的解釈は共同体の幻想の縁を補強こそすれ、多くの場合、どんな象徴といえども共同体の結び目であるヒステリーの絆を解くことすら到底かなわないことはすでに誰もが承知している。

「否定的共同体」(ブランショ)があらゆる計画、プラン、投企の反対側にあって、そこで錬成も焼成もなしに自らを瞬時に形づくり、ただちに自らを解体するのだとすれば、そしてそうでなければ、この不完全を事とする偉大な定理は、口先だけの否定で何十年も過ごすことになるのが先験的に自明であるのだし、共同体を共同体から切り離すことが急務であることはすでにわれわれにはわかっていた。このことは口が酸っぱくなるほど繰り返しておいていい。

死の病は主人公たちだけのものではけっしてないが、あらゆる人類学的思考が教えているように、死が共同体に属するように何が何でも強要されてきたのだし、今も強要されているとはいえ、さらに死の共同体というものが都市の地下層、その時間の基底をなるほど形づくるものであるとはいえ、実際、死の病のほうは共同体には属さないのだし、属しようがないのだ。ブランショは、その著書『明かしえぬ共同体』のなかで、死の共同体の近くにある愛の共同体が可能な事柄であり得るのかという点について、見事な実り多い分析を行ったが、その問いにブランショのこの本が答えを出しおおせたとは残念ながら私は思っていない。

『愛人《ラマン》』がゴンクール賞を受賞しベストセラーとなった翌年、デュラスは手記を元にした『苦悩』を刊行する。もうひとつの重大な記憶がはじめて語られる。ここにも大きな、隠された愛の物語があった。愛は耐え抜かれた。

最初の夫ロベール・アンテルムがレジスタンスの活動によって逮捕され、ブッヘンヴァルト強制収容所送りになった後、行方不明になってしまう。誰にも生死はわからない。ナチス・ドイツが無条件降伏してもロベールは帰って来ない。毎日、デュラスは待ち続ける。いつもかたわらには、後に愛人となる仲間のディオニス・マスコロがいる。半狂乱になり、日常の生活を送り、レジスタンスの仲間に問い合わせ、解放された捕虜や、ドイツや東欧からの帰還者たちが列をなしているセンターに通い詰め、憔悴し、狂ってしまいそうになりながら、ただ耐えて、消え入るみたいにデュラスは待ち続けた。

ある日、ロベール・アンテルムは帰還する。一九四五年四月の終わりに、三十六キロの生ける屍《しかばね》となって。彼が生きているかもしれないという知らせが最初に来た日のことだ。

電話が鳴る。私は暗闇で眼をさます。目覚まし時計を見ると五時半だ。夜中だ。声が聞こえてくる。「もしもし……　何ですって」。そばで寝ていたDの声だ。「えっ、何を言ってるのですか。ええ、こちらはロベール・Lです」。沈黙。私は電話を持っているDの近くにいる。私は受話器をひったくろうとする。小競合いが続く。Dは手放さない。「どんな知らせなのよ」。沈黙。相手はパリの向こう側からかけている。私は電話をひったくろうとするが、簡単ではなく、ひったくれない。「それで？　仲間たちは？」。Dが電話をはなし、私に言う、「ゴーモン劇場へ到着したロベールの仲間たちだ」。彼女はわめく、「嘘でしょ」。Dがまた受話器を取った。「それで、ロベールは？」。彼女はひったくろうとする。Dは何も言わずに聞いていて、受話器は彼のものだ。「それ以上は何もわからないのですか」。Dが彼女のほうを向く、「彼と二日前に別れたそうだ、彼は生きていた」。彼女はもう電話をひったくろうとはしない。彼女は床の上に倒れている。二日前に彼は生きていたのだと知らせる言葉と同時に、何かがはじけてしまったのだ。彼女は逆らわない。何かがはじけ、何かが口や鼻から出ていく。出ていかせなければならない。Dは受話器を置いた。彼女の名前を口にする、「マルグリット」。彼は近づかないし、彼女を助け起こそうとはしない。彼女に触れないようにわきまえている。彼女は何かに満たされている。

（『苦悩』）

ロベールが生きていることがわかったとき、日記のなかで人称が変化する。「私」から「彼女」へ。そしてただそれだけのことによって、それ以上のものがここにはある。彼女はひとりの分身なのだ。デュラスのエクリチュールは揺るぎないと言えばいいのだろうか。瀕死の状態にあったロベール・アンテルムは徐々に回復する。彼の帰還からさほど月日が経っていないある日、デュラスはロベール・アンテルムに別れ話を持ち出す。離婚しなくてはならない。彼女はD（ディオニス・マスコロ）との子供を欲しがり、もうロベールの元には戻らないと告げる。

デュラスは愛した。耐え抜かれた愛が終わった。最後まで耐え抜くことはできなかったのだ。だが、普通、最後というのは何を意味しているのだろう。飢えと空白、彼女はぎりぎりのところでそれを埋めることによって再び自らそれらをつくりだし、もう一度それらを埋めたのか。その抹消は彼女の欲望にかかわることだったのか。『苦悩』もまた海のシーンで終わっている。ロベールはだいぶ回復している。「この人は強制収容所で死ななかったんだ」。

最後まで耐え抜くことはできなかったといま述べたばかりだが、やはり最後ではなかった。愛は存続する。五月革命の際、デュラスは「学生・作家行動委員会」に加わったのだ（これについてはブランショ『明かしえぬ共同体』の訳者西谷修氏の詳しい解説を参照されたい）。『苦悩』の頃からは二十三年が経っていた。メンバーの中には、ロベール・アンテルム、ディオニス・マスコロの他に、ブランショや、シュルレアリストでブルトンの遺言執行人だったジャン・シュステルらもいた。結成と同時に解散してもかまわない、組織化も綱領も行動方針も何もない委員会。五月の論理がそれを要求し、それを可能にした。恋人たちの共同体はさらにそれを現実化したのかもしれない（ベルトルッチもフィリップ・ガレルもこれを映画にしようとしたが、映画は失敗していると私は考えざるを得ない）。ロベール・アンテルムとディオニス・マスコロ。これら二人の頑固な共産主義的知識人、これらの男たちは押し寄せては引いてゆく群衆にただそっくりだったわけではない。委員会では、静かに全神経を集中し注意深く沈黙の側にいたブランショに対して、マスコロやシュステルは喧嘩腰でつかみ合わんばかりの激しい議論を戦わせていた、とある証言は伝えている。デュラスはそこにいた。彼女の役割が何だったのか、そもそも役割などというものがあったのかどうか（たぶんそんなものはなかったはずだ）、私にはまったく関心がない。彼女はそこにいた。それで十分だった。

見つめるものは見つめられている。いや、そうではない。彼女は映像を定着し、同時に視線を彷徨わせる。誰かが過去の写真のほうへ向かっていく。写真が彼を見つめているのだから。視線はつねに別の視線によって見られている。登場人物たちはつねに見られている。人は見ることによって、見ていると思うことによって、何かを隠している。だから何も見ないイマージュというものがあるのだ。何も見ないことから送り返され、すべてを見ることによってそれを消し去ってしまうイマージュ。デュラスは盲目だったのだろうか。

彼女は愛した。盲人のようにだろうか。だが海原があったように、愛の視線がそこにあったことはほぼ間違いないだろう。いや、愛の視線ではない、視線もまた最後には追い出されてしまう。タ、ブ、ラ・ラ、サ、が、あ、ら、た、め、て、書、き、込、ま、れ、る。視線の空間でも次元でもない。視線は混沌の条件だった。私はたえずこの問いに立ち戻ることができればと考える。愛する、と彼女は言うのだろうか、言ったのだろうか。愛すること。最も抽象的な言葉、何も指すことはなく、宙に浮いたままの言葉だ。愛は混沌と同じくらい古い、とファイドロスは言っていた。それなら、洞窟のなかに手形を残したままきれいさっぱり姿を消した古代人のように、愛は消えてしまったのか。

五月革命を知ることのなかった老アンドレ・ジッドは、それにもかかわらず的確に語っている。彼は言う、作家は彼が生きたとおりのことを語るのではないし、語ってはならないのだ、と。しかし彼はいずれ彼の人生を語るとおりに、それを生きることになるのだ、と。作家はそれを生きるだろう。デュラスは書くとおりに愛するだろう。今となってはむしろこう言えばいいのだろうか。彼女は語ったとおりに愛したのだ、と。

もう最期を迎えた頃、デュラスは旧約聖書の『伝道の書』を読み直し、新たに解釈し、病床の日々を過ごした。その後、死を迎えるまで彼女は何もできなくなる。

「ひとつの世代が過ぎ、また別の世代がそれに続く、だが地はつねに変わらずとどまっている。陽は昇り、そして沈む、そしてそれが出て来たところへ戻ってゆく……　すべての河は海へと流れ込み、そして海はそれで満ちることはない。河はそれが発したのと同じところへ戻り、さらにまた流れてゆく……　かつてあったことはこれからもあるだろう、かつてなされたことはこれからもなされるだろう。陽の下に新しいものはない」

＊デュラスの引用は邦訳のあるものは参照させて頂いた。訳者の方々に感謝申し上げます。

マゾヒスト侯爵サド

外から外へと、法から法の外部へと流れ出し、とどめておくことのできないものがある。世紀から世紀へ世紀を越えて。そして陽の下に新しいものはない。だが新プラトン派の流出説はもうはやらない。とはいえ流れ出すといっても正確に言ってそれはどこからなのか。父でも母でも娘でも超自我でも自然でも天体でも王でも民衆でもない。神でもなければ、グノーシス的な悪の神でもない。快楽でも、拷問の苦痛でもない。マゾヒズムは自己に向けられたサディズムの分身であるなどという話をしたいのではない。だが手に負えない問いというものがあることを認めざるを得ないのだ。

しかし宇宙規模のものも含めて、ささやかな逸脱、性的なおまけもつくことがある逸脱についてなら、それがどのようにして起こるのかについては少しは語ることができるだろう。とはいえ、事例があまりにありふれていて、事欠かないあまり、われわれは問いではなく答えのほうを先に知ってしまったのである。少なくとも知った気になっているのである。論点先取の虚偽は通常の手続きである。事例と言おうが、症例と言おうが、同じことである。それで済ますわけにはいかないことは重々承知しているが、たしかに的を絞れない、あるいは的をほんのちょっとでも想像できない逸脱は最もスリリングであることは間違いあるまい。このケースではたぶん大小取り混ぜて性的逸脱はなかなか成立し得ない、というか、それがよしんば成立してもあほらしく見えるに違いない。

請け合ってもいい、果てしのない逸脱は、ちっぽけな人間の快楽の虚しさの何たるかを教えてくれる。上も下もない、右も左もない、東西南北もない、今も昔もない、ささやかな逸脱。ささやかではあるが、ずっと昔にルクレチウスの語った突然の原子の斜行運動のように、サディズム的であろうとなかろうと、マゾヒズム的であろうとなかろうと、原因も因果律もないのだし、この場合そんなことはどうでもいいのである。

サドの書いたものとサドの存在はこの逸脱に彩りを添えているが、派生的ではあり得ない主語をあえて繰り返すなら、サディスト・サドの書いた堂々たる文章とマゾヒスト・サドのあえかな実存の両立はもっと厄介なものなのである。ちんけな常套手段を弄するには及ばない。サドが凡庸だと言えば言うほど唇が寒くなる。永遠の災いはオーギュスト・ブランキの天体のように厳としてあるのだから、余計なことをぺらぺら喋って自らわざわざ災いを呼び寄せることもないだろう。困るのはご自分である。サドが退屈だと言えば言うほど、臍《ほぞ》を嚙むことになりはしまいか。ともあれ自分の首を絞めることになるのは必定である。

サド以外の書き手があまりに退屈なので、面白いことに、厄介さへの、災厄に取り囲まれたかのような不都合さへの愛と悲恋が、喉元にこみ上げる悲嘆か病んだ心臓のように募ってくる。誰に言っているのだろう。僭越ながら、私が自分に言い聞かせているのではないことはここで断っておきたい。この点に関して私はもう何の怒りも覚えない。途方に暮れているだけである。

行き当たりばったりに拾ってみよう。サン・フォン（サン・ジュストを参照せよ。果たしてサドはサン・ジュストをからかっていたのだろうか）はサドの登場人物のなかで申し分なく悪辣なひとりであるが、例えばこんな具合である。

「そうだとも、法律はうんときびしくしなければいけない。異端糾問所の支配している国のみが幸福な統治国なのだ。（……）専制主義は万人に愛されるものだよ」とサン・フォンは答えました、「すべての人間が専制主義を好む傾向をもっている。そしてこれこそ、自然がわしら人間に与えた最初の欲望なのであって、一般に自然のものだとされているあの滑稽な法は、実は自然とは何の関係もないものだ。その滑稽な法とは、要するに、自分がしてほしくないことを他人にするなという精神のもので、まあ簡単に言ってしまえば、報復を恐れる気持ちというところだな。つまり自然の法とは縁もゆかりもない表現を自然に対して押し付けることが出来たのも、一にこれ報復を恐れる気持ちからだというわけだ。だからこそ、わしは断言するが、人間の最も根源的な、最も激しい傾向は、その同類を鎖で縛りつけ、あらゆる暴力でこれを圧迫することにきまっている。乳母の乳房を嚙み、暇さえあれば玩具を壊そうとする幼児の例が、破壊と悪と圧迫こそ、自然がわしらの心のなかに刻みつけた最初の傾向であることを明らかにしてくれる。わしらはそれぞれに賦与された感受性の程度に応じて、多かれ少なかれ暴力的にこの傾向に耽《ふけ》っているのだ。従って、人間の気に入るすべての快楽、人間が味わい得るすべての悦楽、人間の情欲を最高度に楽しませるすべてのものが、他人を苦しめることの出来る専制主義のなかに本質的に存立していることは明らかなのだよ。逸楽的なアジア人が、享楽の対象を厳重に閉じ籠めることによって、淫楽は圧迫と圧政において大きな効果をあらわし、情欲は進んで同調する者よりも無理に屈伏させる者においてはるかに燃えあがるという真理をわしらに示してくれているではないか。行為する者の幸福の総量は、犯された行為の暴力の多寡によって測られねばならない。

（『悪徳の栄え』）

思考がそれ自身の端緒となり発露となるとき、思考は自らの原理と化す。だがそんなことが果たして可能であるのか。この思考は理性の錯乱を前提としていて、なおかつそれを養分とし、時にはそれを一種の不在証明にすることで成り立っているが、これこそが思考の本性である。

サディズムというよりむしろサド的思考は、つねに「法」を前にしているが、「法」と戦ったり、「法」を覆そうとしているのではない。それは自らが「法」と相同的であることを熟知しており、自らがそれによって「法」を体現していることを誇らしく思っているのだが、この「法」への愛は、自ら虚しく対象を探し求めるあまり、いずれは愛による愛の破綻として失望を味わうことになるのである。

「法」は絶対善という外部を前提にしているという古典的言い草は、「法」それ自身が絶対のものであることを免れないが故に、完全に崩れ去る。われわれの日常や、とりわけ立法的政治のなかで頻繁に起きていることであるが、善の側妻《そばめ》であると僭称する道徳的な法が、それが純粋な表現形態を兼ね備えた純粋内容であればあるほど、「法」の言い訳であり、「法」にとってはできれば避けて通りたい、ほんとうはおくびにも出したくない失言となるのであって、「法」を「法」たらしめる一切の原理をややもすれば瓦解させ排除するものでしかないことは火を見るよりも明らかなのである。

このことは巡り巡って第一に、「法」が「法」であることを放棄せざるを得ない無底の基盤にかかわるのだから、「法」は言行一致することによって、自らが悪循環の最たるものであると泰然として嘯いているのである。ましてや善が「法」に従属しているのであって、その反対ではないことは、現代生活の巨大な警察的機構のなかにいるわれわれならば誰もが知っている。「法」はかくしてとんでもなく傲慢であるのだから、正義が罪人のように「法」に服すること、それすら不可能となる。これは、自然と生活の狭間にあって、あらゆるものの基盤に不信を生み出している肥溜めの臭いのする殿堂なのである。

下世話な話ではあるが、この世の悪を正したいと大志を抱いた子供たちが、やがてそこに鳴り物入りのハリボテ偽善の臭いを嗅ぎつけ、「法」そのものから眺めてみてもただのおためごかしの傀儡《くぐつ》である裁判官や検事や弁護士になる夢をすぐさま捨ててしまうのはそのためである。悲しいかな抱かれた大志は、大抵の場合、原則として顧みられることはない。だから子供たちは、法をとにかく覆すことができるというありふれてはいるが健全な幻想《ファンタスム》を抱いて革命を志すだろう。

健全であれ、不健全であれ、われわれはひとり残らず、使い捨てられた襤褸《ぼろ》ぎれのような、またはほかほかのうんちのようなファンタスムを後生大事に抱いて門をくぐったのだから、そして二歳から四歳にかけて肛門サディズム期および口唇サディズム期を無事くぐり抜けて来たわれわれ全員にとって、それが宿命ともいえる過重債務なのであれば、革命その他の事柄に何ら不都合はないことになるのだ。われわれはつねにファンタスムの不正取引に立ち会い、身元保証人として知らず知らずのうちに巻き込まれ金を巻き上げられているのである。

サン・フォンに語らせるのではなく、サド自身はどう言っているのか。例えば、これはどうだろう。フランス革命について。「フランス革命のジャコバン派たちが、まさに彼らの言語を話していたひとりの神の祭壇をひっくりかえそうと欲したのは前代未聞のことである。さらにもっと異常なのは、ジャコバン派たちを憎み、彼らを絶滅させようと望んでいる者たちが、ジャコバン派と同じように語るひとりの神の名においてそれを行っているということである。まさにそれこそが人間たちの常軌を逸した不条理の極みでないのなら、それがどこにあるのかぜひとも私に言ってもらいたい」。

なるほど、ラカンが言うとおり、サドは裏返しのカントであるのだろう。だが裏返しだと言っても、それならカントはサドの裏返しなのだろうか。手袋を裏返すのは非常に骨の折れることであるし、そもそも鏡の効果のように裏と表はじつは異なっている。『実践理性批判』と『ソドムの百二十日』が書店で行儀よく並んでいるのを見たことがあるだろうか。それは単なる裏返しにすぎず、ラカンが何と言おうと、わかりにくいことこの上ないその韜晦が読解の原器と原材料をいくら撫で回そうとも、サドはカントではなく、カントはサドではないことは明白である。

言うに事欠いてラカンは、サドよりもルナンのほうが辛辣であるなどというようなことを余談ついでに平然と述べているが、いくらなんでも口からでまかせの脱線が過ぎたようである。私はラカンという人物だけではなく、その学説のひらめきと逸脱ぶりにはつねに魅力を感じてきたが、少なくともこの論文「カントとサド」に関して言えば、「基本的な」ユーモアを欠いているとしか言いようがない。

サドにはユーモアが欠如していると宣《のたま》う、ラカンが苦心して論証している珍説とは反対に、サドがおおいに笑えるのに対して、「乳母のこつ」という言い回しを別にすれば、カントが乗り移ってしまったのか、「おじんの太鼓腹」（ある作家による、カントを形容した言葉）のように辛気くさいこのラカンはちっとも笑えないのである。

まあ、この際ラカンのカントのことはどうでもよいが、サドは、書かれたものにとって、あるいは書くという、欲望そのものよりもっと純粋で、時には淫らで曰く言い難いものにとって、はるかにもっと厄介で深刻な問題を提起したのである。

イジドール・デュカスは自分のことを玄武岩のように実在すると言っていたが、この当該の問題とやらは岩のように動じない。なぜこんな風に書くのか。なぜこんなことを書くのか。執拗さのあまり、尊大さのあまり、一見、論点と嗜好、とりわけ嗜虐への嗜好の百科全書的、十八世紀の唯物論的な羅列、並列、陳列のように見えるものも、監獄と精神病院、革命と反革命、妻と自分を迫害し続ける具体的な張本人であるその母そしてその対極にいた愛人、折衝とインチキとささやかな犯罪を含めたドナチアン・アルフォンス・フランソワ・ド・サドの全生涯と運命に対して、作家サドが玄武岩のようであったことと無関係ではない。

だが、ボードレールが好んだジョセフ・ド・メーストルや聖パウロといった尊大な書き手たちのことにここで触れるのはやめておくにしても、このあまりにも「尊大で傲岸不遜な」羅列は大革命の時代に見合った、血となり肉となった明らかなレトリックであったと思われる。かてて加えて、非常にヴァリエーションに富み、言ってみれば趣向に富んだ、つまり停止、速さ、不意打ち、言い換え、間投詞、罵詈雑言、淀みなさ、などなど……、文才に溢れ才気煥発を地で行くサドの書簡のことを思えば、そしてそれに比して、小説のこの滑稽ともいえる重々しさを鑑みれば、サドがいかに巧みな書き手であったのかが逆にわかるというものである。何を言いたいかと言えば、まずこれらの作品が小説であったことに留意する必要があるのである。

たとえフィリップ・ソレルスが、逮捕の直前に書かれたという触れ込み付きで、サドの偽書簡を捏造してまで（おまけに「この手紙はアポリネールからモーリス・エーヌに、ついでこの後者からジルベール・レリーに託されたものであった。レリーはそれを彼が死去する直前にわれわれに譲り渡した、フランス革命二百周年にあたる一九八九年にしかこれを刊行してはならないという指示を添えて」という但《ただ》し書きまでつけて！）、サドを大革命の恐怖政治のテロリストたちに対抗させようとしたとしても、ここでソレルスがほどよく言い切っていることには全面的に同意せざるを得ない。

「『新ジュスティーヌ』と『ジュリエット』を再読するのはすばらしいことだ。人は目覚め、和らぎ、解消され、驚き、くたびれ、教化され、楽しみ、圧倒され、回復し、再び調整される。他のどんな書物についても私はこうは言わないだろう。私はどうして一般に小説がうずくまって間抜けなものに見えるのかをよりよく理解する。どうして、とりわけわれわれがそのなかで生きている柔軟な圧政はこの愚かしさを欲するのかを。かつて小説芸術がこの構成の緻密さ、この輪郭の迅速さに保たれたことはなかった。サドまたはフーガの技法、自己意識の音楽の贈り物。より貴重で、かけがえのない、執行猶予中の、上告中の虫けらである人間存在というのは予想外の逆説だ。サドのうちに残っているものには無限の繊細さがある。人間の肉体はつねに危険な状態にあった、それはかつてないほどそうである。サドはこの狂った暴力を、この浪費を目にしたのだ。彼の世界はわれわれのそれよりもっと感動的で、もっと強烈なものであり、と同時に不思議なくらい静かで、堂々としている。雷が平安から不意に現れる。彼の登場人物たちには全員忘れ難い面影がある、それは神々なのだ。恐らく邪悪な神々だ、しかしそれらはわれわれに神々を取り替えさせる、良いという評判の神々をである、こちらの方は進行中の残虐さに目をつぶり、祝福し、または操っている」(『至高存在に抗するサド』〔邦題『サド侯爵の幻の手紙』〕)

実際、事実と小説の混同は万人にとってお手のものである。「犯罪はひとつのへたくそな詩である」。そして歴史は過不足なく過ぎてゆく。ありていに言えば、風紀紊乱《びんらん》罪と姦通罪に近い、わりと軽微な犯罪によって(娼婦に催淫剤入りのボンボンを食べさせたとか、不倫とか、そのような類いのものであった)何度か投獄と放免を繰り返してきた、プロヴァンス地方の古い家柄に属する貴族の末裔サド侯爵は、結局自分の女房の母、法を体現する裁判長官夫人である義理の母の策略によって（別の見方をすれば、このことは恐らくサドの文学を理解するひとつの端緒となるかもしれない）ヴァンセンヌの塔に投獄され、その後バスティーユの監獄に移送されたのだが、革命勃発と同時にこの牢獄の「自由の塔」からサン・タントワーヌ街の民衆を煽動したがためにシャラントンの修道院に移送される。だがサドは今度こそ革命によって釈放され、二年後に元貴族の市民サドはピック地区の革命評議会の委員長となるのだが、非人道的な動議の採決を拒否したために、今度は穏健主義ならびに反革命の廉《かど》で逮捕され、あちこちの監獄を盥回《たらいまわ》しにされたあげく、革命政権の血も涙もない検事フーキエ・タンヴィルによって死刑を求刑されるのである。

当時の死刑宣告は絶対的なものであり抗弁の余地などなかった。だが、結局、市民サドは囚人の移送にともなう革命の混乱のどさくさに紛れてギロチンを免れることになるのだが、やっと自由の身になったのもつかの間、五年後には好色小説『ジュスティーヌ』（『美徳の不幸』）および『ジュリエット』（『悪徳の栄え』）の作者として、今度はナポレオン執政政府の官憲によって逮捕されてしまう。その後二つの監獄への勾留を経た後、シャラントンの精神病院に収監されたサドは、それから十一年後の一八一四年にその波乱に満ちたマゾヒストの生涯を閉じるのである。

ともかくサディストとしては順風満帆だったとは言えないこのマゾヒスト的生涯を通じて、サドは執拗に書き続けた。サドはパラノイアというよりも麗しきアスペルガー症候群だったのかもしれない……。ここでサドの生涯について論評を差し挟む余地はない。余計なつけ足しなど何も言わぬが花というものであろうが、ただひとつだけ言い添えておくとすれば、サドが実際には生涯にわたって死刑反対論者であったという感動的な事実である。

もうひとつ、事のついでに述べておくなら、サドをリベルタンと呼ぶことができるとしても、他のリベルタンの思想家・哲学者たちとサドを同列に見なすことにもまた抵抗を覚えてしまうのも人情である。他のリベルタンの思想家たちはほとんどが最後は権力と富と保身のほうへ流れていったのだから、アンシャン・レジームから革命政権、そして反革命、ナポレオンの執政政府……と、全ての政体、全ての権力によって否定され、生涯の三十年間を獄中で過ごすことを強制され、墓石には一族によって名前すら彫られることのなかったこの哀れな聖侯爵とリベルタンの思想家たちを同等に考えることは、サドがフランスの歴史のなかの邪魔で邪悪な特異点のように現れる以外になす術《すべ》がなかったことからしても、どだい無理な話なのではないかと思われる。

サドは寸断された事実から現実を再構成するにあたって、ティツィアーノやヴェロネーゼやグィドといった芸術家への愛を吐露し、自らがルネッサンス人であることを披瀝《ひれき》しているが、だからといってサドがルネッサンスと啓蒙思想を結びつけたなどとは言えないからである。私にはこのような比較による取り込みに何か実際的な益があるとはどうしても思えないのだ。

それはそうと、例えば、ともあれ先ほど言及したカントのようには語れないとしても、少なくともそれに似せようとする人、それに准じようと装う偽の申し子たちが、それなりに今も昔も大勢鎮座ましますのに対して、そしてこの講壇哲学的鎮座に対して冒瀆的な言辞を垂れる者はほとんど見当たらないのに対して、たしかにサドの古典的で厳《おごそ》かな文体を真似るのはかなり勇気のいることである。

そうはいっても、どうして誰ひとりサドのように語らないのだろうか。語らないのではなく、余技の能力として、語れないのだろうか。ご冗談を。この場合は、冗談でお茶を濁すことはできない。はっきり言って、バタイユが言うように、サドの皎潔《こうけつ》な模倣者たることは厳密に言って不可能であり、彼に似なければいけないと考えるような者はただのひとりもいないのである。

享楽することと語ることが同時になされるとすれば、そしてせいぜい同時になされたと見なされることがあるとすれば、少なくともそれは赦《ゆる》し難いものとなるからである。享楽していただけなら、父の享楽に幻想のなかでおかまを掘られていただけなら、まだよかったのである。

サドは仮面になったのか。それは「主権者たることを選んだ人間に適用された場合の否定の精神」（ブランショ）となったのか。いや、たぶんそれだけではない。しかもそれは複数の国語においてフィクションとしては禁じられたが、現実としてはあまねく許容されているではないか。サドが赦し難い存在であるのは、享楽すると同時に、あれほど執拗に、巧みに、語ってしまったからであり、つまりは書いてしまったからである。これは神経症の陰画であるなどということをとうに越えてしまっている。それどころかそんなもの全てを爆破してしまったのである。

ところで、『閨房哲学』の本文が始まる前にサドは注意を促している、「母はその娘にこれを読むことを命ずべし」、と。先にも述べたが、サドはあの母、自分の女房の母である法律家の妻モントルイユ夫人によって迫害され続けたというのに、まるでマゾヒスト侯爵の面目躍如とでもいうように、市民サドは革命時のギロチンから、この「法」の母、偽の大地の母、ヒステリックな自然の母たる夫人の命を救うために手を回したことがあったらしいのである。したがって『閨房哲学』のこの但し書きは、まずは「父の名」を享楽することをはしたなくも誰にも譲ろうとはしなかったこの鬼ババア、義理の母モントルイユ夫人に宛てられたものであり、そして、したがって全ての母なる母、母のなかの母に宛てられたサド特有の挑戦的ユーモアであり、精一杯の寛大さでもあったのである。

追記

アポリネールによって国立図書館の「地獄室」から救い出されたサドの草稿の運命は、シュルレアリストの近傍にいた二人の研究者の生涯に委ねられることになった。まるで分身の挙措のように。このことには書物の宿命と冒険をめぐって、通常の、歴史の同語反復のような、物語の許容範囲をはるかに越え出るものがあったのだし、サド自身の遺言にあったように、サド本人が、自らの名前が人類の記憶から消え去ることを願っていた以上、サド自身に加えられたマゾヒスティックな神秘的懲罰の雰囲気すら漂ってくる。

後に紛失してしまったサドの頭蓋骨もさることながら、サドに関しては全てが常軌を逸しているのである。ただし、勿論、そうではないのだと結論づけることもできるだろう。サドは逆説と矛盾の権化だったのだから、じつは一切がサド自身によって時間を越えて画策され、夢見られたことなのだと……。それに、いまではサドの著作がフランスで最も権威あるプレイヤード叢書から刊行されているのだから、何をかいわんやである。サドの書いたあれこれはいまや聖書紙の上に印刷されている。

とはいえ、サドの本の行く末、ということはある思想の運命のコペルニクス的転回を準備し、その回転扉を力ずくでこじ開けたともいえるこれら二人の特異なサド研究家のことを、ここでごく簡単に思い出しておくのも一興なのではないかと私には思われる。この二人の研究家は妙にサドにふさわしい人物だったと思えるからである。

ひとりはまずモーリス・エーヌ。

これ以上はないと言えるジョルジュ・バタイユの紹介による。「この愛書家、この生真面目な碩学（あまりに生真面目だったので、不幸なことに彼はほとんど何ひとつ本を出さなかった）は、ツールの会議（一九一四年の戦争の後、フランスの共産主義者と社会主義者の分裂が決定的なものとなった会議）で発言を求めてやおら立ち上がると、拳銃を取り出し、めくら滅法に引き金を引いて、自分の女房の腕に軽い傷を負わせた。エーヌは、それにもかかわらず、私の知る限り最も優しく最も育ちの良い男のひとりだった。この熱烈なサドの擁護者は、彼の偶像と同じように頑固一徹であり、平和主義をその最終的帰結にまで押し進めたのだった。彼は一九一九年にはレーニンを支持していたが、トロツキーがクロンシュタットの水兵たちの無政府主義的反乱を弾圧したという理由で、一九二一年に共産党を離脱した。彼はサド研究のために財産を使い果たし、無数の猫を養うために食うものも食わず、困窮のうちに死亡した。死刑を嫌悪し――これはサドと共通である――、真面目に闘牛を断罪するまでにいたっていた。いずれにせよ、最も控えめに、最も真正なかたちで、その時代を栄光あらしめた人物のひとりであった。私は彼の友人であったことを誇りに思っている」（『文学と悪』）。

もうひとりはジルベール・レリー。

遠藤周作氏は、『わが隣人サド』の著者ピエール・クロソフスキーに会いに行った折、ジルベール・レリーにも知遇を得たようで、ちょうど「クロソウスキー会見記」のなかに楽しい記述が見えるのでそれを引用しよう。「ジルベール・レリー氏は、こう言っては大変失礼だが、会ってみるとひどく偏屈な老人で、彼のサド研究を迎えてくれぬ世間を恨み、また世にときめく文士を憎み、シモーヌ・ド・ボーヴォワールの『サドは有罪か』までも手ひどく罵倒していたが、その老人もクロソウスキーの『わが隣人サド』だけは高く評価しているのが面白かった」（クロソウスキー『ロベルトは今夜』、一九六〇年、河出書房、所収）。

サドの再審請求に繰り返し奔走した感のある、元シュルレアリストだったこの偏屈な老人は、きわめて独特な抒情詩、すぐれて反時代的な詩を書いたことでも知られている。サド研究家としてのレリーは、彼自身の言う「事実に対するフェティシズム」に溢れ、反ジャコバン的で、熱烈で、これまた大胆不敵な、誇り高き、美しいサド伝を書き上げたのであるが、ちなみに私はサド研究家としてのみならず詩人としてもこの偏狭で怒りっぽい老人を敬愛していることを申し添えておこう。彼の詩集『わが文明』、「竪琴の城」より。

ちょうどいま私は遅れてやって来た。私は涸れた井戸のなかにあなたの名を叫んだ。これからはいつも私は時間どおりに戻ってくるだろう、あなたの住まいは、いまあることとかつてあったことを切り離せない波が打ちつける、形而上学的大地の上に聳え立っているからだ。ドナチアン－アルドンス－フランソワ、あなたの記憶は人間たちの精神から消し去られることはなかった。希望に問いかけた者たちは、あなたの声のなかの自由の永久運動を愛した。

陽はメネルブの道の後ろへ消えてしまう。向こうで、羽根飾りの冠を戴いたボンニューの山々とともに、私の愛の顔が失われる。——ラ・コスト、おお誕生、おお廃墟よ！　私を君主にした亡骸《なきがら》よ！——カラヴォンの谷間では、すべての巴旦杏《はたんきょう》が花をつけている。あなたはそこにいる、サドよ。あなたの見えない微笑の光線が唇にあたって折れ曲がるのを私は感じるのだ。

＊引用は澁澤龍彦訳をはじめとして邦訳のあるものは参照させて頂いた。そのまま使用させてもらったものもある。訳者の方々に感謝申し上げます。

坂口安吾　地の塩のヒロポン

私はプレスリーという人物も、彼のひねたキューピーみたいな顔も嫌いである。小泉がブッシュの前でプレスリーの真似をやっているのがテレビで放映されたとき、ほんとうに恥ずかしさのあまり顔から火が出るのを覚えた。私が言うのもなんだが、赤面しながら、国辱とはこのことだと思った。この恥ずかしいファルス（茶番）が終わったとき、これら二人の白痴の国際的犯罪者が薄ら笑いを浮かべているのを見て、蠅以下に下等な悪魔はほんとうにいるのだなと思った。

だがどうしたことかこのエッセイを書き始めようと思っていたら、私はなぜかプレスリーの曲を聞いてしまっていた。殺人的酷暑のせいでもある。芥川さんがそうだったと百閒が言ったように、暑い夏には人が死ぬばかりではない。Can't Help Falling In LoveとLove Me Tenderを何度も何度も聞いた。誰にとっても全くどうでもいいことだが、同じ曲を何回も繰り返し聴くという悪癖はなかなか治りそうにない。するとわかったことがある。俗悪さという点で、安吾とプレスリーの曲は、振り向きざまにずっと下の方でいい感じにマッチするのである。地熱よりも、空から降ってくる硫黄よりもずっと下のほうで……。

プレスリーなどと言うと、安吾はどう思っただろう。ずっと足の下の、下駄箱より下、あるいは地にめり込んで沈んでしまった難破船のような黄土色の台地や、跡形もない家や、半分吹き飛ばされて傾いた鳥居のずっと下の、遥か下方は茫洋と夜明けの海のように霞《かす》んでいるが、それを見ることはほとんどヤケクソの所業である。戦中戦後は甘い生活などではなかった。その点では、ある意味、安吾は小林秀雄とも五十歩百歩だった。

安吾は「日本文化私観」のみならずあちこちで、あれは俗悪だ、これは俗悪だ、などといつも褒めているのかけなしているのかわからない風に何はともあれ悪態をつきまくっていたが、安吾だってご多分に洩れず俗悪だったのである。こともあろうに自分のことを無頼だと言ったり、おまけに人から無頼派などと言われて言い返さないのは俗悪さの極みだろ。ヒロポンをやっていたからではない。ラブ・ミー・テンダーだって？　やれやれ、いい歳をした二人のおっさんに（プレスリーと安吾のことだよ！）、俺を気づかって優しく愛してくれ、などとは金輪際言ってもらいたくはない。

饒舌の反対は沈黙ではない。饒舌の反対は音楽である。安吾は喋りすぎたのである。それなら安吾には音楽はなかったのか。さあ、どうだろう。では、あの様々に変化する文体の珍妙な風合いはどうだろう。小説から小説への変化、あまりに多種多様なタイプの文章の、どうでもいいじゃないかというように放り出されたあり様、というだけではない。

とりわけ戦後のエッセイ群では、ひとつの同じエッセイのなかでも、たぶん誰が読んでも、かなり大味で時にはだらしのないリズムの変化を感じ取ることができるではないか。だが、なるほどそういうところは無きにしもあらずだが、小説家としての技芸や売れっ子ゆえの「書き飛ばし」と呼んでハイおしまいと言えるようなものではけっしてなかった。やけくそのあまりタガが外れて、ガタピシやりながらも、安吾はやけに誠実なのである。一番最近読んだものでは、「不良少年とキリスト」と「文学のふるさと」がそうだった。これは身も蓋もないほど露骨すぎて、逆に極度に抽象化されてしまう一種の「大衆音楽」に似てはいないか。

ヒロポンやゼドリンのせいなのか（安吾にとってヒロポンは、戦後の風俗のなかにだけあったものではない）。安吾の生活の乱脈ぶりと彼の文学が無関係だなどと言うのは学者や評論家のたわ言である。そんなことはあり得ない。馬鹿も休み休み言ってもらいたい。話柄《わへい》を移さぬまでも、生活を変えぬまでも、つねにすでに逸脱と脱線は必定である。アッパー・トゥー・デイト。無論、最新式なんかじゃない。古いやり方だ。ヒロポンだって？ テーマとしてはくだらない。でもスピード感と息切れをともなったパラノイアックで執拗さを感じさせるものについてはそのきらいもあるが、薬理作用ということでいえば、あれらの語調の出し抜けの変化と、やり場のない、菩薩のような（?・）「激怒」と尻切れとんぼは、ヒロポンというよりむしろ強力な催眠剤アドルムのせいだったのかもしれない。安吾の文章のなかには、おや、これはラリっているなと明らかに思わせるリズムの変調があって、うわごと寸前にまで行ってしまう予兆というか、予備演習、予備習作のようなものや、文章のなかでクスリを変えたためにかなりめちゃくちゃな調子を醸し出しているものもあるように思われるのである。

おっと、こんな言い草はフェアーじゃなかった。なぜなら言うも恥ずかしいくらい明白なことだが、誰であれ他の作家が例えばアドルムであれヒロポンであれ何をやっていても、安吾の文章の独特ともいえる破格のリズムめいたものと同じものは生み出せないからである。ある作家を麻薬中毒だとか精神分裂病だとか人格障害だとか変態だとか、何と呼ぼうと結構であるが、そう言ったからといって何も言ったことにはならない。みなさんにもそのことをよくよく覚えておいてもらいたい。例えばバイロンとコールリッジとボードレールとアンリ・ミショーとバロウズと龍之介と安吾と川端と折口は、似ても似つかない、それぞれが別々の惑星からやって来た（クスリの）星の空気の住人、というか誰も嗅いだことがない瘴気ガスを吸いすぎた別々の精神的浮浪者なのである。

安吾は、観念論者風に、自分もろとも、そういったものすべてを「ファルス」と呼んだのだった。だが、「道化文学」などという言い方は安吾の謙遜であるし（トリックスターと言っても同じことだ）、安吾の茶番は、歴史の究極の茶番に手を貸して後は知らんぷりを決め込んでいた当時のあれらの輩《やから》たちによって茶番と呼び捨てにされるようなしろものなどではなかった。それが笑劇であるならば、役者たちはいったいどこのどいつで、劇が終わればいったいどこへ行ってしまったというのか。明後日来やがれ！

安吾はそこに頑として居続けたのだし、劇なんか最初からどうでもよかったのである。その点からして私にとって、坂口安吾は戦争をたまたま生き延びることができた、まさに「戦後の作家」なのである。その点ではルイ＝フェルディナン・セリーヌに似ていないこともない。銃後などという言い方はよそう。夏が来ればお盆とともに思い出す。どれもがあまりに悲劇的だったのはわかりきったことだが、それぞれの「国民」にとってそれぞれの戦争があったからである。小説「白痴」はその意味においてでさえ、戦争文学あるいは反戦・厭戦文学の最高傑作のひとつだと私は考えている。それだけでも充分ではないか。

空襲の焼夷弾で焼野が原になった麦畑のふちで主人公は呆然としている。煙はくすぶり、あちこちにまだ火の手が見える。丸焼けの町から一緒に逃げてきた女は疲れきって眠ってしまった、「女の眠りこけているうちに女を置いて立去りたいとも思ったが、それすらも面倒くさくなっていた。人が物を捨てるには、たとえば紙屑を捨てるにも、捨てるだけの張合いと潔癖ぐらいはあるだろう。この女を捨てる張合いも潔癖も失われているだけだ。微塵の愛情もなかったし、未練もなかったが、捨てるだけの張合いもなかった。生きるための、明日の希望がないからだった」。

馬鹿の戦争。豚の戦争。いつの時代も戦争は馬鹿と狂人がやりたがるものだ。誰が考えたって戦後のヒロポンのほうがましである。特攻隊の別れの盃に、悲しみに輪をかけるようにこっそり入れられていた覚醒剤のことを言いたいのではない。戦後の市販品覚醒剤ヒロポンの大流行だって元を正せば戦争の産物なのだから、ウィリアム・バロウズが言うように、全世界の麻薬中毒患者は全世界の国家的規模をもつ売人のシンジケートと戦わなければならないのかもしれない。

それはそうと、ちょうどうまい具合に「もう軍備はいらない」というエッセイにこうある。安吾はきわめて明晰である。「自分が国防のない国へ攻めこんだあげくに負けて無腰にされながら、今や国防と軍隊の必要を説き、どこかに攻めこんでくる兇悪犯人が居るような云い方はヨタモンのチンピラどもの言いぐさに似てるな。ブタ箱から出てきた足でさッそくドスをのむ奴の云いぐさだ」。あるいは、「人に無理強いされた憲法だと云うが、拙者は戦争はいたしません、というのはこの一条に限って全く世界一の憲法さ。戦争はキ印かバカがするものにきまっているのだ」。

安吾はダダイストのトリスタン・ツァラ（「我等の鳥類」）や、初期のシュルレアリストでアルトーと一緒に芝居をやっていたロジェ・ヴィトラック（「いんそむにや」）を翻訳している。ツァラとヴィトラック？　ふーむ。それに安吾はブルトンも読んでいたようである。安吾とブルトン。ちょっと見にはなかなかのテーマだが、私はご免こうむりたい。安吾がフランス語を独学してまでフランス語の本を読みたかったというのはなかなか私にもわかる光景ではあるが、そもそも安吾とフランス文学についての関わりなど、申し訳ないが、私にとってはどうでもいいことである。安吾とメソポタミヤ文学、チベット文学、スワヒリ文学との関わりがどうでもいいのと全く同じように。

ラクロやドストエフスキーが好きだった、って？　それが安吾の文学にどんな影響を与えたかなどというのは、影響を与えたかどうか私は知らないが、影響を与えたのだろうし、ハイ、それまで！　馬鹿にすんない、それをぐだぐだ話題にすれば原稿枚数を稼ぐことくらいはできるだろうが、大見得を切って喋るような話ではない。第一、退屈極まりないじゃないか。チグハグを地で行く、それでいてなかなかの逆説の妙技ではないかと思わせる安吾の文章には、私にそんな風に言わせるところがたしかにあるのだ。矛盾に引き裂かれながら、退屈だ、退屈だ、といつも安吾は言っていたけれど、戦争をやるよりはずっとましだったのである。

フランス文学ということで言えば、安吾のヒロポンはサルトルのアンフェタミンと大差なかっただろうし、麻薬そのものに関しては、アルトーほど徹底的ではなかったし（これは絶対に確かである）、コクトーほど優雅でもなかった（これには語弊があるかもしれないが）。彼のヒロポンは、その作品との関わりにおいてすら、アルトーのように「麻薬のテクノロジー」にまで達することはなかったように思う。それによって寿命を縮めたことは間違いないが、安吾はクスリのやり方に精通していたとは思えない。やり方がへたなのである。

安吾は中間に居た。安吾の作品の妙な悲しさ、鬼の悲しさ、くすぐったくなるような懐かしさ、だらしなさはこんなところからも来ていたように思う。われわれはみんなどこか安吾に似ているのだ。「私は谷川で青鬼の虎の皮のフンドシを洗っている。私はフンドシを干すのを忘れて、谷川のふちで眠ってしまう。青鬼が私をゆさぶる。私は目をさましてニッコリする。カッコウだのホトトギスだの山鳩がないている。私はそんなものよりも青鬼の調子外れの胴間声が好きだ。私はニッコリして彼に腕をさしだすだろう。すべてが、なんて退屈だろう。しかし、なぜ、こんなに、なつかしいのだろう」。

「私の見つめている豪奢悦楽は地上に在り得ず、歴史的にも在り得ず、ただ私の生活の後側にあるだけだ」、坂口安吾はそう呟いた。うしろ側。安吾は振り向いたのだ。そう考えることもできる。見たくもないものを見るために！

旧約聖書の『創世記』第十九章。町にやって来た二人の天使のおかまを掘ろうと乱暴狼藉をはたらいたソドムの町の住人たちが、神の怒りによって空から降ってきた火の雨と硫黄によって皆殺しにされ滅ぼされたとき、逃がしてもらったロトたち一家のなかで、町のほうを振り返ってしまったロトの妻だけが塩の柱になってしまった。町は燃え盛り、煙を上げていた。振り返るなと言われていたのだ。そしてソドムとゴモラは滅亡した。だが神は、そのあとロトの娘たちが父との近親相姦によって子を身籠ったとき、どうしてロトの娘たちを滅ぼさなかったのだろうか。変じゃないか。旧約聖書の謎のひとつである。

だから少なくとも大地は塩で満ちている。振り返った安吾は自分のからだがそれでできている塩をなめてみたのだ。酷暑のせいで大汗をかいていたので、ほんの少しだけしょっぱかった。ヒロポンでもやりながら。塩をなめるのもアレをやるのもそうたいして違いはなかったのかもしれない。

振り返って柱になり、自分の塩をなめる。これほど豪奢なことがあるだろうか。地の塩は血の塩を流していた。安吾はドロドロの塩の柱になり、振り向いたままだったので、振り向きざまに、時間は、脳溢血のように、あるいは京都の地下鉄《メトロ》の楽屋か車折《くるまざき》神社近くのどこかで熱中症になって貧血を起こしたように停まってしまった。戦後は終わってはいなかった。

ほら、今たまたま外を見ると、赤くていやらしい色をした半月がこれ見よがしに空に懸かっている。最近、日本中にやばい雰囲気が漂っている。バカかキ印の真似をしてへらへらやっていると、不吉な事がきっと起こるに違いない。窓をあけると、硫黄の熱風が吹き込んできた。……

文学の泥棒について

「いわゆる剽窃」という文章のなかで、林達夫は、輝かしき理論家だった三木清をこともあろうに人の著作を盗んだ破廉恥きわまる「剽窃家」として弾劾した仮借ない批評家、眉目秀麗（かどうか私は知らないが）にして頭脳明晰な（この場合は、自分が間抜けであることを知らない単なる形式主義者という意味だ）女性警世家をたしなめたことがあった。

つまり剽窃的行為を文化的観点からそれなりに擁護することで林達夫はその文章をやんわりと始めているのだが、その一方で、学問の共有と私有という観点からすれば、学説や思想も資本主義社会においては商品となったのだから、剽窃は一種の財産的犯罪であり、この文化的共有と所有権は資本主義社会においては矛盾し続ける事柄となってしまうと言うのである。つまり氏は、剽窃は多くの場合正当な、あるいは伝統的な行為には違いないが、自分もまた職業的作家（つまりそれで生計を立てている人）であり、著作権所有者であるという矛盾に引き裂かれているわけである。

林達夫はまあまあ勇気がある、などと言えば生意気に聞こえてしまうだろう。だが、林達夫ほどの批評家であれば、物書きとしての自分の首を絞めかねないこれらの危険な領域に知識人として目配せを怠らないのは当然の話かもしれない。それが良心的であったにしろ、そうでない動機にもとづいていたにせよ、この場合そんなことはどちらでもよろしい。

だが、そうはいってもだよ、諸君！　かいつまんで言えば、剽窃的行為に目くじらを立てるのであれば、そもそも「文化」や「学問」など存在できなくなる、それにそれらがいったい何ほどのものなのか、物を知らないにもほどがある、と氏は感じていたに違いないし、実際それを随所に感じさせる文章の仕儀となっているのだけれど、まあ、そういうところが第一級の知識人であった林達夫らしいと私は思うのである。知的な面では言うまでもなく、多くの点で洒脱な林達夫のことだし、このエッセイのそもそもの動機は、明らかに、衆人環視のなかで囚人を監視するようなことは、いくら篤志な批評家であれ実際は軽蔑に値するのだということをあえてそれとなく言うことにあったと私はあえて誤読しようと思っている。

誤読？　あ、あ、正直に言えば、私はそんな風にはまったく思ってはいないし、誤読もまた一種の剽窃と言えないこともないのだから、それが味噌であることは読者である皆さんをさておいて私自身が先刻ご承知なのである。ちなみに、漱石もどこかで剽窃について擁護していたが、こちらのほうは、私の記憶違いでなければ、杓子定規で、生ぬるいものだった。

だが林達夫が言外に臭わせているとおり、「剽窃」はじつに奥深いものであるし、この点では、申し訳ないのだが、私はこのエッセイの林達夫を剽窃しようとは思わない。

私が剽窃したいのはジャーナリスト出身である現代フランスの博雅の作家ジャン＝リュック・エ

ニグのこの上なく確信犯的な『剽窃の弁明』（尾河直哉訳、現代思潮新社）である。もうかなわないことではあるし、言わなくても不可能であることはわかってはいるが、林氏には、もう一歩すすんで、つまり遥かに確信犯的に、ぜひともこの本の書評でもやっていただき、それをゆっくりと読んでみたかったものである。

剽窃とは一種のポエティック、詩法である。人にもよるが、人の文章、それも「ぶよぶよの大頭ども」（イジール・デュカス）が結局は絶対に書けないような形で誰かの文章をかっぱらってくることは、ひとつの詩の技法である。あたりまえの話だが、不良は不良行為に習熟しているものである。もちろん剽窃の対象としてはぶよぶよの大頭の書いた文章を盗んでもいっこうにかまわないし、剽窃の相手は人間が書いたものである必要すらないことは言うまでもない。

剽窃の弁明！　これこそソクラテスの弁明に匹敵するものではないだろうか。私はこのエニグの本がとても好きである。思い出したらぱらぱら読むことにしているが、読むたびに新たな発見と、たまには言い知れない悦びをもたらしてくれる。勿論、解説や要約は阿呆のすることだから、私はここでこの本の要約をやるつもりはこれっぽっちもない。第一、私にはそのような能力と忍耐が欠如しているし、あらゆる「変則的書物」はまずは要約を峻拒する態のものであるからだ。

実際、本書には、随所にじつに味わい深くて、閃光のようにすばやい考察と、そして言うまでもなく目の覚めるような剽窃と引用がちりばめられている。文章に限らない。文章家は縫い子でもある。モードは儚けれぱ儚《はかな》いほど完璧なのだから、ココ・シャネルは自分のデザインを盗まれても一切動じることがなかった。バロウズは言った、言葉、色、光、音、石も木も青銅も生きている芸術家のものだ、ルーヴルを略奪せよ、くたばれ、オリジナリティー！　そういうわけである。それがビートニックな方法的結論である。だが、いくらオリジナリティーを打倒しようと、ココ・シャネルもバロウズもエニグの本も含めて、これほどのオリジナリティーにはめったにお目にかかれないではないか。違うだろうか？　妙なことである。

というわけで、細部に立ち入ることはこの本の妙味を損なう裏切り行為なのだから、著者の冒頭の決意表明だけを次に引用することに——あまり秘密をばらさないために、あえて著者の言い草としてはかなり平凡な箇所を引用することにする。

その前にあえて言い添えておくなら、誰が書いたかということをここでみんなにばらしているわけだから、これは引用には違いないのだが、広く平たく言えば、まったく別の文脈とリズム的錯乱のほうへ人の文章をかっ攫ってしまおうというのだから、そして著者の涙ぐましい思考の筋道、その緊張の糸を無残にも断ち切って、オデュッセイアの魔女の煮こごりみたいにいかがわしい別の釜に入れてゆでて冷まして人の文章をゼラチンみたいに固めてしまおうというのだから、引用もまたひとつの立派な剽窃なのである。もちろん皆さんがよく目にする立派な著者の立派な「学問的引用」には、自分の貧しい文章を権威づけるためであることが見え見えの場合があり、これほど恰好の悪いことはない。

という次第で私はここに、現代のぶよぶよの大頭ども（ロートレアモンの言葉）に向けて手短な美学を、つまり剽窃のエロティシズムを素描したいと思う。というのも、私はこれまで剽窃し、また剽窃されてきたが、この〈オカマホリ〉！　とか、よくも魂を奪ったな！　とか、俺の実体を盗みやがって！　とか、そんなくだらないことを叫んだためしはないからである。私は他人の傘下で、他人の傾きに沿って、他人の仕立てで〈縫い子が言うような意味において〉それぞれの本を書いてきた。しかしそこにはまた手当たり次第、気の向くままに耽った周辺的な読書の記憶が加わっている。そうした読書のなかで私は文の断片を、ときには語を掠《かす》め取ってきたが、こんどはその掠め取った文や語のほうが、知らぬがままに行きたがっている場所へと私を引っ張っていってくれた。こうして、すでに書かれた文が、私の未来のエクリチュールになっていったのである。というのも、文章はつねにそれ固有の意味以外にも無数のことを語っていて、剽窃とはアナモルフォーズ〔意図的に歪めて描いた絵画〕の技法以外のなにものでもないのだから。

ところで、実際には剽窃と引用はどこが違うのか。

あるいはもっと先にまで行って、剽窃の機微のなかを深く潜行するならば、こういうことになる。剽窃とはあえて偽装された引用、あるいは不当きわまりない引用に他ならないのである。それは名乗らない引用なのだから、「第二の手」、それ以前の手によって残された痕跡を消してしまう「第二の手」である。その手で手淫をやるかどうかはまた別の問題である。普通の引用とは違って、ここでは著者の名前は隠蔽されたり、騙し取られたりして、どこかへ消滅してしまう。残るのはただ、砂に埋もれたように行方不明になったテクストの断片的記憶だけ。したがって実のところわれわれの眼前にあるのは、作者のないテクストか、テクストのない作者ということになる。

例えば、ボルヘスのように、嘘の作者、間違った自分からの引用、存在しない書物からの引用だってあるじゃないか。剽窃者はまるで略奪者であると同時にその獲物のようなものであり、女神の裸を見てしまったがために自分の猟犬に嚙み殺されるアクタイオンであって、自分を消して文によりよく同化するためにのみ文を横領しているみたいである。いい眺めである。だが何故に自分を消したいなどと思うのか?

結局のところ、西洋の最近の有名人に限っても、モリエールやサド、モンテーニュやスタンダール、ネルヴァル、ミュッセ、ボードレール、ロートレアモンから、コンラッド、サンドラール、バロウズ、ソレルス、ブレヒトにいたるまで、他人から盗もうとしているのはじつは自分なのだ。たしかにそうである。作品の背後に姿を消すことと、自分の思考を追いかけることはここではまったく矛盾しない。

ちなみに、ソレルスの『女たち』の訳者としてソレルスの勇気を讃えてぜひとも言っておきたいのだが、句読点のまったくないソレルスの『H』という小説には、ヘルダーリンについてのピエール・ジャン・ジューヴの文章が、引用符も著者名もなしに句読点を抜き取っただけで、そのまま何十行か盗用されていたはずである。

自己に対する、自己についての、闇雲の、あるいは殺気立った、親密なるアポカリプス的啓示(暴露という意味で)は、そのたびごとに、自己喪失という形で成就されざるを得ないわけである。

まるで剽窃者は、書き写すことによって、自己のなかにもともと己れそのものの消失を準備しているみたいではないか。これは汗水たらして写本を書き移している修道院の書字生みたいであるし、またまたいい眺めではある。すべてが逃亡の一事をひたすら夢見ているかのように、自己は自己の拡張そのものにおいて喪失されるのである。だが人は何から逃亡するのだろう。そこまで行くと、こういったことはどれも、もともと書くということの出発にあったもの（それがほんとうに欲望なのかどうかは私は寡聞にして知らないけれど）と見分けがつかないようにも思えるのである。

一方、引用符のなかに入れることによって、引用は借用してきた恩義を打ち明ける。これはある観点からすれば時間的にも金銭的にもかなりの恩義、また別の見方をすれば安上がりの恩義だが、それによって思考による不法侵入をいわば保障しようというのである。だが、そうは言っても、引用による「容喙《ようかい》」は一種の妖怪を生み出すこともたまにはあるのだし、引用によって聞かれもしないのに横から唖然とするような差し出口を挟むことは、こちらが辛抱しさえすれば、話を終わらせないで、別の話にすり替えてもらうことでもある。それはそれで場合によっては結構なことである。

大急ぎで断っておくが、例えば、学生や助手の書いたものやデータをそのまま自分の所有物のように論文に盗用したり、したり顔で自分の考えたことですという振りをしているつもりの卑屈な学者先生や大学教授はこの限りではない。私が彼らを軽蔑していることは言うまでもない。この手の人たちは自分のけちくさい「業績」と、言うも恥ずかしいことだが、どう見ても哀れにしか見えないしょぼい「出世」のためにそれを行うからである。これは第一、子供でもわかるほどみっともないことだし、学者であれば、少しは誇りくらいもってもらいたいものだ。

あるいはこういう人たちもいる。こちらは職業作家たちである。いつ頃だったか、エッセイストなるものが巷に流行したとき、名前も忘れてしまったが、ある女流エッセイストが、私は他人の本は読まないと嘯いて、それを自慢にしているのを読んだことがある。他人の本は読まないし、だから自分は人の文章を剽窃してはいません、ということを彼女が言いたかったのではないことは明らかだが（この手の書き手にそんな高尚な芸当はできないし、考えもしないはずである）、それはないだろ！　そんなことをわざわざ断ってもらわなくても、読めばわかるんだよ。もともとヘボ作家なんだから！　文章とは理屈からしても人の文章の真似なのだから、人の文章をまったく読まない人には、生まれつきの天才でもないかぎり、いや、天才であっても文章は書けない。これは自分が文盲ですと言うに等しく、これでは職業的作家としては読者の水準に立つことはできず、そんな体たらくで売文をやるなんてことはただの詐欺行為でしかない。

不良がけっして不良品を売ってはならないことは鉄則である。

このような発言を新聞に堂々と載せるわれわれの文化とはいったい何ほどのものなのか！　これは読者に土下座をすることでもある。例えば、新聞記者による事実をめぐる新聞記事の盗作はあまりいただけない行為だと目くじらを立てる人もいるが（微妙な点を言えば、実際にはほとんど誰もがやっていることだ。事実は共有できると誰もが信じたがっているのであれば、歴史的事実などというものもそんなものではないか。だからこそ物語と歴史は同じものだと言い出す人たちも出てくることになるし、私は彼らに反論するつもりにはなれないのである）、こんな作家たちに比べれば、盗作のほうがまだ愛嬌がある。あまりにも児戯に等しい、こんなくだらない文化的たわ言につき合わされたり、してほしくもないのに「土下座」されることなど、読者としては御免こうむりたいものである。

ここまで書いて、われわれの短歌の世界にも本歌取りという素晴らしい伝統があることを思い出した。古歌の一句か二句をかっぱらってきて自分の歌をつくるわけである。古今集や新古今に見られるきわめて上品な「伝統」であるが、これは立派な剽窃的行為である。だがその後で定家のやった小細工がよろしくない。定家は、先人から借り受ける句は二つまでとするなどとした本歌取りの規則とやらをつくったのである。あの定家にしてからが臆病風を吹かせているとしか言いようがないではないか。これでは剽窃も「伝統」も台無しになるのではないか。

最近知ったことだが、寺山修司の盗作話が笑える。詳細は高取英の『寺山修司』（平凡社新書）でも読んでいただくとして、寺山氏は「自作の」俳句から数句を取って「自作の」短歌にアレンジしたといって非難されたことがあったらしいのである。あほらしいのでノーコメント！

とはいえ、一言。楠本憲吉の言がふるっている。「同一の素材の俳句から短歌ができるなどということは、ジャンル固有の性格を崩しているものであり、それぞれが散文化の危機に……」。ジャンルは壊すためにあるのだよ、おっさん！　これがひとつ。

もうひとつは寺山修司が中村草田男や西東三鬼から盗用したというもの。これは明らかに本歌取りであり、寺山氏の「読み」であり、ほんとにぱくって知らん顔をするなら、こんな誰もがわかる有名人からは拝借したりはしないだろう。雑誌『短歌』の当時の匿名時評が面白い。言いえて妙とはこのことだ。「老生の訓戒をバカにして、対象を変えて模倣巡礼を続けるなら、君は文字通り〈自己なき男〉（これは君の好きな語句らしい）のレッテルを貼られてしまうだろう」……。

寺山修司のほうがまっとうだったし、いまから思えば当時最もすぐれた作家のひとりであったと考える後世の若輩者としては、これを、この匿名時評家が自己のすべてを賭けて主張したこととは逆に、つまりまったく反対の含意として受け取るしかないのだから、この匿名時評家もまた「自己」を喪失し、自己なき男になってしまったのである。自己喪失は単なる物好きの事故ではなかったのである。

最後に、エニグの本にも取り上げられていなかったので、ジャン・ニコラ・アルチュール・ランボーのじつに惚れ惚れするようなフランソワ・ヴィヨンをめぐる剽窃「シャルル・ドルレアン公のルイ十一世への手紙」を挙げておこう。これは中学校（コレージュ）の修辞学級の課題のために書かれたランボー少年の作文なのだが、いくらヴィヨンをぱくっていても、この見事な作文が一等賞だったことは想像に難くない。

陛下、時は雨の外套を脱ぎ捨てました。夏の前触れが到来したのです。憂い顔には出て行ってもらいましょうぞ！　詩歌とバラード万歳！　教訓劇と笑劇万歳！　願わくば法律屋の書生どもが気違いじみた阿呆劇をどうかわれわれに見せてくれんことを。（……）折り返しのある襟飾りをつけ、装飾品と刺繍をまとったご婦人方に栄光あれ！　陛下、空が青い衣を身に纏い、太陽が明るく輝くとき、木陰で、甘いロンドーを口ずさみ、高らかに明るくバラードを歌うのはまことに心地よいことではありますまいか？　わが愛の鉢植えの木ありて、あるいは、せめてひとたび我に許しの言葉を、わが奥方よ、あるいは、富める恋人はつねに勝者となりて、なとど……　しかしいまこうして私は楽しんでおります、陛下、私と同じように陛下にもまた楽しんでいただきたいものです。善良なるお調子者、これらの詩のすべてを書きなぐった優しき嘲弄家、フランソワ・ヴィヨン先生は、手錠をかけられ、丸パンと水を与えられ、シャトレ監獄の奥で涙を流して、わが身を嘆いているのです！

（『ランボー全詩集』、河出文庫より）

ここに最後まで書き写すのはいかにも大変なので、もし暇でもあれば、ぜひとも全文を読んでいただきたい。

2 イマージュ、分身

分身残酷劇「カリガリ博士」趣意書

始めにあったのは、そして始めから終わりまで度し難く居座り続けるのは、ロベルト・ウィーネ監督による映画『カリガリ博士』の、突飛としか言いようのない、いまでも色褪せることのないイマージュ群である。ヴェルナー・クラウスによって演じられたカリガリ博士、コンラート・ファイトによって演じられた夢遊病者チェザーレの完全無欠のイマージュである。

そして、言うまでもなく、アルフレート・クービン、ヘルマン・ヴァルム等によるドイツ表現主義風の舞台美術、映画内における、つまりスクリーンの内側に、ボール紙の黒いお日様もかくやと思われる、エドガー・アラン・ポーの黒猫さながらに塗り込められた書割りである。それらは一種の謎の光源から射す影のように機能した。これらの美術的効果はカリガリとチェザーレの全存在、全イマージュの一部をなしている。

舞台という現実のなかに大股で侵入するこれらの実現された幻影は、すでにして決定的である。劇場の闇と同じように暗いわれわれの脳髄のなかのスピーカーは、記憶に頼らずともそんな風にわれわれの耳元でわめいているのだし、大声で教えを垂れにかかっている。

いかにしてカリガリ博士は、三角形の家、歪んで閉じたままの扉を出たり入ったりするのか。いかにして箱のなかのチェザーレの恐慌《パニック》は、蓋も閉まらない棺桶に憧れるのか。世界が、われわれの世界が、二十世紀初頭このかた斜めに傾いているのであれば、いかにしてさらに傾き続ける一本道を、糸巻きオドラデクの断末魔のきりきり舞いのように、迷宮のなかの眩暈《めまい》がするほど急傾斜した細道をよたよたと行けばいいのか。ねじ曲げられ、ばらばらにされ、崩壊し、へしゃげた幾何学は、われわれの舞台のために何を語るのか。それらをついでに見てみなければならないのである。


とはいえカール・マイヤーとハンス・ヤノウィッツの原作脚本も、フリッツ・ラングによって後に手直しされた脚本も、もはや部分的にしか、いや、ほとんどまったく問題とはならない。語られた物語は、すでにカリガリとチェザーレというこれら二人の登場人物のイマージュの片側だけを反射する残骸にすぎない。

反射されたイマージュの光は、われわれの散漫さのあまりズタズタになってしまった世界の散文にも似た断片の上に映し出されるだけである。そしてこの映画をめぐって後にドイツで巻き起こった論争、カリガリがヒトラーのような人物であるかどうか、などということにわれわれがほとんど関心がないことはあえて言うまでもない。ヒトラー自身も人類の歴史の死んだ傀儡《くぐつ》にすぎないからであり、一方、カリガリは、ご存知のとおり、フィルムのなかで永久に動き回り、生き続け、そしてわれわれ自身は崩壊後の、断片化された後の世界をいまも生きているからである。

すでにカーニヴァルはおひらきだ。引き潮の後に舞台は成立するかもしれない。地面の上には紙屑しか落ちてはいないけれど、まだ風くらいは吹いているだろう。少しの仕草、大仰でギクシャクとした身振り、そこには天地創造にも比すべきものがある。カリガリ博士と夢遊病者チェザーレは殺人を犯したのだろうか。カリガリは薄闇のなかに血がほとばしるのを、ほんとうに笑いながらチェザーレと一緒に見ていたのか。カリガリはチェザーレを愛しているのか。チェザーレはカリガリを憎んでいるのか。カリガリの、チェザーレのからだは何でできているのか。なぜガリガリでなければならないはずのカリガリが太っていて、なぜ箱のなかでじっとしているチェザーレが痩せているのか。カリガリが診察室のなかでひそかにチェザーレを食っているからなのか。

夢遊病者などというのは仮の姿である。ではチェザーレのからだは煙でできているとでもいうのか。そもそも、ここはどこなのか。夢遊病者が夜を彷徨《さまよ》う人であれば、彼は黒焦げになった回文のようにそこをぐるぐると廻り続けているだけであり、夜が、暗闇の囁《ささや》く文章が、チェザーレを生かしているのである。カリガリ博士は狂人なのか。精神科医とはどこの鼠のことなのか。カリガリが機関車の運転手であってもバナナの叩き売りであっても自転車乗りであっても私はいっこうに困らない。診察室のなかでは博士の愛情の末路などどこ吹く風。人に裁きを下す墓場に愛などない。観客に愛がないように……。おっと、話題を変えよう。

では、どうして映画のなかのカリガリはメタ・レヴェルの物語をすいすいと泳いでゆくのに、夢遊病者チェザーレはチェザーレのままで居続けることができるのか。実のところ彼はとっくに死んでいるのかもしれない。舞台に構造はない。構造は構造が降り立った街路のものだということにな っている。少なくとも舞台の上では映画のように階層的幻覚を一瞬のうちに実現することはできない。積み重ねられたメタ・レヴェルは一巡して元に戻るだけである。そのことはわかっている。

もう物語はなしだ、と二十世紀フランスのさる高名な前衛作家が言っていたが、そのことに私も同意しよう。物語はもうなしだ。あるのは、さっきも言ったように、イマージュを反射する散文の黒焦げになった残骸だけである。だが厚顔無恥な物語はいつまでもしぶとく強靭である。物語はわれわれと同じように始めから破綻していたはずだというのに、いったい何が起こっているというのか。物語というこの化物は、別の物語の末路を装いながら、向こうに見える洞窟のように真っ黒い口を空けてわれわれの方をじっと見ているだけである。

カリガリ博士とチェザーレ。彼らは一種の「概念人物」、人物としての「概念」に成りおおせることができるのか。舞台は物体でできているのだから、映画風のイマージュなどと言っても何も始まらないのは承知の上である。われわれが行うのは演劇なのだから、映画のイマージュはちぐはぐな身体を得て、ここ、舞台の上で立ち往生しなければならない。映画のイマージュ？ いや、ほんとうのことを言えば、そのようなものはどれも映画のイマージュですらない。私がここで言っているイマージュは、物理的意味においての、時たま光でできているようにも見える身体イマージュでしかない。

演劇や美術、そしてそもそも映画は、それを偽装し、仮構するものなのか。それは嘘っぱちなのか。数々の留保がつくとはいえ、勿論《もちろん》、そうではない。われわれは喜んでそうではないと考えるほうに賭けることができる。なぜなら現実のなかで汗し、愛し、あくせくし、あくびし、あそび、あやまちを犯し、それでいて現実を手玉に取っていると、丘の上の阿呆のように思い込んでいる愛すべきもしくは憎むべき実在のわれわれ自身もまた、イマージュでできているからである。

そのことを最も哲学的に語るのは、あやつり人形自体の確固たる存在である。これは厄介であると同時に、喜ばしいことである。とりわけここでわれわれはそう考えることができる。儚《はかな》い存在であるのは、その消息を風さえも知らないのは、そして砂まみれの、切れてしまいそうな一本のアリアドネの糸すらもはや手に握りしめていないのは、残念ながらわれわれの方である。一本の糸、無数の糸。重要なのはそれである。演出家と脚本家は途方に暮れざるを得ない。どこのどいつが無責任にそう言っているのか。厄介なことになったものだ。あやつり人形は誰に操られているのか。操っているつもりの人形遣いを操っているのはいったい誰なのか。むしろ黒子に結わえられた見えない糸は誰に握られているのか。人形になのか。役者になのか。

操り人形と黒子の関係は分身と分身の関係である。分身が分身を操っていたのか。分身と分身の関係に主人は介在することができない。ところで、主人はどこかにいるのだろうか。よくよく考えてみなければならない。私は私と出会うことはできない。少なくとも四六時中は。私が死んでも、私のなかにいるあいつが死なないのと同じことである。舞台の外にまで広がる茫洋としたこの空き地にいるのは、結局のところ分身だけではないのか。生身の役者はどうなのか。彼はほんとうに生身などと言えるのか。彼の声は分身の声ではないのか。分身はかりそめのからだを持つだけだとしたら、役者もまた同じことではないのか。

だから舞台の上であれどこであれ、神出鬼没であるはずの顕現としての身体は、栄光の身体の奈落の淵で、すでに瀕死の状態に陥っている。だが、われわれがすべての本を読んだとしても（それは嘘だ）、肉は悲しんでばかりいるわけではない。そもそも人形は肉を持たないではないか。人形たちはそれを喜んでいたのか。悲しんでいたのか。そうであれば、人形が黒子となりかわり、役者とすりかわり、今度は彼らを演じ続けているとでもいうのか。じつに美しく、恐ろしい事態ではある。はたしてわれわれ自身が誰かによって演じられているのか。われわれが息をしているなら、息を吹き込まれたのなら、人形はどこで息をしていたのか。われわれだって？

そんな風にわれわれに言っているのはじつは人形の方だったのである。霊的なプロンプターを装う黒子は黒子であることをいつやめるのか。彼はいったい誰に科白《せりふ》を大声で伝えていたのだろう。人形になのか？　役者になのか？　そうであれば、蘇ってはみたものの瀕死のままである栄光の身体が操っているのは、人形遣いである黒子自身の、役者自身の、つまりわれわれ自身と観客の、どう見積もっても悲惨としか言いようのない身体なのだろうか。

われわれの師であるアントナン・アルトーが言う「身体の橋」とは、ひとつの幻想などではない。形而上学ではない。この橋が、現実の大盤振舞いとして、アリアドネの糸のあえかな結び目として、揺るぎない公理として、まずは人形と役者のあいだにいかに架橋されるのかをじっくり見てみようではないか。

映画、分身

映画、イマージュ

影が動き回る……

だが光による情景、光だけが表面をつくりだす世界のなかで、あるいは文字どおり光学的な出来事のまっただなかで、いつもハレーションを起こしていたものは何なのか？　すべてが少しずつ白茶け、そして突然、真っ白になってしまう。

晩年のモネにとって睡蓮は睡蓮であると同時に、水に映った睡蓮の反映であり、「本物」の睡蓮とその反映はまったく見分けがつかないばかりでなく、「同じもの」である。それは画布の表面で反射を繰り返している。別の言い方をすれば、これまたモネの作品だが、光によって刻々とその表面を変化させる「ルーアンの大聖堂」はすべて別のものである。光の表面しかない表面がそのまま形状となるのは印象派の発明だった。すべてがすべてに似ていると同時に、同じものは同じものとは似ても似つかぬものなのだ。同じものと異なるもの。どちらかを選ばねばならないのだろうか。いや、同じプラトー。同じ存立平面。うんざりするような、それともうっとりするような反復？反復すればするほど反復の基盤は底抜けのものと化すのはわかっている。

影？

スクリーンの上に、そのなかに、映写されたイマージュは、どんなサイレント映画も沈黙を拒み続けるように、そしてかすかなノイズが沈黙のなかの思考の開始を徐々に不分明なものにしてゆくように、永遠の動作を繰り返している。それは繰り返されるのをやめることができない。映写機がカラカラと回っている。ビオイ・カサーレスの小説『モレルの発明』は、誰もいない世界、人がもはや住むことのない世界のなかにしか存在できないイマージュの円環する動きを、それにふさわしい筆致で描き出していたが、それが時間とともに死に絶えることはけっしてないだろう。ワルツを踊るイマージュ。肉体はない。神の視線だけが見ているのだろうか。イマージュは自ずから動いている。それだけは確かだ。

スクリーン。ひっ掻き傷、雨、ノイズ。そこにいるのは分身なのか。いくつもの分身。分身の分身。分身の分身の分身。この連鎖が実無限的に続くのであれば、それは存在に限りなく近いものだということである。ゲーデルが言うように、存在は存在からなる世界の内部では自らを証明することはできないからだ。分身は存在を証明するのだろうか。誰かが分身を見て、分身は私を見ている。ほとんど観察していると言ってもいい。あれこれぶつぶつ文句を言いながら。勿論、無言で。宇宙空間を永遠に旅するイマージュ。誰も何も見ていないのだから。

（ジャン・ルイ・シェフェールは、まばたきを奪うイマージュたちの分列行進について語っていたが、彼はまず最初、球面をなしたその運動の中心にいてイマージュがただ通り過ぎて行くのを呆然と見ていたのだった。だがその中心は絶えず失われ続けるほかはない）

何十年も前の話だが、パリのモンパルナス界隈《かいわい》に住んでいた頃、幾度か俳優のジャン＝ピエール・レオとピエール・クレマンティを見かけたことがあった（いまからパゾリーニの『豚小屋』の話をしようというのではない。二人ともかなり不遇な時代だったとは思うが、クレマンティのほうは、当時、たしか濡れ衣だった麻薬の問題で映画界から完全に干されていたはずだ）。ジャン＝ピエール・レオ。彼がカフェにいても、誰もサインを求めたり、話しかけたりはしなかった。私にとってパリはずっと映画の町だったし（ほんとかな？）、そのときパリはいい町だと思ったに違いない。カフェでベケットを煩《わずら》わせて、無償でしかないその作家の瞑想の時間の邪魔をしようとするぶしつけな客に対して、カフェの給仕が腹を立てたように、この町ではどんな有名人もそっとしておいてもらえるのだ、と。

だが、たぶん半分はそうではなかった。ジャン＝ピエール・レオは絶対に人を寄せつけないオーラを発していた。彼はモンパルナス大通りを通り過ぎる幾人かの魅力的な無名の人物たちとまったく同じように、ただのオーラの塊《かたま》りだった。オーラと肉体をどのように区別すればいいのだろう。彼はひとつのイマージュだった、と言えばいいのか。彼は気違いじみていたのか。恐らくは！　彼はしかめっ面をして、口を真一文字に結び、いつも歯を食いしばっているように見えた。目は何も見ていないようで、それでいていつもかっと見開いていたように思う。狂人が、というよりはむしろ「狂気」がそこにいたという感じだ。ああ、それは狂気だった。どんな映画のなかのジャン＝ピエール・レオよりもそのときの彼が私の目に焼きついている。トリュフォーやゴダールの映画のなかにいる彼と同じだったのか。どちらかといえばゴダールの映画の？　俳優？　彼は何かをほんとうに演じていたのか。映画のなかで？　現実のなかにいるときよりずっと？　スクリーンのなかで動き回る彼と現実世界のなかでカフェのテーブルを前にした彼は確かに同じような人（そうとしか言えないじゃないか！）だったが、でもこの言い方は正確ではない。

古代ギリシアのストア派の哲人たちがそう考えたように、スクリーンから剝がれ落ちたイマージュが街路にそっと落ちていた。だけどイマージュを拾うことはできない。イマージュはただ街路に降りる。イマージュがそこにいる。このイマージュは分身の所作をもっていたし、誰の目にも分身が分身であることを実際にはわからなくさせていた。普通の意味で映画が「現実」との何らかの関わりをもっているのであれば、スクリーンと「現実」は同じ平面になければならない。彼はそっと髪をかき上げ、新聞を広げた。私はそのときたまたまトイレに行くために席を立ち、ジャン＝ピエール・レオの傍らを通り過ぎた。彼が新聞に落としていた視線の強さを思い出す。私は思い出す（なぜか印象的であるベルナール・ノエル『聖餐城』のなかの言葉だ）。月が出ていた。いや、月は出ていない。それがどうした？　トイレからの帰り際、もう一度彼を見た。ライターのカチッという音がどこからともなく聞こえた。ぞろぞろとみんなが映画館の外に出てきたときのように、暗がりから暗がりへ。だが真昼間なのだ、今は！　見ると、彼が読んでいた新聞は逆さまになっていた。彼は新聞を読んではいなかったのだ。

ジャン＝ピエール・レオは現実世界のなかでも、つまりスクリーンの外でも、退屈しのぎに演技していたというのだろうか。勿論、演劇の演技と映画の演技は行為と映像の結果としてみれば何ら似たところがないのだし、演劇の仕種は行為であり、映画の仕種はイマージュである。映画のなかではある意味で演技は自立することができないのだが、私はジャン＝ピエール・レオの新聞をそんな風には思わなかったし、それが何であれ、そんなことはどうでもよかった。端正な佇《たたず》まい。奇妙な二枚目である彼は気違いじみていた。狂人のいる風景。それだけあれば十分だった。彼が幽霊だったとしても同じことだし、イマージュの威力（この場合はそう言っていいだろう）はそれだけでもたいしたものだった。だからいつも分身は分身以上のものであるし、そうなることを運命づけられている。それは魔術的だが、魔術以上のものなのだ。

映画俳優でもあり、シナリオも書いていたアルトーは、サイレント映画の時代に商業映画の世界に絶望し（今も昔も変らない）、映画にかかわることをやめてしまうのだが、ポール・テヴナンが言っていたように、今にして考えれば映画の可能性自体を否定したのではなかったように思う。アルトーは映画に興味を懐《いだ》いていた若い頃すでに、映画の形而上学を（別にいいだろ！）、俳優として、理論家として思考しようとしていた。アルトーは映画史的には映画の黎明期、揺籃期にいたことになるのだが、映画はすでに、もう一度言うなら、形而上学的にすでにそれ自体として完成した、というか思考の見地からすればすでに進歩した段階にあるのだと考えていた。カラー映画や立体映画もいずれつくられるだろうが、それはあくまで付随的な手段であって、映画が音楽や絵画や詩と同等のひとつの言語であるならば、そんなあれこれはたいした問題ではないのだと言っていた。アルトーは、映画は思考に属する事柄、なぜか意識の内部を表現するのにとりわけ適した方法だと考えていたのだ。思考に属する事柄。なぜなのか？　そもそも思考は物質を反映し物質を思考物質にしてしまう反物質であり、映画のイマージュは光と同じように物質に近いものであり、物質から遠ざかると同時にそれにぴったりとくっついた、つまり物質の観念を壊乱することのできる非物体的特徴をはじめから備えたものであるからだ。

「私がいつも注目してきたのは、映画には、秘かな動きとイマージュの素材とに固有の力があるということである。映画には、確かに他の芸術には見られない、思いがけず不可思議な部分がある。明らかにどんなイマージュであろうと、きわめてそっけない、きわめて平凡なイマージュですら、スクリーンの上に移しかえることができる。ごく取るに足りない細部、ごく無意味な対象も、それらに固有の意味と生命を獲得する。しかもイマージュそれ自体の意味作用による効果、イマージュが翻訳する思考、イマージュが形成する象徴とは無関係に、である」（アルトー「魔術と映画」）

映画のイマージュは戯れたりしない、それは予測不能のものである、とアルトーは言う。イマージュは何も翻訳しないし、何かの象徴となることもない。あらゆるルプレザンタシオン、あらゆる再現代理を不可能にし、笑いものにするのである。思考に属する事柄は物質的な、物質になろうとする何かであり、何らかの表象とはまったく別のものである。だから魔術が励起する地点を探さなければならないのだし、同時に魔術につけ入るすきを与えてはならないのだ。

映画と神秘主義

一九八五年に行われた四方田犬彦との対談のなかで、ビクトル・エリセ監督は二つの映画『ミツバチのささやき』と『エル・スール』の父性について自ら語っているのだが、それが思いがけず印象的だった。

ビクトル・エリセの『エル・スール』の父親は、水脈を発見するためにペンデュラム（ダウジングのための振り子）を手に、娘と一緒に野原を彷徨うのだが、この非キリスト教的な神秘のなかには何かしらきな臭いところがあるように思われる。それはこの映画がスペインの内乱を背景にしているからだけではない。あるいはこれらの話が語られるのが少女の口を通してであることによって、よくあるようにひとつの物語のナレーションを促すある時間の終焉、幼年期の終わり、あるいは革命の終焉が、それとなくここで物語が始まり、ということはそれがまた映画のあからさまな欲望であるとでもいうように、再びそれが繰り返されるのだということを暗にほのめかしているだけではないのだ。ともかく少なくともそれだけではないと私は思う。それを語るのがひとりの少女、父の娘であることによって、この映画を独特の複雑さ、迷路、言い難《がた》い奥行きにまで導くひとつの契機となることは言うまでもないのだが、少女の悲しみが不思議なことに映画の悲しみにまで達しているのは、たぶんこの不可解さ、この欠如、それ故なのだ。そして父は自殺する前にこのペンデュラムを娘の枕の下にそっと置いて家を出て行き、映画は終わるのである。

父から娘へと受け継がれる神秘。それはどんな形であれ、再び終焉が襲来として繰り返される予感とともに、死がいつもあたりを徘徊していることを、不意打ちにしろそうでないにしろ、死がこの「父の名」の循環の中をうろついていることを、そして幻を見るのがいつも少女であることを暗にわれわれに示していたのだろうか。なぜ少女なのか。ここでそれにあからさまに答えを与えるのは野暮というものだろう。初潮などという話をする前に、父と娘ということに関しては、余談ながら、まずは逆立ちの姿勢でサド侯爵の本を読むのがいいのではないかと私は思っている。父と娘。母と娘。三角形は成立しない。息子は外に出されているのだ！　父性はつねに、勿論、この映画においてもそうなのだが、災いの元であり、災厄の予兆であり、不幸の原因でもあるのだが、なんと同時に、監督自身の言によれば、父性のもつ創造性の隠喩はひとつの神秘と不可分のものであるらしいのだ。これはあっと驚かざるを得ない見解であり、否応なく私にもいろいろなことを考えさせるのだが、まず言えるのは、父性の神秘は「不正の神秘」（聖パウロ）だということである。そしてよくよく考えれば、そもそも映画自体が不正の神秘だったのではないのかと思えてくる。序・破・急だって？　映画にそんなものはほとんど必要ないし、イマージュは起承転結を不可能にする素晴らしい元凶なのである。

映画の神秘主義についてぼんやり考えていたら、あまりにも唐突だが、タルコフスキーの『ノスタルジア』にはいくつもの穴があいていて、そこから絶えず水が流れ出していたことを急に思い出した。多孔性の空間はぼんやりと光っている。降り続き、篠突く雨、身を切るような清水の流れ、温泉の煙。見えない穴から、いたるところから、何かが流れ出している。暗い静脈のなかを、地下水脈を、夜が流れてゆく。手、汗、ウォッカ、蠟燭。光と闇の堰門が開く。外は青く、白く霞《かす》んでいる。あらゆる事物の境界が薄暮のなかで溶け始めている。黄昏《たそがれ》と黄昏の間に雪が降る。外にも内にも雪が降っていた。イタリアの陽光の下では（たぶんボローニャ？）、人と事物の境目があまりにくっきりとしているので、自分と外の境界は不分明にならざるを得ない。私は私と君たちのことを言っている。だけどたぶん最初に溶け始めていたのは私だったのかもしれない。この映画のありとあらゆるイマージュは液体のように波打ち、心臓は静かな鼓動を打ち始める。マリア像、廃墟、犬、狂人＝預言者。映画の神秘主義ということで言えば、それはこの映画のなかに確固たる終末論が巣くっているからではない。そうではないのだ。水によって洗われる何かが時間と淡い大気のなかで息をしている。そっと。ほんの少しだけ……。

この映画が封切られた頃、ある知り合いのジャンキーが言った。

「ノスタルジアは見た？　あれへロインだな」

私は即座に納得したのだった。

映画を見に……

映画館から出るといつも雨が降っていた。そんなことを誰かが書いていたような気がする。誰が書いたにしろ、誰が映画館のなかで息を殺していたにせよ、映画館のなかで実際の殺人が起きていたにせよ、いつだって雨が降っている。外には、それとも誰かの記憶のなか、(ボルヘス風に言えば)過去のなかにはいつも雨が降っているのだから。だが過去などそこにはありはしない。

それに言葉はいらないなどと誰が言ったのか。私はほとんど生死の境で言葉を必要としていた。月はまだ出てはいなかった。私は言葉をほぼ何ひとつ理解できなかったし、理解してはいなかった。私は森のなかにいた。映画館は森だとブルトンがどこかに書いていたが、映画館の外は、なるほど森の外に違いなかった。映画が終わると、みんな映画館から出てくる。一人、二人、三人、それからぞろぞろと……。森のなかにいると、目を凝らせば凝らすほど、生半可な遠近法ではなんの役にも立たないことはわかり切ったことだった。ジャコメッティが言っていたように、映画館から出ると、そこは「千夜一夜の美」、はじめて見る世界の光景が広がっていたはずなのだ。

はじめから記号を解読する必要などなかったのだし、自分自身が、ひとりひとりが、意味をなさない黒々とした文字なのだから、言葉のなかに生きていて、つまり方言でしかない日本語のなかに、いや、私のなかに飛び散るメールシュトロームのように、あるいは襞《ひだ》のなかにこびりついた「外」みたいに、日本語の繊細さを失語症もろとも引きずり込んだ状態のなかで、異邦の空の下にいて、やるべきこともなく、からだの芯を、ただ肉体の現存の輪郭を、何が何でも溶かしてしまうことを実験しているだけで（自らに実験を課す者は実験中にそれが実験だとはわからないものである）、当分、誰とも口を利かず、会話を拒絶し、拒絶され、自分以外のすべてに目を凝らし、見ていることだけに怒り狂い、それを、まさに見ていた当のものだけを、何と言えばいいのか、そう、慈しみ、愛撫し……、その瞬間、あの瞬間、いまから、そうだ、いまこのときから、発狂することはないにしても、そこには、夜のはざまの、そうとは知れない、秘密の、穏やかな、急激で、あるいは緩やかな、あとくされのない、あまりにもすがすがしく、投げやりな、発狂状態に似たものがあった。

私は発狂していた。

映画館から出るといつも雨が降っていた。それとも雨はすでにやんでいたのだろうか。夜の帳《とばり》がすでに降りていた。夜は皮膚の上まで落ちかかり、スクリーンの雨は、そのまま横殴りの、あるいはしとしとと、ただ上から下へと繰り返しはねを上げていた。夜が落ちてくる、そこここに。雨にもけっして濡れることなく。雨の糸をかいくぐるようにして。

バスター・キートンの白目の血管が破裂しかかっていた。キートンはもちろん一言も喋らない。

サイレント映画なのだから。喋ってはならないし、音声は、あそこやここで、すでにいたるところに満ちていて、あらゆる周波帯を通して充満している。言葉は沈黙に憧れ、沈黙は言葉を穴のなかに増殖させる。建物に立てかけられた大きな梯子《はしご》が倒れる。キートンは落ちてしまう前に、落ちる動作を終えてしまう前に、壁にぶら下がっていた。どこかで、どこかの、何かの神が、じっと息を殺して見つめているようだった。ほんとうに神が見ていたのだろうか。私も見ていた。失敗は絶対に許されない。絶対に。

同じ動作を繰り返さねばならないのだ。無意味な動作。ほとんど感じ取られることのない、だが大いなる役者たちの仕種。役者だって？　誰でもない人はいたるところにいて、つまりどこにも役者などいないのではないか。映画は何度も上映され、彼らは同じ動作を永遠に繰り返すことだろう。この動作によって、それを見ているわれわれは増幅し、風景のなかに磔《はりつけ》になり、風船のように膨張してしまうか、あるいはたまねぎのように一皮一皮剝かれて何もなくなってしまう。

同じ動作、分身の動作が繰り返される。一瞬前の身振りはいま繰り返され、一瞬先の動作はここから先の「死」の彷徨をほとんど無意味なたわごとに変えてしまうだろう。イマージュは死だ。少なくともそれはいまこのときに死んでいる。いましがた死んだもの。生きていて、死んだもの。けっしてはためくことのない洗濯物、崇高な屍衣のように何かの煌《きら》めく痕跡のようなものが映像のなかに垣間見える。スクリーンのなかには誰もおらず、誰か、誰でもない誰か、人ではあるが、怪物かもしれない。ここで人格を剝奪され、悪意に満ちて、天使のようにそこをただ無言で通り過ぎるだけの、つまり分身としか言いようのない何ものかが、それ自体何の意味もない、解読をそのつど無駄骨にしてしまう仕種を延々と繰り返している。フィルムが擦り切れて、もう名前も、あらゆる名前の記憶も、人の痕跡も、恋の囁きも、痴話喧嘩も、殺人も、暴力沙汰も、平和な会話も、無意味な雑音、ただそこで聞こえていただけのあらゆる音もろとも、何もかも、匂いは？　もちろん匂いも、ぼろ家も、趣味の悪い豪邸も、街路のしなびた木も、爆破された車も飛行機も、動物たちも、女たちも、ただの染みのようにぼやけてしまうまでは、正面を向いたままで、やがてフィルムは炎上するだろうし、古代のアレクサンドリアにまで出かけていくには及ばないのだし、図書館のあらゆる蔵書が灰となって燃え尽きてしまう前に、すべては消え失せるからである、ＦＩＮというぶしつけな文字とともに。

まあ、いいか、長いがシェフェールの「屍衣－聖骸布」という文章を引用する。

しかし、何かがこの画面には、待たれたまま欠けている。布があり、光があり、暗闇がある。そして土間、その年古《としふ》りた汚れ（しかし、それは貧しさのしるしであるか、或いはむしろ敬虔な慎ましさのしるしであるか）、その土間を通って僕は、抑え難い運命に押されてでもあるかのように、ちょうど僕の視線の高さに彼女が捧げ持つように持つ、洗い清められた白い煌めきの方へ向かって行く。そこに辿り着くずっと前から、僕はその白く煌めく布が、屍衣のように僕のからだを包むために広げられているかのように、感じる。むろん、彼女が広げ持っているのは何かが映し出されるのを待つスクリーンでは有り得ず、動きをとめた女性のしぐさは、何か知れない野生の獣を押し留めようとしているかのようにも、或いは何かしら無垢なもの、イマージュの陰りもない光を押し留めようとしているかのようにも見える。その布に煌めく光には陰りがない、陰影を刻むような光源が感じられないからか、或いはそれを捧げ持つ動作によって光が、その布に沁みつき煌めいているのだろうか。一点の汚れもない煌めき、どこまでも広がり出すかのような白の煌めき、あたかも、地平線まで雪に覆われ尽くした世界が僕らの中にせり上がって来たかのように、それ故に煌めいて。そしてこうしたことから僕らを包み込む崇高さが広がる。と言うのも、その布は、僕らの洗濯籠から引き出された油汚れの布と同じものに他ならず、だからこそ僕らは、何か知れない懊悩《おうのう》の予感に、彼女と同じ身振りで動きをとめる。僕らの中で、そこからの出口を求めて、幾たびも、しかし決して飛び越えることの出来ない出口を求めて。その布故に、僕らはその夜の中に身動き出来ぬまま、座り続ける、広げ捧げ持たれた布、如何《いか》なる思い出も、イマージュも影もない布、それが僕の瞼《まぶた》の裏にぴったりと、掲げられた微風に乾いた音をたて、——そこには何ものの姿も動かず、蠅一匹の滲みもないままに——それだけが僕を満たし、しかしその白さは何もないのではなくて、どことも知れぬところからそこに到来した白い影となって僕を満たすのであり、その白い影はこの画面には欠けた外、この世界の彼方から到来した白い影なのだ。

他のシナリオを想像してみよう。この画面を含んだ同じシーンのフィルムをリールに巻いて、その永遠に続くかのような反復を、生涯続ける。その女は屈みこみ、その布を選び広げる。僕らはと言えば、ついには、その善良で敬虔な手で選ばれ広げられ掲げられるその白、その布或いはそれを乾かして行く風になる以外にはなくて、そしてまた、ついには何か知れない光の出口と化し、ここはまったく別の夜を広げ持続させる。

しかし、そんな具合に生涯、自分の影をこの奇蹟的な白の煌めきの表層に投射してみても、君は決してその上で、自分の思い出やどんな過去とも、動き踊ることはできないだろう。やがて僕らは気づくことになる。この画面を満たす影の塊が、光の幾本もの筋で切り裂かれ、点描のような光の粒の上を滑り回りながら、しかし決してその白い布の煌めきに辿り着けぬままに留まっていることに。そしてまた、気づくのだ。その、光に回帰しようとしながら果たせぬ影たちの中にのみ、世界の物語が、冒険が、叫びが通り過ぎて行くことを、そしてその影の底にこそ、言葉が、僕らの中で反復され続けることに、そして、その影のいたるところその隅で、その影は思い出を呟《つぶや》き続ける。そう、影の記憶を語り続けるのはその影だけなのだ……そのことに、僕らは、遅れて、気づくことになるのだ。

それに気づくや、新たな人間が僕の中に呼吸を始める？　その布、如何なる染みもない屍衣、それに敢《あ》えて触れるべきではないことに気づいて。

（ジャン・ルイ・シェフェール『映画を見に行く普通の男』、丹生谷貴志訳）

白い影は光の出口である。そのことはよくわかっている。映像は解剖などできないことをよく覚えておかねばならない。

私は、通りすがりに、シュルレアリスムの画家で人形作家であったハンス・ベルメールの『イマージュの解剖学』をぱらぱらとめくってみる。ベルメールにとって、（絵画的あるいは造形的）イマージュは、明らかに可逆的なものであって、だからこそそこには「呪われた」臭いが漂っているらしい。可逆的だということは、ベルメールにとって、人形の関節がそう示唆しているとおり、それが取り替え可能なものであり、身体的表象は結局ひとつのパーツを構成するものにすぎないということである。パーツはそのようなものとしては奇妙ではあるが、それ自体「完全」であり、したがってそれは両性具有的である。フェティッシュであることの不完全さは、完全さを性的に補うものとしてある。秩序から逸脱した「部分」は、どんな扱いをされようとも、その「意味」は変更をこうむることなく保持され、だからこそまさにそこに「倒錯」が始まるのだが、シュルレアリスムの造形的イマージュが一種の紋切型となるのは同じ理由によるのかもしれない。

映画においては、事情がまったく異なるように思われる。光は事物を反射することによって、「布」の上を滑り、現実の布は布の分身でしかないことを映し出す。映画的イマージュは交換可能ではない。分身は原理的にそもそも交換し難いものである。イマージュは、光の粒でできた一個の穴のように、それがそれ自体の影の底をなしていたことを私に告げている。私に？　いや、そうじゃない。スクリーンの上で、あるいはスクリーンのなかで、ハレーションを起こしたような白い煌めきは、まるで世界の果てからやって来たように見えるではないか。何かを語っているのか、そいつは、あのガラクタのように、あるいはもともと無一物の人物と事物、つまりそもそもまったく意味を欠いたあれやこれやのように？　たぶん、何も語ってはいない。

ただし恐れが完全に払拭された場合にだけ、それは何も語らないでいることができる。その恐れとは何なのか。聖なるものにしろ、そうでないにしろ、それは「畏怖」なのか。何に対する畏怖だというのか？　光に回帰できないあの影に対する？　残念ながら私はフロイト主義者ではない。とはいえ、そうでなくても、無意識のなかで蠢《うごめ》く時間の経過はつねに犯罪に似ているし、われわれは、つまりわれわれのイマージュは、絶えず犯罪的な生のなかにあり、少なくとも映画館のなかでは、肉が肉であるぶん余計に官能的で腐った生を受けたあの「男」に似てしまうのだ。あの男とは、顕現として、文字通り栄光の身体を約束された男、死せる肉体、時間のなかで腐敗するしかない身体を纏《まと》ったキリストである。じゃあ、君はメシアか預言者だったのか。えっ、違うって？

だが、はたして絵画的イマージュ、映画的イマージュなどと、利いた風に、截然と区別できるものなのだろうか。そもそも「イマージュ」が、ベルクソンが言うように、物質と観念の中間に位置するものであるとすれば——それは言ってみれば、常識的な観点を促すものだといっていいだろうが——、まさに記憶がそうであるように、その一貫性と存立性は結局それ自体のうちにしか存しておらず、そうだとすれば、われわれがいつも見ているのは、イマージュにまつわる、というかイマージュに押し寄せ、イマージュを取り巻き、イマージュをほとんどそれと同化させてしまうかのような、この観念と物質の中間地帯に広がる「空白」、光源もないままに光の粒子をはじき返しているあの布の「白」だということになりはしまいか。私は空の雲を飽きずに眺めるのが好きだ。そして雲を眺めるように、映画を観る。雲ほど非現実的なイマージュはないからである。

そしてこの非現実性の先端には身体のあらゆる無能力がある。それを苦々しく思い出すのか、それとも、この苦々しさと太古から続く倦怠のなかにこそ別の道があるのかもしれない……。

松本潤一郎は、シェフェールの本の書評のなかでこう述べている、「かくして映画は無能力の先端で、身体を（不）可視化させます。映画的知覚において私の身体は確かに現前しているにもかかわらず精神から実在的に区別されるため、従来の再認の体制においては知覚されえず、それゆえ私の身体は世界の中で生きる身体であることをやめて別の秩序――領界に移行するからです。シェフェールはカフカの日記に現れる後頭部の頭蓋を切りとられ内部を人びとに覗き込まれて歯嚙みする奇妙な人物に触れています。これは自己を除いた自己の身体を映像上の身体を通して〈見る〉（従来とは全く異なる仕方での）という脱属性化の実験室に映画館がなりうるということであって、そこに思考から切り離された、既存の再認の体制からは無能力と見なされる身体、逆に言えば身体そのものにおいて実在的に思考される身体が産出されうるのです。（……）本書は映画を観るという経験を、私にとっての意味を探しだす行為ではなく、逆に己の身体を映画へと差しだすことで映画の意味作用を完成させる行為と捉えました。磔刑または供犠のようですが、しかし本書で〈罪〉は「この世界のなかに人間があたかもその主体であるかのように自らを開示しようとすること」と規定される以上、〈贖罪〉は別の思考と身体の産出を示していますす（すでにパウロはこれを愛という法の完成として考えていた）」（『映画芸術』第四四〇号）

私は映画館に座っている。私は私自身の無能力の先端で映画の意味作用を完成させることになる……。だが、映像上の身体が、シェフェールの言う「煌めく布」のように、ただの「穴」、光の穴のようにしか機能していないとすれば、私の身体の無能力は身体の能力的限界の先にあって、むしろ同時に思考の無能力を確認するものであり、つまり思考の間隙、亀裂、穴、断層のなかでしか、それでも身体の能力と不能の境界のぎりぎりの可視化を主張し得ないことになる。あるいはそれは、足を失った詩人ジョー・ブスケのように、傷は存在に先行するものだったからなのか。……

蛇足ながら、音にもイマージュがある。われわれはそれを音響イマージュと呼ぶことにする。六月三十日、大阪、EP-4 Unit-3のライブで三曲キーボードを弾く。

さまざまな周波数の音、ほぼあらゆる帯域に広がる周波数を含むノイズ、生活のノイズ、アルトーのラジオ・ドラマの断片、シンバル、笛、その他のチベット密教のノイズ、等々のサンプリング。もはやルネッサンス芸術家と言ってもかまわない綜合芸術家である（おや、おや）アントナン・アルトーへのオマージュ！ それ自体が普通に空間的である他はないProphet-5のシンセサイザー音。

それに反して、エレピの鈍重な旋律。高音ですら、重々しさを免れることはできない。音を増やせば増やすほど、音域は減少していく。全体として、あらゆるノイズ、厳選されたノイズのポリフォニーだということははじめから承知の上だった。爆音。音圧は髪の毛が揺れるほどだった。ここでは音響は、マッス、塊として機能しなければならない。もっと音を！ われわれは音響の内部にいる。途方もない音圧には、内側に向かい、そこに滞り、内側へ内側へとこもる性質がある。われわれは音を内側から彫刻していた。一見というか、一聴すれば、音響彫刻は外部建築のようなものとしてしかありえないのだが、われわれのいる場所はつねにその内部である。

だが、ほとんどそれが内部からの音響建築になりかけようとすると、「音楽」がそれを破壊してしまう。破壊を夢見る私にしてからが、この事態にはほぼ困惑気味だった。この建築の内部で、キーボード、ピアノそれ自体の音を自ら壊してしまうのは至難の業《わざ》である。音そのものをいじることはできても、轟音のなかで、無調の旋律自体が陥没してしまうような、絶妙に壊れたノイズのポリフォニーが必要なのだ。

例えば、ベルニーニの彫刻は、外側の、外部建築物であり、それそのものが空間である。ローマにある大理石による彫刻作品「福者ルドヴィカ・アルベルトーニ」はそれ自体における脱自的空間の創造である。あの上昇する螺旋《らせん》のような偉大なバロック的法悦と恍惚は、そのことを示して余りあるだけでなく、空間が宗教的意図を含んでいようがいまいが、何よりもまずこの外側に向かう創造が脱自的になされることの最初の論証なのである。

それに反して、音響建築は内側からしか建築をつくることができない。音響空間はあまりにもデリケートで、若干の反－ノイズによってもすぐに引き裂かれ、壊れてしまう。音を果てしなく分裂させ、音波の分類を混ぜ合わせることによって……、それでも空間を内側から守護しなければならないのだ。……


音と映画の関係は？　それにはまずは素晴らしいゴダールの音響について何かを言わなければならないだろうが、それはまたの機会に。


こんな夜更けだというのに、いま家の前に救急車がランプを点滅させて停まっている。救急車を呼んだ覚えなどないのに。

映画？……

ブニュエル雑感

わたしたちがその間で自らを形成したイマージュが色褪せていくのを見るのはわたしたちの運命である。わたしたちの短い人生のあいだに、世界はわたしたちに対して不実である手段を見出すのだ。

（ピエール・ガスカール『前兆』）

最近いろんな場面を眺めていてとみに思ったことがある。プロフェッショナルはどこにいるのか!?

二〇一三年の六月に刊行された四方田犬彦の渾身の大著『ルイス・ブニュエル』（作品社）。彼が恐らくかつてそう望んでいたとおりの電話帳のような本だ。ページ数だけではない。ブニュエルのひとつひとつの映画についての、詳細に分析された、彼にしか書けないくらいの情報量のとんでもない多さだけではない。それだけなら世の中には勉強家がいくらでもいるのだから珍しいことではない。

だが、天からプレゼントでも降ってきたように、稀に、著者と彼が書こうとしている対象が一致するように思えることがある。いや、四方田氏とルイス・ブニュエルという人物がこの本のそここで天災のように不慮の同期を遂げているということだけを私は言いたいのではない。無論、経歴のことなど関係ない。だが、この本が書かれるべくして書かれたように思えると言えば、そうなのである。対象を愛しているだけではなかなかそういうことは起こらない。それは神秘家たちが言うような神秘的合一なのか。だが、この合一は唯物的過程をともなっていて、当の合一の主体、そいつの鼻面は泥沼のような現実のなかを引きずり回されるのだ。わかるだろ？　四方田氏はこの本を書こうとして長い間書くことができなかったらしい。彼は何度も逡巡し、のたうち回り、邪魔に遭い、不運に見舞われ、大病を患い……、そして、ここが肝心な点だが、はじめからそれがそこにあったかのように、本は出来上がったみたいに見える。四方田氏はとんでもない量の本を上梓してきたが、われわれは彼の主著の一冊と言ってもいい大変好ましい映画研究書を手に入れたのである。

四方田氏の本を読みながら思ったことがある。ブニュエルの親友だったガルシア・ロルカの私の好きな詩を引用しよう。若かりし頃のブニュエル、ロルカ、ダリ。変なトリオだ。彼らは結局死と仲違いによって散り散りになった。

コルドバ。
遠く、寂しい。
黒い馬、大きな月。
そして俺の革袋のなかにはオリーヴの実。

道はよく知っているのに、
けっして俺がコルドバに辿り着くことはないだろう。
平野を横切り、風に吹かれて、
黒い馬、赤い月、
死がそこで俺を見ている
コルドバの塔の高みから。
（ロルカ「騎士の歌」）

コルドバの町は「ここ」ではない。勿論、ここはここである。だがここから遠ざかるにつれてこは向こうに似てきはじめるらしい。われわれはそれをずっと見てきたし、いまも見ている。ときには忘れてしまうこともある。旅人にとっては、それ以外のものとのいかなる関係も奪われているというのに……。望むだけ近づくがいい。向こうからここへ通じているものはもはや何もない。近づくことはできても、「それ」がここになることはけっしてないし、まったく同じように、やはりここがここになることは絶対にないだろう。映画を見ていると、いつも「ここ」と「他処《よそ》」が混じり合い、一方の現前が他方の不在を骨抜きにし、反発しながら浸透し合い、ごっちゃになってくる。私はそれを心地よく思っている。

本を書くこともまたそのようなものなのかもしれない。死はそれを知っていて、ロルカが言うように、われわれを窺い、われわれをつけ狙っている。そしてわれわれはそんなことなどどこ吹く風、知らんぷりを決め込んでいる。旅人なのだからそうせざるを得ないのかもしれない。いったい誰のことを言っているのだ？

この本のなかから私の好きな章のひとつ、その一節を。コルドバではなく、トレドについて書かれた章からである。四方田氏はそのためにトレドを訪れた。かつてイスラム教徒、ユダヤ教徒、キリスト教徒が共存することのできたこのスペインの自由の町をブニュエルは偏愛していた。マドリードの学生だった頃、悪ふざけでブニュエルがドンチャン騒ぎのためにトレドで組織した「トレド団」。馬鹿騒ぎ、古き良きスペイン。この徒党にはロルカの兄弟も入団していたらしい。そして『糧なき土地』をめぐる騒動のためにフランコ政権の怒りを買っていたブニュエルは、後になってから再び故国スペインに戻る。『ビリディアナ』を撮るためである。さらに後年ブニュエルは『トリスターナ』のために再びスペインに戻る。

「もっともトレドの曲がりくねった坂道を、いくたびも迷いながら散策した者としてわたしが思うのは、この邑《まち》だからこそ片足を喪失したトリスターナの物語が、他のどの都にもまして悲惨な色調を強くし、不吉な輝きを放つのではないかということである。石畳の上をコツコツと松葉杖の音が響く。不自由な軀《からだ》を引き摺ったトリスターナが、憎悪だけを生きがいとして歩いていく。これがマドリードであれば、松葉杖の音など周囲の車の騒音に掻き消されてしまうだろうし、色彩があまりに過剰であるために、世俗のメロドラマとしての側面が強調されることはあっても、背徳と悔恨の、凍てつくような運命劇という性格は及ぶべくもないことだろう。中世の雰囲気を今なお強く留め、さまざまな階梯をもった白と茶と灰色以外の色彩をもたないトレドであるからこそ、『トリスターナ』は可能となったのだ。雑音の不在ということでいうと、この邑ほどスペインの数ある邑のなかで、鐘の音が透明感をもって鳴り響くところもないような気がする。『トリスターナ』で冒頭から鐘楼の鐘が鳴り響き、その後も鐘のモチーフがいくたびともなく反復されているのは、やはりそこがトレドであるからではないだろうか」

昔、スペインに少しいたのにトレドには行く手だてがなかった。だから私にとってトレドは、いまもエル・グレコの「トレドの眺め」の丘の上の町であり、ブニュエルの『哀しみのトリスターナ』（邦題）の灰色と薄茶色の町であり、最初にヨーロッパに行った日本人として天正遣欧少年使節団の少年たちが恐らく意気揚々とポルトガルから入った中世のままの町である（最後にローマに辿り着き、この苦難の旅から日本へ戻った後の彼らの過酷な運命と、故国が彼らに行った非情な仕打ちは人も知るとおりである）。

幻想の中世、幻想の町。おまけに私が最初にこのグレコの絵を見たのは、バルセロナで買った、とても印刷の悪い、安物の画集だったのだが、それでも「トレドの眺め」のセピア色の（なぜかそのページはカラー印刷ではなかった）拡大された部分絵のなかに描かれたこの城塞都市が、死者の住む町か、時間の外では誰も住んでいない町だということは手に取るようにわかったし、素晴らしい幻覚的効果をそのあとずっと私に及ぼし続けたのである。

私の内部で内と外にわかたれた幻の町。私自身がそれによって分裂することになるのは言うまでもない。内と外……。外部で鳥が落ちると、内部でも鳥が落ちる。そしてカトリーヌ・ドヌーヴ扮する喪服のトリスターナ、エロティックで、ふしだらでもある聖女にふさわしい町。トリスターナの義足が何よりも似合う町。トレドにはステッキを扱う素敵な古い店があると聞いたことがある。

トレドの剣、杖。
そして突然すべてが「省略」される。勿論、私自身の記憶のなかでも、どこででも。ブニュエルの強引さ。『トリスターナ』に限らず、彼の編集のカットがもたらす笑いに私はじゅうぶん敏感だった。ブニュエルの怒りはくすぶり続けていたのだと思う。フランコのスペイン。フランス。ハリウッド。メキシコ。

最初に見たブニュエルの映画は何だったのだろう。『昼顔』だったのか、それとも『アンダルシアの犬』だったのか思い出せない。『アンダルシアの犬』は、ケネス・アンガーと同じ頃に京大西部講堂で見たような気もするが、どうだったのだろう。私の記憶の話はどうでもいいのだが、私にとってブニュエルの映画の全体的な特徴は、記憶の細部のイマージュが再びわれわれに語りかけようとする瞬間に、またはそれがわれわれの言葉の領域に再び侵入してくる瞬間によく似た、独特の「曖昧さ」にあるといっていい。私はブニュエルの曖昧さを大抵の場合心地よく感じてきた。それこそが映画なのだと思ってきた。このことが「私の曖昧な欲望の対象」によるものであるのか、「私の欲望の曖昧な対象」によるものであるのかよくわからない。それとも「欲望の対象」は曖昧さのなかでしかシネマトグラフ自体の対象にはならないのかどうかも私にはわからない。しかしとにかくブニュエルの映画の曖昧さは、その（素晴らしい）「暴力性」とも滑稽さともまったく背馳しないのだ。彼の頑固一徹（彼はシュルレアリストとして出発したのだった）とある種過激な職人芸は、この曖昧さを増幅させるものであって、そこには何の矛盾もありはしない。

だが映画の種類やその発言、経歴その他においては微笑《ほほえ》ましいまでに矛盾だらけであるにもかかわらず、このスペイン人監督の映画を見るたびに、私はとりわけその居心地の悪さもまた同時に好ましいものに感じていた。あの居心地の悪さ！　われわれ自身が違和感の塊りなのだから、それだけでも結構である。映画が何なのか私にはけっしてわからないにしても、映画のなかにあって、映画のなかで掬《すく》い上げられる「現実的なもの」は、けっして「表象」ではなく、再び再現されるものの外にしかないのではないかと私はずっと思ってきたのだ。映画が否応なく持っているドキュメンタリー性とはそういうことであるし、暴力と曖昧さはここに起因し、ここからしか来ないのだ、と。たとえ映画が最小限の「現実性」との関係しか保持していないとしても、そうである。ここで語られているものの素材、これらはイマージュであり、勿論、実在のレベルの話ではない。この点では過剰な表現性の潜勢力や可能性は、あるときは映画の想像力を枯渇させるものでしかない。

映画は現実性から最も現実的でない様相だけを喚起することしかできないなどと言いたいのではない。なぜすぐれた映画はそういうことにならないのか。イマージュの単独性は実在する個体のもつ最終的な単独性、究極の特異性によってしか現実化されない瞬間があるからである。どこで現実化されるのか？　つまり奇跡的な場合、スクリーンの「なかで」、つまりイマージュの特殊な現実性と物質性のなかでだ。だからこそ現実のなかで映画は映画の様態にしか関係づけられず、映画のなかでイマージュはイマージュの単独性にしか送り返されない。

映画はアルトーがそう望んだように最もファンタスティックな手法でありながらも、われわれがよく知るように、多くの場合、映画のなかの幽霊もゾンビも火星人も奇跡もまったくファンタスティックな存在に見えないのはそのためである。また逆に、観客がすぐれた映画を見て気分を害するのは、あれこれのイマージュがそこにあるがままそこに厳としてとどまっているからであり、またあるとき映画は「現実が不正に得たものを吐き出させ」現実に返すものであるからだ。

少しばかり脱線が過ぎたようである。ブニュエルに話を戻そう。シュルレアリストたちのゴシック・ロマン好きはよく知られていることだが、ブニュエルもまた十八世紀のイギリスの小説家マシュー・グレゴリー・ルイスの『マンク』の映画化を試みたことがあった。映画化は果たされなかったが、脚本が残されている。ちなみにアルトーもこの作品が好きだったようで、翻案を一九三一年に刊行していたし（『アントナン・アルトーによって語られた、ルイスの修道士』）、映画化も考えていたらしい。

私がこのブニュエルの脚本を知ったのは、『修道士』というタイトルで、ブニュエルとジャン・クロード・カリエール名義で、末期のシュルレアリストの監修する叢書から刊行されたフランス語版だったが、話の結末は原作のルイスのものよりずっと興味深かった。主人公の修道士アンブロジオは破戒と殺人の廉《かど》で異端審問にかけられるのだが、悪魔に魂を売ったアンブロジオは悪魔の化身であるマチルドとともに牢獄を抜け出す。ところが最後にアンブロジオが姿を現したのは、真っ昼間の現代のサン・ピエトロ広場であり、スーツを着て、ミニスカートを履いた熱狂する群衆に歓呼の声で迎えられる法王としてだったのである。ヴィーヴァ、イ、パーパ！　ヴィーヴァ、イ、パーパ！　まことにブニュエルらしいエピローグではないか。

模像がスクリーンから剝離し、空中を飛び交っている。神への否認はいたるところに見出されるのだし、分身は不条理なものではない。登場人物たちもまた耳を傾けてじっと聞いている。彼らの夢の外側から聞こえてくる超越的な声は、結局は「私」の声だったりする。だがすべてを持つことはできない。三十代で死のうが、四十代で死のうが、五十代、六十代、七十代で死のうが、どのみち彼は長生きしたのであり、それどころかブニュエルは八十代まで生きたのだから長生きしたのである。ずっと私は映画は寿命を縮めるものだと思っていた。だが長寿の映画監督のなんと多いことか！　とはいえ映画もまた栄光とは何の関わりもない。

ブニュエルの『黄金時代』に霊感を与えたと言われるスペイン・バロックの画家ファン・デ・バルデス・レアルの「この世の栄光の終わり」という作品が目に浮かぶ。無意味な絵なんかじゃない。そして目玉のこと、歯の抜けた老人、エナメルのサン・ローランのブーツを脱ぎ捨てると大きな穴のあいていた靴下、等々……、ブニュエルの映画の細部の秀逸さ、ブニュエルの映画がわれわれにもたらした諸々の知的あるいは情動的細部についてはたぶん言うべきことが山ほどあるだろうが、これについては詳細な四方田氏の本に譲ろう。

その代わりというわけでもないが、恐らくブニュエルもまたきっと若かりし頃熱狂して読んだに違いない、十六世紀から十七世紀にかけての難解なスペイン・バロックの詩人、ゴンゴラの詩の一節を。

勇敢な若者の飛翔の残骸のあいだに

彼の骨のかわりに遺灰が
そしてあちこちに跡をとどめる彼の過ちが焼けつくような炎となって
落ちてゆくのをおまえたちは空のなかに見たのだから……

（『ソネット集』）

「彼の過ち」。ゴンゴラが言うように、彼に過ちがあれば、私にも過ちがある。


最後に、もうそろそろ忘れてもいいかもしれない七〇年代のエピソードをひとつ。ヴァカンス時期だというのになすすべもなくパリの街中にとどまっていた私は、その日、サン・ジェルマン・デ・プレの裏通りのカフェテラスでぼんやりしていた。客はそういう時期らしくまばらで、テラスには夏だというのに革ジャンを着た男が向こうに一人居るくらいだった。カラヴォンの谷間は遠く、鳥の囀《さえず》りも聞こえなかった。数人の男たちが何の前触れもなく近づいてきた。

「君、ブニュエルの映画に出てみないか？」

彼らはブニュエルのスタッフだった。エキストラではなく、ちゃんとした役だと彼らは無礼にも（たぶん無礼ではなかったのだろう）笑いながら強調していた。まだ生意気盛りだった私は、別の意味でたぶん舞い上がってしまい、即座に返答してしまっていた。攻撃は最低の防御である。

「ブニュエル？　ノン、いやだよ」

その後どんな話をしたのか詳しくは思い出せないが（彼らは「中国人の役だよ」と言っていたような気がする）、彼らはしばらくするとたぶんつまらなそうな顔をして帰っていったはずだ。いまから考えると、もしこの映画が実際に撮られたのだとしたら、何の映画でどんな役だったのかは彼らの話し振りを思い出せる限りだいたいの見当はつくが、映画に出なかったのだからそんなことはどうでもいい。他に探せば私にも自慢できることも少しはあるだろうから、これを自慢話だとは思わないでいただきたい。

その後どのくらいしてからか、相も変わらずろくなことをしていなかった私は日本に帰ったのだが、日本に帰ってなすすべのない日々を送っていた私は、何を隠そう「しまった！」と思った。記憶のなかでは、すべては遅きに失し、すべては終わっている。別にブニュエルが嫌いなわけではなかったし、それどころか『昼顔』のクレマンティは私の変わらぬアンチ・アイドルだったのに、とにかく何かにつけて拒否することに慣れてしまっていたあまり、若気の至りでまたまたそこでもいつものように拒否の身振りをやらかしてしてしまったのだった。おまけに何しろブニュエルの新作映画だったのだから！　この話は嘘ではない。後日譚があるのだから、この場合は、あらゆる義務を免除されるように私はすべての妄想を免れている。

そのためなのかなんなのか、日本に帰って、よせばいいのにほんとうに余計なことを思いついてしまったからだ。自分を持て余していたので、魔が差したということもある。ちょうどさる高名な日本の監督が近々時代劇のオーディションをやるということをどこからか聞きつけてきた私は、このオーディションに応募するなどという馬鹿なことを衝動的にやってしまったのだ。わざわざ友だちに応募のための写真まで撮ってもらった。時代劇だからと思って眼鏡を外して、おまけになぜか貯水池のタンクの前で！　いまから思うと私は俳優になりたいとも俳優ができるとも考えてはいなかっただろうし、私はシネフィルではないし、系統的に映画を見たことも勉強したこともないし、とりたてて映画に特殊な情熱を感じていたわけでもない。結果は一次審査で落選。まあ、どうでもいいことだけれど、ほんとによせばよかったといまでも少しだけ後悔している。カラヴォンの谷間は相変わらず遠くにあって、鳥の囀りも聞こえてはいなかった。

ギー・ドゥボールの映画の余白に

映画と小説

画家であり、「バレエ・メカニック」という映画を制作したこともあったフェルナン・レジェは、「小説を映画化するのは根本的に間違いである」と言っているようだが、この原則はどうやら深くは考えられることがなかったらしい。最近は、漫画が原作の日本映画もたくさんあるようだし、ほとんどの映画がこの原則を守らなかったことは見てのとおりである。いちいち名前をあげつらうには及ばない。口が腐ってしまうかもしれない。だがよけいな思い上がりは慎んでおこう。とはいえ、そのリストは無駄に膨大なものになり、ほとんど意味をなさないくらいである。かりにその映画が小説を文字通りの意味で原作としなかったとしても、ほとんどの映画がそうとは知らずに「小説」を免れてはいないからである。

これはどういうことなのか。映画であれ、何であれ、われわれの生にまつわる記述自体が、「小説」とは何かという問いを最初から含んでいるからであり、この「記述」とやらが、いかに虚勢を張ろうとも、才能の欠如が如何ともしがたい場合であれ、またその反対であれ、幾つかの例外を除けば、われわれ全員があらゆる位相におけるチンケな「家族小説」を免れてはいなかったという赤裸の事実にすべてが端を発しているからだ。ロマン（小説）という言葉にロマンチックの恥ずかしげな意味を読み取る必要はないにしても、このことはうんざりするくらい退屈で、「小説」の側に立ったとしても、想像力を枯渇させ、作家の意気を萎えさせる元凶となっている。物語、ロマン、話法、ナレーション……。

映画のイマージュ自体はこのような問題設定からまったく別のところにあるのだといくら言い張っても（たしかにそれはそうなのだが）、それでもこの悪癖というか、どうしようもないわれらが芸術家たちの性癖は文明の病といってもいいくらいである。だからこそ逆に小説は、ほとんど近代人の「脳」の機能のようなものであり、それ故に微妙に壊れたすべての頭は、それなりにそれぞれが面白い小説の構造を、そこにはまったく違うジャンルがあるのだという信仰告白を、そしてドゥルーズが言っていたように、シナプスの接続自体がまったく異なる芸術と科学のカテゴリーをそれとなく示唆していて、そのことによってなぜかカオスの光明がひとつの僥倖として突然われわれにもたらされるごとく、（ほとんど）すべてをわれわれ自身に語りかけているかのようなのである。脳と小説と映画。自分で言い出したことだけれど、ややこしいことになってしまったものだ。

小説？　ああ、そうなんだ！　こいつは揚げたてのコロッケのようにはいかない。だけど、その前に、映画に影響された小説というものだってあるのだし、これこそ二十世紀の発明目録のなかに入れることができるのだとあえて主張していいかもしれない。『映画の前衛とは何か』の著者は、映画の影響がはっきりとしるされた二十世紀の小説家の名前を挙げている。ギョーム・アポリネール、エズラ・パウンド、ブレーズ・サンドラールである。私もサンドラールはとりわけそうだと思う。サンドラールの『世界の果てまで連れてって!……』は、壊れたトーキーというか、ぶち壊すことがジャンルの境界とか周縁という概念そのものすらも消滅させてしまうように、あるいは誰もが言うように、読むたびにジャズの黄金の黎明期にあたかも自分がいたみたいに、どこかしら、だが決定的な形で古き良き映画を、ただし前衛的な映画をわれわれに思い起こさせるのである。

もっとも、さらに私がいま思いついただけでも、この目録にでたらめに幾人かの二十世紀の作家たちを付け加えることができる。本人たちのまったく与《あずか》り知らぬこととはいえ、つまり当の作家たちにとっては迷惑な話であるだろうが、それぞれ形は違えども、マルカム・ラウリー、セリーヌ、ベケット、バロウズ、フォークナー、フィッツジェラルド、ナボコフ、レーモン・クノー、ルネ・ドーマル、ケルアック、コクトー、ビオイ・カサーレス、ショロデンコ、等々を、最近読んだなかでは、もしかしたらゼーバルトやヘルマン・ユンガーや、別の意味でウジェーヌ・サヴィツカヤもこれに加えることができるかもしれないが、このリストは、(人の助けを借りれば)マイナーな作家も含めてさらにもっと増やすことが可能だろう(このリストに私の好きなジェイムズ・ジョイスや、また最近ではサーシャ・ソコロフを加えることができるのかどうか、この点についてはいまのところ留保しておこう)。

それにもかかわらず、舌の根も乾かないうちに、次のように言わねばならないのは、いったいどうしたことだろう。「小説」が何であるのか、少なくとも私にはよくわからないし、というかサド、ディドロ、ローレンス・スターンといった十八世紀以降の近代小説という意味でも、むしろわかるものとして小説はかつて存在したためしがないのだから、どう考えても、それでもさっき言ったのとはまったく別の意味で、つまりいまだまったく解明されてはいないという点で、「小説的な」映画というものがあるのだ。私はあえてここでそう言っておくことにする。

それは物語を語るための新たな叙述形式が問題になっているからなのかと問題を元に戻すようなことを言いたくもなるけれど、予想を裏切るようだが、必ずしもそうではない。「小説」自体はもともと、厳密に言えば十四世紀のダンテの『神曲』以降、新しい叙述形式の発明とは不可分のものだったが、翻って、「物語」自体はそのようなものとしては「小説」を形式的に成立させるものではなかったのではないかと思っているからである。われわれにはいつも小説と物語を混同するきらいがある。みんないい加減なことを言っている。いまだに記号論などと言ってみても、まったく無駄な余興にすぎない。おまえの言ってることは矛盾してるって？　むしろこう言わねばならない。私ではなく、ここで言う小説的思考の自家撞着は、映画においては、イマージュのもつ素晴らしい戦闘的特質によって置き換えられるものでしかないのだから、ともあれ向こう側に映画のイマージュ群が控えている以上、話はどんどん複雑になる一方なのだ、と。

フィリップ・ガレルはどうだろう。最近、観る機会のあったガレルの『愛の残像』は、そのままで古典的意味における十九世紀の古典小説だった。勿論、私はそのことを揶揄しているのではない。それどころか、その反対である。この映画には、「小説の破綻」において生ずる完璧に近い古典的美しさがあったし、言うところの古典劇が、きわめて現代的な反主題（主題ではない）によって、というかそれに見合ったショットによって、あるいはガレル風の映画技芸によって（これは明らかにレトリックではなく、より根本的で本質的なものである）、あっけなく断ち切られる清々しさがあった。とはいえそもそも古典美なるものが、そっけなくて、唐突で、きわめて簡潔な体裁を持たざるを得ないのは人も知るところである。

それなら、ストローブ＝ユイレは？　ストローブ＝ユイレをあまり観ていないので必要以上に口幅ったいことは言えないが、ここで私は、なにもストローブ＝ユイレが非常に「高級な」文学的主題を自家薬籠中のものにしているなどと言いたいわけではない。それどころか、批判的に言えば、その見かけにもかかわらず、どちらかといえばそうであるとは思えない。ヘルダーリンのシナリオのことはいざ知らず、その映像に、ストローブ＝ユイレ自身がそう望んだように、例えば、現代芸術において最も審美的にもアクチュアルであるという点でギリシア悲劇との近親性があるとは私にはまったく感じられないのだ。だけど映像はさておき、いや、むしろ時にはあまりにも現代風に斬新であることをわざわざ避けるような映像とともに、ストローブ＝ユイレのシナリオ自体ですら、文学的であるというよりは、むしろいかにその形式が戯曲に則ったものであろうと、それこそ散文的な意味で小説的であり、悪い意味において「現代小説」そのものではないかと感じてしまうのも確かである。さっき言ったのとは反対の意味で、映画自体があまりにも退屈であるにしろ、そうでないにしろ、映像自体の破綻は現代小説の可能性に他ならないとも言えるのだから……。

さらに観点をすっかり変えてしまってもいい。スコセッシはどうなのか。ロッセリーニは？　あるいは、前衛がいかに——確かに別の仕方で——古典を踏襲するというかその内側を踏破し、それ自体が古典となり、それとまったく同じ次元に前衛として自ら身を置こうとしていた点で（私はここで少しだけロートレアモンの『ポエジー』のことを考えている）、パゾリーニはどうなのか？　それに、言うまでもなく、フェリーニは？　最も嫌味な意味で、ロメールは？……

映画は小説に似ていることがあるのだし、その反対に、小説は、あらゆる表現の形式に通暁し、それを駆使するためには、そして喫緊の課題としてイマージュの振舞いが何であるかを少しでも知るためには、今度こそ、それこそ映画に似ていなければならないのである。

ギー・ドゥボール異聞

もしここでドゥボールの映画を何らかの文学、しかも「小説」的営みなどと比較するようなことがあれば、私はただちにドゥボールの信奉者と親シチュアシオニストの革命家たちに激しく非難されるだろう。かつての自分を思い起こせば、そのことは手に取るようにわかるというものだ！　言うまでもなく、かつてもいまも私は親シチュアシオニストであるし、それを公言しても一向に憚《はばか》るところはないけれど、彼らを猛り狂わせる方法もいくらかは心得ているつもりである。かつてテル・ケル派はシュルレアリストたちを「内部の敵」と呼んだが、私が言っていることはそんな大げさな話ではない。そう、そう、だったらこんな風に言えばいいのだろうか。勿論、彼らの怒りをいくら買おうとも、何人かの未知の友人を失うことになろうとも、私がそれについてとやかく言うようなことではないのだ、と。

で、ドゥボールと「小説」である。

いきなりで申し訳ないが、ドゥボールの最後の映画、In girum imus nocte et consumimur igni（「われわれは夜を巡回する、そして火によって焼き尽くされる」といったほどの意味だ）（シナリオは、『映画に反対して』、木下誠訳、現代思潮新社、所収）は、タイトルが前から読んでも後ろから読んでも同じ文句である回文になっていて、この事自体がすでに小説的含みをもっているけれど、私が言いたいのはそんなつまらない、些細なことだけではない。他の映画と同じく、この映画のナレーションもまた全編を通じてドゥボール自身による本一冊分（短い本だが、本一冊分には変わりない）の朗読からなっているのだし、こんなことはどんな他の映画にもなかったことなのだが、それよりも私にとって、何といっても、この映画全体から最初に受けた印象が、まさにシャトーブリアンの『ランセの生涯』とあの気の遠くなるような『墓の彼方の回想』のしかじかのページのそれに近かったことが驚きだったのである。ドゥボールには申し訳ないが、あっ、これはシャトーブリアンじゃないか、と思ってしまったほどである。

私はシャトーブリアンの最後の作品『ランセ』がとても好きだし、いずれ翻訳するつもりでもいるのだが、「この映画のなかで私は観客にいかなる譲歩もしないだろう」というナレーションから始まる、ドゥボールの一種の回想ともとれなくもないこの映画を観て、これほどまでに映画作家と思想家が、二つのものがひとつのアマルガムになるのではなく、まさしく映像的現実のなかである種の深い統一を示していることに、そして白日のもとに剽窃されたイマージュ、時代に先んじて、それをこじ開け、暴き、投げ出し、分析し、解体するようにして編集された映像が、何かを回想するという点で、さらにドゥボール好みの人たちの名前を挙げるなら、まさにレスの枢機卿やサン・シモン公爵やバルタザール・グラシアンやボシュエの最良のページを前にしているような、つまりこれほどまでに革命的であると同時に格調高く「文学的」であることに軽いショックを覚えたのである。そしていま挙げた作家・思想家たちのなかでも、どこか新しい、最も現代的な速度と展開を感じさせる文章がロマン派の作家シャトーブリアンのそれだったのである。

この十八世紀から十九世紀にかけてのフランスの作家の最後の作品の特徴はまずはショットの切り返しのような文章にあり、著者名なしで絶えず引用が繰り返される様はいまにして思えば前衛性を感じさせるものでもあるし、文脈にほぼ無関係に、思い立ったように挿入される唐突な一文は、一種、俳句的といっても構わない、まったく別のポエジーの系列に人をループさせるような、はっとするくらい現代的な美しさを放っている。言ってみれば、まさにこの小説は「モンタージュの極致」(ソレルス)なのである。映画監督エイゼンシュテインより百年以上も前に、作家シャトーブリアンはそれをやってのけていたのだ! そしてドゥボールの映画が全編モンタージュと映画イマージュのむきだしの剽窃・盗用からなっていることは周知のとおりなのだから、なおさらである。

その特徴が回想であるということは、独特の死の臭いをそこかしこに発散させているということでもあるのだが、この死は、生きていたものが死ぬということではなく、つまり生の死ではなく、生によってこそ裏づけることのできる死の前触れのなかにあるということである。この前触れ、いや、この死の前兆とは、かつて極限にまで加速された生、「絶対的自由」の証なのだ。シャトーブリアンのこの最後の小説からまったく同様の大気の香《かぐわ》しさがするのは、事の本質において偶然ではないのである。

最後の日々を迎えたシャトーブリアンの友人であったと錯覚してしまうような画家、ニコラ・プッサンの最晩年の大作についての文章、この小説のなかで最も有名なくだりを引用しておこう。

「ポール・ロワイヤルの世代に属し、その後トラピスト修道会に加盟したアントワーヌ・アルノー神父もまた『大洪水』のタブローの作者［ニコラ・プッサン］のもとに足繁く通ったものであった。このタブローにはどこか見捨てられた老年と老人の手を思い起こさせるところがある。素晴らしい時の震えよ！　しばしば天才たちは自身の終焉を傑作によって予告した。飛び立つのは彼らの魂なのだ」（『ランセの生涯』）

老画家の手は卒中のせいだったか震えていた。手は震え、そして時間がたしかに震えていたのである。この時間のやけくその震えは終わりを告げるものだったのである。

ところで、回想とは、大胆にも、そしてどうしようもなく、時間とはまったく無関係な場所で語られるしかないことがある。要するに回想する人物の年齢はどうでもいいのである。ドゥボールは若い頃に映画のなかでこんな風に語っていた……。「われわれの人生は――冬のなかの、そして夜のなかの――旅である。われわれの通れる道を探そう……打ち捨てられた文学が、それでもなおいくつかの情動の形成のレヴェルで時代遅れの行動をとっている。あれほど歩き回った迷宮のなかには、朝の疲れと寒さがあった。わたしたちが解かねばならない謎のように。それはだまし絵《トロンプルイユ》の現実であった」。

あるいは、「時間と老化を拒否することによって、この偶然で閉ざされた地帯での出会いはあらかじめ孤立させられていた。そこでは、しくじったものは取り返しのつかないものと感じられていた。労働せずに生きる方法についての極端な不確かさが、常軌を逸した行動を必要とし、絶交を不可欠なものにしていたあの性急さの根本にあったのだ。生存を組織するものに本当に異議を申し立てるには、必ずやその組織に属するあらゆる形式の言語に異議を申し立てねばならない。自由は、閉ざされた回路のなかで行使されると、夢に堕し、自由自体の単なる表象と化してしまう」(「かなり短い時間単位内での何人かの人物の通過について」)。

……しくじったものはあまりに多い。だが最初から寒気と疲れがあったのだから、時間と老化を退けるには誰もが「自由」の問題に取り組まねばならなかった。

ジョルジョ・アガンベンは、この世紀の「ヴァルプルギスの夜」を前にして、ドゥボールが自分と比較されることを受け入れる思想家がいるとしたら、それはカール・クラウスであると言っていたが、たぶんそうなのだろう。だが、そもそも「ヴァルプルギスの夜」が「死者たちを囲い込む」ものであるとするならば、カール・クラウスの「ヴァルプルギスの夜」は、言うまでもなくジャーナリストたちとの戦いにとどまるものではないはずである。

われわれの死者たちはほんとうはどこにいるのか？　それを教えてもらいたい！　カール・クラウスは、「悪魔は人々をさらに悪意ある者にすることができると信じているならば、ひとりのオプティミストである」、というようなことを言っていたが、悪魔が存在するのもまた確かなのだし、どう読んでもペシミストであるドゥボールは悪魔と戦っていたことになる。

ドゥボールの「スペクタクル社会」に対する長い行軍、きわめて戦闘的な姿勢には、魔女たちの宴を見てしまった者の不気味さとメランコリーがない交ぜになっていて、織り合わされた色の違う幾本かの糸がとても微妙で奇妙な色合いを醸し出すものであることを、その術《すべ》を、彼の「文学的技芸」（！）において知り尽くしていたのである。彼は生理的な意味で（つまり脳にまでいたるであろう病気によって）自らが知的な限界を迎えたと悟ったときに、ピストル自殺した。

「世界から身を引くという最も謙虚な振舞いは、この世界で誇大妄想の誇りを受けるのだ」（カール・クラウス『黒魔術による世界の没落』）

彼は死のうとしている　ロラン・バルト

一度読めば、そこには本質的な事柄が書かれていることが一目瞭然で、つまりもっとつぶさに見れば、どちらに転んでもそれが豊穣な何物かであることがわかっていても、なかなか再読する気になれない本がある。その本を本棚から取り出してなるべく手の届きやすいところに置いてみたり、しばらくするとまた本棚に収めてみたりする。すでに言われた言葉が、口の端に出かかるように、すでにもっと前の過去のなかでこれから起こる未来の錯乱に似てしまうことがある。本は読まれもしないで（再読でも同じことだし、絶えず現在進行形の作品のように肩越しに読まれなければ、読まれたことにはならない）、何かを語っているのか。そんな不埒な！　本がこちらをじっと見ている気がして嫌気がさすこともある。私にとってロラン・バルトの『明るい部屋』はずっとそんな本だった。

写真論にことさらに興味があるわけではない。この本に書かれている写真についてのあれこれを重箱の隅をつつくように批判できることもわかっている。だがそんなことはどうでもいい。一度読めば、この本には悲痛な真実があることがわかるというものだ。たとえ真実がフィクションの形を纏い、本質においてそれを踏襲していたとしても、小賢しいそのフィクションの全体はこの真実の端緒でしかない。私は真実とフィクションの、深くて、なんというか非常に日常的でもある錯綜のなかに投げ込まれる。この錯綜が一気にからだに浸透してくる。

私はこの真実から逃れようとしていたのかもしれないなと考えてみる。だが何も変わらない。本は相変わらず静まり返った静物画のように、まるで偶然のようにそこにあるのだし、まだページは再びめくられてはいない。だがそれは後ろ髪を引くように、知らずしらずのうちに私を既知の、危険な親密さのなかに引きずり込もうとする。この親密さのことを思うと、破局を迎え、何かが破綻してしまう前に、空には見たこともないような光が射してくる感じがするみたいに思える。もはや存在しない故郷がそのままそこでくっきりとした輪郭をまだ示していたとでもいうように、誰もがそこへ帰ろうとする。でもそれはほんとうに既知の親密さなのだろうか。それならこのひそやかさはすでに凌駕されてしまっているのではないか。親密さは裂傷や亀裂のなかから現れることもあるし、それらと見分けがつかないこともある。

作家ロラン・バルトが、背中を丸めて、毎日、ライティング・ビューローに向かい、この本の一章一章のメモをカードに書き綴《つづ》っている姿を目に浮かべてみる。……まだ私は彼の本を再読してはいない……。日によってブルーにも茶色にも見えた彼の眼差しを思い出す（ずっと昔パリで何度か彼を見かけたことがあった）。バルトのこの本自体が、私の（個人的な）「時間」に突き刺さったままの棘《とげ》が残した「傷痕」になってしまったのか。……いまだに私は彼の本を再読できてはいないし、しかもよくよく考えてみれば、通りやカフェでバルトを見かけていた当時、この本はまだ刊行されていなかったはずである……。普段着の彼は自分の周囲や目の前の青年をいつもじっと目を凝らして見ていた。目を凝らして、というのは少し違うかもしれない。じっと見ていたのに、瞳のなかは空っぽだった。この眼差しはすでに過去のなかにしか時間の尾っぽあるいはその先端を見ていないかのようだった。彼はいつもセーターかジャンパーを着て（実際、そういう印象しかないのだ）スカーフをしていた。その眼差しにはささやかな快楽への期待がひそんでいたかもしれないが、そんなものよりも、そこには何かしら諦念に似たもの、やりきれない疲労に似たものがあったと言わざるを得ない。バルトはうんざりしていたに違いなかった。……まだ私は彼の本を再読してはいない……

彼もまた私を何度か見たはずであったし、私の目を鋭く覗き込んだし、私も彼を見たのだが、視線はすべてを透過するように、どんな黒々とした記号の上でも停止しなかった。かつてバルトを見ていたときの私は何をしていたのだろう。覗き見をしていたのだろうか。何を覗くのか。世界のなかを、肩越しに？　それはディテールなのか。細部もまた崩れ去るではないか。近眼であろうと、望遠鏡を覗くのであろうと……。写真のなかにいるように、彼は死のうとしている。この日本語は一見不正確に思えるかもしれない。そこには何の意志も含まれてはいないし、含まれようがなかった。彼が現在のなかで死のうとしているのか、それとも過去のなかで死のうとしていたのかもわからない。彼は死ぬだろう。偶然のように。だがこの偶然は必然性がもたらすいくつかの帰結の渋面のひとつにすぎない。バルトはそれから数年して事故死した。

世界を覗いて何になるのか。何も見るべきものなどない、と別の悪魔が耳元で囁く。だが何人かの詩人たちは暗い万華鏡のなかに入り込むようにしてそれ自体が乱反射する世界を見ていたはずだった。疲れきって、丘の上に座って、夜が明けるところをじっと見ていたはずだった。まだ若者だった彼はただ見ていた、微妙に不確かに曖昧に夜が明けて、夜が裏返り、夜が開けそめるところを。

そうは言っても、穴をあけられ、あるいはひっ掻き傷をつけられた時間もまた、それ自体における過去のあれこれをそのつどつまらぬ妄想のように廃棄してしまっていたのではないか。時間は流れてはいない。停止もしない。君も私もある一点において過去のなかにいたはずなのに、もう今はそこにはいないのだ。もとあった場所は消えている。この過去と、そこは、ぜんぜん違う場所だった。

そもそもこんな駄文を書くきっかけは、ある人のブログをたまたま見たからだった。人のブログをあまり読むことはないが、この辛辣でちょっとイカれた、現代風のディレッタントのブログをたまに覗くとはっとさせられることがある。ほとんどの職業的評論家や作家にはっとさせられることなど最近ではまったくないというのに！　勿論、ディレッタントという言葉を悪い意味で使っているのではない。バルトがどこかで言っていたように、われわれは全員がアマチュアなのである。そこにはバルトの『明るい部屋』のなかの文章が引用されていた。引用された文章は「39 プンクトゥムとしての『時間』」の一節だった。

私はついに『明るい部屋』を手に取った。何十年ぶりだろう。ページをめくってみる。千夜一夜物語のようにアラブ風のジンが現れるわけではない。日本語訳があるのはもちろん知っているが、せっかくなので自分で訳してみたくなった。

「いくつかの写真に対する私の愛着について自問していたとき（この本の冒頭で、すでにずっと前に）、私は文化的な関心の場（ストゥディウム）と、ときおりこの場を横切りにやって来るあの思いがけない縞模様を区別できると思っていたが、私はその縞模様をプンクトゥムと呼んでいた。いま私は、「細部」とは別のプンクトゥム（もうひとつ別の「傷痕」）が存在することを知っている。この新しいプンクトゥムは、もはや形式ではなく、強度であるが、それは「時間」であり、ノエマ（「かつてそれがあった」）の悲痛な誇張であり、その純粋な表象なのである」

　何を誇張しようというのか。それに続けてバルトはこう書いていた、

「一八六五年、若きルイス・ペイン〔パウエル？〕はアメリカの国務長官W・H・スワードを暗殺しようとした。アレクサンダー・ガードナーが独房のなかの彼を撮影した。彼は絞首刑を待っている。写真は美しい、青年もまた。それはストゥディウムだ。だがプンクトゥムは、「彼はいまにも死のうとしている」である。私は「それはそうなるだろう」と「かつてそれがあった」を同時に読む。私は恐怖をこめて前未来を見つめるが、死はそれにかかっている。ポーズの絶対的過去（不定《アオ》過去《リスト》）を私に伝えることによって、写真は未来の死を私に告げるのだ。私に兆しはじめるのは、この等価性の発見である。子供だった母の写真を前にして、私はこう思う。母はいまにも死のうとしている、と。私は、ウィニコットの精神病患者のように、すでに起こってしまった破局に身震いする。被写体がすでに死んでいてもいなくても、どんな写真もこの破局なのである」

　写真は偶然のように破局を示すのではなく、破局である、とバルトは言っている。写真とは、わ

れわれひとりひとりをそのうちに捉えて離さない、それどころかそこにわれわれを釘づけにする破局そのものなのだろうか。分岐した偶然性のラインはそこで停止し、破局に向かってひとつのラインが決定される。

私はやっとこの二ページだけを再読することができた。それ以上は読まずに、本を閉じた。最初からこの本に真実があることは知っていたのだから、ページをめくったからといって、何かが変わったわけではない。見るべきものはない、とまた悪魔が囁く。私は本から目をそむける。写真は閉じられる。

プンクトゥムが、思いがけずピンの先であけられたような穴や、ひっ掻き傷、かすかな裂傷であるなら、光がそこから漏れ出たはずである。光学的に言って、「彼はいまにも死のうとしている」のだとすれば、すでに光はいまにも通り過ぎかかっていたことになる。光はもうない。前過去は消滅し、現在は前未来と過去完了のなかに食い込んでしまったのか。

だが「それはそうなるだろう」と「かつてそれがあった」は、同時に写真のなかにあって、それをたぶんいささか悲痛な思いで今見ているのは、そうなることもできず、かつてあったとしても、そうであったかどうかもわからない今の私でしかない。私が見なければ、写真は選り分けることのできない膨大な思い出のひとつにすぎなくなる。それは幸福な忘却のなかに落ちてゆく。私は必ずしも未来と過去に引き裂かれているわけではない。悲痛なのは、かつてあったものすべてが破局を前提とし、それをすでに含んでいたというそのときの現在である。ずっと続いてきた結果、現在になりかかった過去は、恐らくこれから前未来のなかへと続く現在と見分けがつかないが、このような時間はすでに断ち切られて、消滅している。過去完了も前未来もほんとうは存在しないのかもしれない、とまた別の悪魔が囁く。


私は死ぬだろう。私はかつてあったのだから。

だがもうそんなことはどれも写真の話に限ったことではない。

私はここにいる。しかるに私はかつてあった。故に私は死ぬだろう。でもイマージュの真実を別にすれば、つまりこれは写真のイマージュという分身の話であるのだから、この三段論法が真実である保証はどこにもないのである。

Happy new ear？ ジョン・ケージ

1

キノコの音楽。南方熊楠によれば、粘菌にも通常の「成熟」の観念を覆すような性質があるらしいが、「音」にも成熟という観念を拒否するところがある。音は在るのであって、いくら鳴ってはみても、なかなか成ろうとはしない。音は「在る」か、「来る」のだし、それがかろうじて「成る」ことができるとすれば、音自体が、そして音楽自体が、耳の内と外で限界的な「空間」のなかにとにかく場所を占めることができ、というかそのような特権的な瞬間を音と音の係わりのうちで獲得できたときだけである（と私は感じてきた）。それが「成る」かもしれないのはいわばある種の儀式的空間のなかであり、きわめて限定されたことなのである。だが同時に儀式のなかではいつも生成の「殺害」が起きていたのだし、これは「開かれた」ことなどではなかった。勿論、「自然」の感覚とは程遠いものである。これは一種の経験論である。

普通、この空間のことを現代音楽の人たちは作品の「時間」の構造と呼んできたが、いまだに私はそこにただ単に（ただ単に！）時間の経過を感じ取ることができないでいる。音楽が流れ、時間が流れる。時間は計測することができる。それで？　これではあまりに当たり前で精神的すぎるし（あまりに即物的であることは結局は精神的なのである）、それとも時間が未来からあるいは未来に向かって流れ去っていくのが自明であるかのようではないか。

音楽は時間の再現ではない。バッハのレコードをかければ、バッハの曲がもっていた時間が今現在の時間の流れのなかに繰り返し再現されるのではない。そこに現出するのは「空間」であって、時間はそのなかに包括され、別のものになり、やっとのことで消滅しかかっている。音だけではなく無音も同じことだ。もし沈黙のなかで時間が経過し、それが過ぎ行く何かだと感じ取れるなら、たとえ沈黙が音と音の間に生起したとしても、それはもはや沈黙ではないし、ましてやケージが言うような「空無」ではない。絶対無と相対無が同じものだなどとは私は考えない。無、無なるもの、何もない、空、空虚、空白、非在、エイン・ソーフ……、どう言おうが同じことである。

いずれにしても、私はいま《4分33秒》をもう一度聞こうとは思わない。音楽から低俗な感情を追っ払うというのは確かに非常に結構なことだが、聞かされる側として言わせてもらうなら、音楽に対する退屈な印象というか感情はいかんともしがたいものである。それにケージですら、晩年の作品を聞くと（例えば、《Sonata xii》とか《Litany for the whale》）、完全に「感情」を駆逐し尽くしていたとは言えない気がするし、もはやそんなことはどうでもよかったのではないか。どのような種類の「儀式」的空間のなかでもあらゆる感情が根絶やしにされる契機をもつことができるということを考えるならば、そんなことはたいした問題ではなかった。

ジョン・ケージは、音楽が、というか音が、「易」のように非常にあからさまで複雑だが、一見するとそれ自体においては何の秘密もない単純な操作のうちにあり、それでいて時間の流れがいわば堰《せ》き止められ、棚上げされ、時間をめぐる思考の敗北を指し示す秘密そのものであるような、結局のところそこでは八卦のミイラ取りがミイラになるしかないような「変化」のなかにあると繰り返し言ってきたのだから、私はあえて少しばかり思い違いをしようとしているのかもしれない。だからすべての「啓示」をそのまま今日のお天気のように受け入れて、易経の結果を逆立ちして受け取る、というケージの考えは素晴らしい。ランボーは「(それは)音楽の一小節と同じくらい単純なことなのだ」と言っていたが、卦は音の訪れのようなものなのだから、ともかく音を出さなければならない演奏者は、どんなに無様であっても、逆立ちができなくても、つねに倒立した位置に自らを置いていなければならないことになる。

それは打ち続く大混乱のなかで何もしないこと、何もしないでいることに等しいからだ。カオスはわれわれの属性であるのだし、荘子のように、不安よりはカオスのほうがましだと感じるならなおさらである。何もやり遂げないこと。失敗を準備し続けること。何もしないでいることと別の何もしないでいることをキャッチボールのように交換してしまうこと。魔術的交換はいたるところにある。この地点に到達するためにケージはどんな毎日を過ごしていたことだろう。彼は彼なりの生活をそのままわれわれに想像させてしまうような音楽家だったし、それはそれで不思議なことではある。

だが、ケージがお手本にしたデュシャンは密かに「遺作」をつくり続けていたのだから、デュシャンの何もしないやり方はひとつのやり方にすぎなかったと言っていいかもしれない。デュシャンとは違って、ケージには秘密結社的なところはなかった。トリストラム・シャンディ秘密結社（スペインの作家エンリーケ・ビラ゠マタスを参照されたい）。それがポータブルなものに端を発しているという点ではケージも確かに人後に落ちはしないのだが……。ともあれ、後づけのように、あるいはとってつけたように、いくらフランス人たちがケージ的なチャンス・オペレーションをマラルメの「サイコロ」と結びつけようとしても無駄だったし、結局は無益なことではないかとだけ述べておこう。エクリチュール化された「偶然」はこの際あまり役には立たないだろう。ケージは少なくともブーレーズとは対極にいる音楽家だったのだから。

その点で、ジョン・ケージの音楽には「かわいらしい」ところがあるし（今回、百曲近く聴きなおして、ますますその感を強くした）、これは、まあ、言ってみれば、ある種の結論であり、ケージに対する賛辞なのだが、それがケージの音楽を聴くすべての人々にとって一種の救いであることは十分承知しているつもりだ。

だが、何故の救いなのか？　どんな風にそれはやって来るのか？

それで、例えばキノコである。現代の音楽の状況については十分あれこれ言われてきたし、そんなことよりキノコが直面している問題が何なのかをはっきりさせることのほうが重要だとケージは後に語っているが、さしあたって救いに似たものはつねに他処から、よそ者のように、盗っ人のようにやって来るのだから、まずはケージの言葉にまじめに耳を傾けてみることにしよう。私自身はケージとは違って美味なキノコ、というかあるいは毒キノコ、とりわけ幻覚性のキノコに興味がなくはないとはいえ……

まず手始めに、どの音がどの茸の生育を促すかを明らかにすることを提案する。茸は茸自身音を出すかどうか。或る種の茸の菌褶《きんしゆう》は、適当に小さな羽をもつ昆虫がそれをピッチカートするのに使えるかどうか。山鳥茸の軸は、小さな虫が這入《はい》ったとき管楽器になるかどうか。その胞子は、まったく色々な大きさと形をしていて、まったく数え切れないほど沢山だが、大地に落ちたとき、ガムラン音楽のような響きがしないかどうか。そして最後に、微小なものとして存在しているにちがいないと私が思っているこのすべての生き生きとしたものが、電子工学の助けによって増幅され拡大されて、劇場に持ち込まれ、私達の楽しみをもっと興味深くすることができないかどうか。

私はフルクサスではないし、つまりすぐに退屈してしまうたちだし、何かへの忠誠心や義務のようなものがそこには図らずも存在してしまうとしか思われない、ああいったいわば芸術的忍耐力がないので、フルクサス的に音楽を考えようとしたことは一度もないが、ケージの言っていることは素敵な提案であると思う。

それにここではどの音がどの茸の生育を促すかどうかは私にとってはどうでもいいことなのだが、これはたぶんモーツアルトを聞かせていれば植物がよく育つとかいう話とは別物であることは言うまでもない（「レクイエム」を聞かせ続けるなら、植物がよく生育するとはけっして思われないのだが……）。

だからこれは、自然の音が増幅される前のノイズそのものであるという観点からなされるのでないとすれば、自然の音に耳を傾ける、ということともまた違うだろう。明らかにケージは構造主義者らしく、もうちょっとましな言い方をすれば分子生物学の熱狂的支持者らしく、音を微細に分類するきらいがあるのだが、後はすべての音楽家たちがそうであるように知らん顔である。いつも音のなかにいることに、ほんとうに四六時中、耳のなかにすっぽりと入り込んでいることに全神経を集中しているような人であれば、それも無理からぬことかもしれない。

2

もう何十年も前のことだが、EP-4の活動から一時休みをもらった後、私はケージ弾きのピアニストである藤島啓子さんと一緒に、何度か小さなコンサートで演奏したことがあった。彼女はケージその他の現代曲をスコア通りに忠実に弾くのだが、私の弾くエレクトロニックピアノがそれを壊すといった趣向だった。壊すというのは言い過ぎかもしれない。私は演奏中にとにかくまず私の耳に聞こえ出す明らかに不協和な「ハーモニー」を探してしまっていたし、覚えている限りでは、音の分離と結合の境界と限界を即興で手探りしていたのだと思う。それを壊すには「偶然」の助けを借りるしかなかったが、言うまでもなく普通の意味で理解された音楽的調和の外で、ケージに逆らって、和声の感覚はもっと細分化できるとすら考えていた。当時、私は、これまたケージの意には反することだろうが、シェーンベルクをワーグナーの正統的な後継者として逆向きに見なしていた。つまりシェーンベルクからワーグナーを見ていたのだ。ヴェーベルンだけが別格だった。表現的な沈黙ではなく、むしろ表現的な過剰によって、現れ、変化し、やがては消え去る音楽の時間とやらをとにかく混乱させてしまうことを夢想していた。

ケージに即して言えば、表現主義と何も言わないことの差は、聴覚的アンフラマンス（「極薄い」、「薄さより下のもの」といったほどの意味合いのデュシャンの造語）によってかろうじて聞き分けられるのではないかと思っていたのだ。切れる時の弦の軋《きし》みとともに、われわれは下の方へと落下する……。そしていたるところに皮膜を感じることができる。アンフラマンスは何かの破れない皮膜に近い感じがしたし、皮膜の種類にもいろいろあるのだが、いたるところにノイズとともに音の皮膜を聴き取ってしまったのだから。

ところが、いまにして思えば、ケージの曲はなかなか壊れることがなかった。私にはケージの曲は魚の骨、それも全体の骨格のような感じがしていた。とにかくそいつを相手にしなければならない。肉や身はないが、こいつは単純で堅固なのだ。これではどうしても骨に肉づけする恰好になってしまう。ケージは異なるものの共存というか同時的な共存在の可能性についていつも語っていたし、融合が生じる中心は多数であり、それがいたるところにあることは私にもわかっていたが、ケージの曲自体を相手にすると、そうはならないのだ。その意味でケージの曲は別様に「完成」されたものだと思う。ともかく、中心はいたるところにあるが、こっちが忘我の状態で没入できなければ、それともニヒルにノルことができなければ、何らかの作為的関与を見せると融合の中心はすぐに消えてしまっていた。中心点というのは聴衆の聴覚であるとケージは話を放り出すようなことを言っているにしても、いまはちょっとそういう話ではない。

魚の骨に肉づけすることは、いかにそれが肉づけという加算的行為であろうとも、いわば音の彫刻を「外側」からやることである。ベルニーニが大理石を削り、ジャコメッティが石膏を削ぎ落とすように。だが、まったく逆のことがある。音を「内側」から彫刻するのだ。——

——今年の六月三十日、大阪、EP-4 Unit-3（佐藤薫＋Banana-ug）のライブで、三曲エレピを弾いた。あらゆる周波数のノイズ（勿論ノイズが単なる周波数でないことはわかっている）、ノイズのループ、フィードバック、チベット密教その他のミュージック・コンクレートあるいはサンプリング、シンセサイザー音……等々の混合物、全体はアントナン・アルトーに捧げられたものだった。

何よりも特徴的だったのはその物凄い音圧である。私の髪の毛が揺れるほどの音圧。われわれは完全に音のマッスの内部をつくり出していた。だがこれらのノイズに、いかに十二音であれ、いかに音質を変えようとも、何かをつけ足したり引いたり、穴をあけたり、それよりも先んじ同時に遅れたり、抵抗したり寄り添ったりするのは、それでもほとんど至難の業だったと言っていい。

これは完全な儀式的空間なのだから、偶然は偶然としては成立せず、八卦もウィジャもなく、即興演奏をやりながらも、即興はほとんど失敗の同義語になる危険があったのかもしれない。だがこのノイズの大音響が凝固したまま振動し、揺れながら塊りを不動のものとするなかで、幾つかの音、幾つかのフレーズのタイミングがかろうじて合う（合う？）ように思ったとき、エレピを弾きながら、私は幾度かこの内部の音の塊りに内側から彫刻を施しているような感覚を味わうことができた。

離接的綜合とそれを微妙にぶち壊すことはここでは紛れもなくひとつの音の彫刻となっていた。反復から逃れようとすればするほど、反復の基底を揺るがすどころかそれを堅固なものにすることは重々承知していたが、これはさっきのケージ的な魚の骨に肉づけするのとは対極の経験だった。音の内部彫刻、音の内部建築というものが存在し得るのだ。それはほとんど内破の建築だった。だが、どうして内破が起こるのか？　それは、いかにノイズで構成されたものであろうと、これが特殊なリズムをともなったダンスミュージックだからであるが、この点だけは、いかにマース・カニンガムがアルトーの『演劇とその分身』を読んで影響を受けていたとしても、ケージと現代音楽の作曲家たちにはすっぽり抜け落ちていたことである。ダンスミュージック。私には、アルトー演劇の後継者ということで言えば、土方巽にはダンスが感じられるが、カニンガムには感じることができない。

3

ところで、救いにもいろいろある。音は、音楽は、救いをもたらすのだろうか。われわれは確かに祇園祭りのお囃子やチベット密教の声明やバッハのロ短調ミサやロックンロールに救いを求めることができる。だが、一方には、音がいつまでも鳴りそうにないような音がある。茸の形をした幾つかの小品。粘菌ソナタ。胞子のように奇妙な斜行運動を繰り返すノイズ。

南方熊楠によると、活動中の粘菌類の色は白、紅、黒、紫、黄、緑などいろいろあるが、青色のものを見ることはできなかったらしい。ところが、熊楠は人の助けを借りて青い粘菌を発見することになった。

小生はこの人が戯れに糊に彩色を混ぜて小生を欺きに来たかと思ったが、ついでがあったためその宅に行き件《くだん》の物を生じた所を見ると、ちょうど新たに人を斬ったあとのように、青い血が滴り飛んでいる体《てい》である。およそ三尺ほどの径《わた》りの所（雪隠の前）の地面の中央には大きな滴りがある。それより四方八方へやや長くなって大きさ不同の滴りが飛び散っている。その滴りを見ると、蠕々《じゆじゆ》として動くから粘菌の原形体とわかり、大きな樽の栓をその辺へころがしておいて、この淫水様の半流動体がこの栓に這い上がり、全くこれを覆ったなら持って来いと命じて帰宅すると、翌朝、持って来て栓が全く青色になっている。（……）

昔から支那で、無実の罪で死んだものの血は青くなり、年月を経ても、その殺された地上に現われると申す。周の萇弘《ちようこう》という人は惨殺されたが、その血が青くて天に冤罪を訴えたという。また倭寇が支那で乱暴して回ったとき、強姦の上殺された婦女の屍《しかばね》の横たわった跡に、年々青い血がその女の姿形に現われたということがある。これはこの粘菌の原形体が成熟前に地上に現われ、初めは青いが、次第に血紅となるので、これを碧血と名づけ、大いに恐縮したことかと思って、ロンドンの『ジャーナル・オヴ・ボタニー』へ出しておいた。

とにかく、従来かつて無例の青色の原形体を見たのは小生ひとり（およびむろん発見者である匠人とまた小生の家族）で、なぜ普通、この種の粘菌の原形体は淡黄なのに、この一例に限り青色であったかは今になっても一向にわからず、この研究のためにもその種を右の畑にまき、日夜番しているのだ。

（南方熊楠）

まるで粘菌の青い音が聞こえてくるようである。それは完全な無音に近い茫漠たるノイズの大気に覆われた土の下と上から聞こえている。青い粘菌の形をした三つの小品。音は歴史的時間のなかにも飛び回っている。だから、あるいは三人の人物。

ジョン・ケージは早い時期から毛沢東と老荘思想の関わりについて考えをめぐらせていたひとりだと思うが、こんな熊楠の話を読むと、ケージと熊楠と毛沢東の三者会談などというものがあってもよかったのではないかと思えてくる。ナムジュン・パイクか誰それがそれをテレビに映すというのも一興である。当然のことながらテレビは何台もあって、あちこちに放り出されていなければならない……。藪の中だろうか？　たぶん七〇年代の初頭、精神分析の世界に君臨していたジャック・ラカンと毛沢東の会見がどうやら画策されたことがあったらしいのだから、こんな鼎談があってもまんざらただのお粗末な妄想だったとは言えないだろう。

ソレルスがどこかで言っていたことだが、ヴェネツィアの運河のそばで、コンサートが始まる直前に、ジョン・ケージがまるで自分の霊感の地点を探すようにしてジョイスの『フィネガンズ・ウェイク』のページをぱらぱらとめくっているのを見かけた、というエピソードが好きだ。ヴェネツイアの震える陽光の下で。水、運河、朽ちかけた建物、満潮の気配、遠くの街のざわめき（いや、潮騒《しおさい》なのだ）、古めかしい静寂、あらゆる脈絡から遊離した文章、未知の言葉、黙って耳をそばだてている浮浪者のような男。沈黙と沈黙がつくり出すリズム。音楽が始まる。

「まさか！　おやおや、だったら避け難いものを聴けよ」（『フィネガンズ・ウェイク』）

ジョン・ケージはどこにも着地しないことがわかっているのに、その霊感地点をなりふり構わず探すことをやめなかった。それは退屈のなかでキノコの胞子が飛び散るのに似ていなくもなかった。

それこそが欠伸《あくび》をしている芸術家の肖像なのである。

＊ケージの引用は『ジョン・ケージ著作選』（小沼純一編、ちくま学芸文庫）、南方熊楠の口語訳は『南方熊楠コレクション』第四巻（中沢新一編、河出文庫）に拠った。

古代様式　デヴィッド・ボウイ

一九七三年。ストーンズの『山羊の頭のスープ』の表ジャケは白いヴェールで顔を覆ったミックで、裏ジャケは黒いヴェールのうさん臭そうなキースだった。そいつを眺めて、誰かが言った。

どっちの道を行けばいいのか？

天使か悪魔か、などとは口が腐っても言いたくない。天使にも悪魔にも「道」などないではないか。それにミックが天使で、キースが悪魔などとは、あまりといえばあまりの言い草ではないか。

デヴィッド・ボウイは第三の道をすでに示していたのだろうか？　いや、少なくとも私にとってはそうではなかった。第三の道。そんな風に宣伝していたのはショービジネス界の精一杯の思いつきである。白ミサも黒ミサも青ミサも、なにもかもが一緒くただったし、それが自然な成り行きだった。

東洋のパタフィジシャンの端くれとして言わせてもらえば、第三の臍《へそ》が茶を沸かす前に、すでにお湯が鍋もろとも蒸発してしまっていたからだ。魔女キルケーの鍋は相変わらずカオス状にぐつぐつ煮え立ってはいたはずだけれど、反宗教改革的なカトリックの「ミサ」のほうはこんな風に始まっていたのだから。「階段祈禱」である。

「父と子と聖霊の御名によりて。アーメン。神の祭壇に上ろう、私の若さを喜びで満たし給う神の方へ」

若さ……？？？　だがミサどころか、けっして真の夜が来ない混沌の縁《へり》には、香炉も何もないのに白い煙が立ちこめていただけだった。実際には、きっと息を切らした犬の見た風景のように、白い煙のなかであらゆるものが歪《ゆが》み、ぼやけていた。犬が見ていたその風景を犬だけが見ていたのではなかった。そいつが、その煙が、ぼんやりと人の形になることもあった。

「優雅な牧神の息子よ！」、と十九世紀にアルチュール・ランボーはデヴィッド・ボウイについて（？）書いている。

「……おまえの胸は撥弦楽器《キタラ》に似て、音の余韻がおまえのブロンド色の両腕のなかを循環する。おまえの心臓は二つの性の眠るこの腹のなかで鼓動する。夜になったら、歩き回れ、この腿、この第二の腿とこの左の足をゆっくり動かしながら」

「古代様式」と題されたこの詩を書いた十七年ほど後、ランボーの右脚は手術によって切断された。三十七歳で死ぬ半年ほど前のことだった。だがこの詩のなかで「左の足」をゆっくり回したのは、すでに右脚が、幻想の右脚がなくなってしまうことが分かっていたからだ。自分のことなのだから、ランボーがとっくの昔に詩のなかでそれを知っていたとしても不思議ではない。そして二つの性とは互いの分身そのものではなく、ここでは分身に似た男性女性であるが、半身である彼は一人で死んでいったのだ。

ランボーの右脚はどこにいったのか？　後世の人たちは、二十歳そこそこでランボー自身が捨てて顧みなかった詩人のキャリアの行方と書かれなかった詩をいまだに躍起になって探しているが、本当のことを言えば、私にはこの右脚の行方のほうがずっと気がかりだった。詩もまた右脚と一緒に消えてしまったのだから、詩人のキャリアも右脚もほとんど同じようなものなのだ。

何年か前、『ランボー全詩集』という本を翻訳していたときのことだが、あるイメージが脳裡にこびりついて取れなくなってしまった。それを夢で見たのか、ただの妄想なのかはしかとは思い出せない。だけどいまでもそいつは、しつこく食い下がるように、私を悦ばせ、蝕み、釘づけにし、くすぐり、ウィンクし、翻弄したがっているみたいだ。

——アルチュールが火星の空中に浮いている！　地面から十メートルくらい上方に静止したまま、腕組みして浮かんでいる。下には大きな平べったい岩がある。赤茶色の土地にはところどころしょぼい草が生えているだけだ。他にはほんとうに何もない。遥か遠くを見回しても、ごつごつした岩が点在しているばかりだ。空は赤く、全部が赤く、風が小石を巻き上げ、一方向に向かって吹き飛ばしている。金属をまぶしたような中天に浮いたランボーは薄ら笑いを浮かべている。右脚がないかどうかは定かでないが、浮いているのだから、もう歩き回っていた頃のかつての右脚も、切断されて消えてしまった右脚も必要ない。バックには、なぜか当然のごとく、ボウイの「Space

Oddity」がもの凄い大音量で鳴り響いている――。

オディティはここではオデュッセイであり、ランボーの詩集も、ランボー自身も、星屑のように砕けて振動するボウイの声も、本質的に旅にまつわる何かであることに変わりはない。宇宙船は消息を絶った。だが道はなくとも旅があった。いつだって旅のさなかだった。それなら、そいつは地球に帰還しなければならなかったのか。

もしかしたら、宙に浮いたランボーの背後で鳴り響いていた「Space Oddity」は「Ashes to Ashes」だったのかもしれない。遺灰から遺灰へ。いや、それでは不十分だ。「スペース」は「アッシュイズ」になることに決まっていたのだから、そうだったのだと言わなければならない。歌から歌。まるで城から城。ゴシック・ロマンスのように息が詰まるというものだ。ルイ＝フェルディナン・セリーヌのように怒り狂った俺たちは、それでも息をつめて絶句するだろう。ボウイ自身が言うとおり、宇宙飛行士トム少佐はじつは地球に落ちて来た宇宙飛行士などではなく、麻薬中毒の成れの果てだったからである。その場にとどまったトリップ。まあ、いいさ。

だがユリシーズは帰還するだろう。灰になったとしても、帰還する場所はつねに同じであるとは限らない。ピエロはピエロを演じてはならない。宇宙ピエロも気狂いピエロも畳語法であり、ただの一般的要件である。すべては灰から灰へ。灰は灰へ、灰のなかの灰へ。結局のところ遺灰はひとつの肖像をすでに描いていたからだ。肖像は過去のなかから蘇る。どこに？　たぶん空中に。

「……おまえの胸は撥弦楽器《キタラ》に似て、音の余韻がおまえのブロンド色の両腕のなかを循環する……」。循環する音の余韻、それこそがデヴィッド・ボウイの声だった。ボウイはステージで何かを抱きしめるような恰好をすることがあったが、その容姿の外面も含めて、彼自身のからだがひとつの楽器だったのだ。

実現しなかったジャン・ジュネ原作の映画『花のノートルダム』でボウイはおかまの主人公ディヴィーヌを演じたいと思っていたらしい。分身ボウイ・ディヴィーヌ。ボウイ・ジョージよりは絶対いかしている。一九六七年頃、ロンドンのレストランでジュネとボウイは会う約束をする。幕間の会見。ボウイが来ていない。ジュネの取り巻きがそわそわする。いや、ジュネにはちゃんとわかっていた。あそこの席にいる女性こそ女装したボウイである、と。

だから数年後にボウイが「The Jean Genie」という曲のタイトルを書いたのは、Jean Genet への熱烈なオマージュであって、ボウイ自身がどう言ったにしろ、彼がいかにシャイな人であれ、語呂合わせなどではなかったのである。ちゃんとボウイからジュネの話を聞き出せなかったのは、インタヴュアーの責任である。いかに女装していたとはいえ、ボウイはボウイの半身だった。「さらば、愛しき半身よ、俺はひとりで死んでいく」、そうジュネは言っていたのだった。

八〇年代初頭、EP-4の佐藤薫がプロデュースしていた京都のクラブ・モダーンにボウイが遊びに来ていたことがあった。人ごみのなかで西洋人にしては背が低く見えたボウイが、はにかみながら（私にはそんな風に見えた）踊っていた。われわれよりずっと年上なのに、彼はまるで春日井建の短歌の「未青年」のようだった。永遠の未青年ボウイ。ふらふらだった私にボウイが言った。「君、大丈夫か？」「イエス……エンド・ノー、サンキュー、サー」。

私には、彼の瞳のなかに、ひっそりとしたイギリスの古い図書館でひとりっきりで静かに本を読んでいる少年時代の悪童ボウイの姿が見えるような気がした。普通の少年にも見えたかもしれない男は、死の恐怖のなかで不思議な安堵の表情を浮かべる小さな白い影像のようだった。美しい陶器のような白い影像には少しだけ罅《ひび》が入っていたかもしれない。

ひょっとしたら記憶違いかもしれないが、クラブ・モダーンで踊るボウイは、火星の熱で溶けたような銀色のセーターを着ていたように思う。

シモーヌのような女性

おまえたちは実在しているかのような振りをしているが、いったいどういうことなんだ？　私は実在なんかしていないし、私が緑の敷石の上におかしな恰好で突っ立っていると、おまえたちは私に納得させたいのか？　だが、貴様、天空よ、おまえが実在したのは遥か昔のことだし、それに貴様、リング広場よ、おまえが実在したためしなどないではないか。（カフカ「酔っぱらいとの対話」）

このエッセーを書こうと思って、金子國義の画集を本棚や平積みにされた本の山からあちこちひっ掻き回して探してみた。体調を崩しているので、へとへとになった。咳も出て、止まらなくなった。ピカソは「私は探さない、私は見つけるのだ」と言っていたが、本とは出会うもので、僥倖とはけだし邂逅であり、探すものではないらしい。

たしかに金子國義の画集が何冊か、それにたぶん展覧会のカタログもあったはずなのだが、一冊も見つからない。消えている。どんな画集も煙ではないし、この場合は煙に巻いたりはしないのだから、もしかしたら阪神大震災の家の倒壊で瓦礫のなかに埋もれてしまったのかもしれない。

だがいま私がそれに気づいたということは、かなり長いあいだ金子國義の画集を手に取らなかったということである。しかし光陰など実体のないただの観念の矢にすぎず、しかも矢は折れていて、隔世の感などするもんか、と言ったところで嘘にはならないだろう。でもむしろこう言ったほうがいいのではないか。私は金子國義の世界には実在してはいなかったのだ、と。結局はそういうことに相なるのではないか。

私は絵への近さでも遠さでもないし、絵の登場人物でもないし、私のあえかな存在は絵画の実在とは似ても似つかぬものだが、絵画とはそのようなものであって、意地悪なことにそのように人を追い込むことがあるのではないかと思っている。私は絵を見ていると思っているが、絵が私を見ているということだってあるのである。絵のほうが自分の世界にふさわしくない人を退けるのだ。だがこの際、私のことはどうでもいい。

＊

シモーヌというのはジョルジュ・バタイユの小説『眼球譚』の主人公の女の子の名前である。十六歳のシモーヌ、いい名前だ。金子國義は、生田耕作訳によるバタイユのこの角川文庫に挿絵を描いていた。一九七五、六年のことである。私が『眼球譚』をはじめて読んだのは、この文庫ではなく河出書房の本だったが、もちろん生田耕作訳であった。

何を読もうと、考えるのは同じことばかりであるような時期だった。時代のせいにも反時代のせいにもしたくはないが、「おしっこをかけて……あたしの尻の穴にひっかけて」と、言ってみれば形而上学風に、私の倦怠を助長するかのように、人が道徳的決断を下すより先に、そんな風にバタイユはこのとびきりの教養小説に書いていた。

それはそうと、もしかしたら私にとって、かつてシモーヌがサド侯爵の悪徳小説の主人公であるジュリエットを髣髴とさせなかったのは、金子國義の挿絵のせいだったのかもしれないと今になって気づいた。今の今までそれを考えたことはなかったが、そうかもしれないのだ。

バタイユはこの小説の自作解説のなかで、自らの小説の原型であったかもしれないエピソードについて、「これらの思い出は、めったに私を引き留めることはない。長い年月を経て、衝撃力を失ってしまった。時がそれらを中和させたのだ。次第に歪み、猥褻な意味をまとい、歪曲され、見分けがたいかたちでしかそれらは生を取り戻せなくなった」と言っていたが、バタイユのこの精神分析的後書きがどうであれ、よくよく考えてみると、この小説を読んで、読者のほうがサドの小説を思い出さないわけはないのである。だが私はサドのことを思い出さなかったのだから驚きである。やはり金子國義の描いた少女のせいだったとしか言いようがない。

私ははっとせざるを得ない、あるいは赤面しているのだろうか。かなり重大かつ身も蓋もない原則的諸問題のひとつが提起されたのではないか。さっき本は探すのではなく見つけるものだと言ったが、別のところにも本の宿命はあったのである。バタイユ自身なら、どう思っただろう？　これはバタイユにとって本意だったのか、不本意だったのか。たぶん不本意だったに決まっているが、バタイユはすでに物故していたし、ピエール・ブールジャドのようなアナーキーな現代作家が金子國義を激賞したのだから、そうでもないのかもしれない。

図像学的解釈のことを言っているのではない。このことはある意味で素晴らしく有意義なことではあるが、バタイユもサドも含めて、時の経過とともに、どんな本もわれわれは歪曲されたかたちでしか読むことができないはずなのである。この歪曲は、ミクロ権力による情報の捏造や偽造とは違って、奨励すべきことであるし、われわれの周りを見渡してみれば、こういう歪曲は枚挙にいとまがない。

言うまでもなく正しい読み方などというものはそもそも存在しないのだし、文化を代表しているつもりの人たちは本の醸し出す正しい文化的効果を味噌も糞も一緒くたにしきりに喧伝するのが大好きらしいが、そんなことにまったく興味のない私は、後々勝手に捏造される小説のイメージという誰が仕組んだとも言えないこの歪曲に、決してことさらに目くじらを立てているわけではない。言うまでもないことである。この点に関してはいくら謙遜してもしすぎることはないだろう。

フランスの作家や思想家のなかには、彼が書くものと彼の絵画の好みもしくは美術評論がぴったりと結びつかない、というかどうもしっくりこない人がいるように思うが、ピエール・ブールジャドは私にとって少しそんな感じがした作家である。ブールジャドがマン・レイと行った対談はかなり面白かったが、金子國義に関しては少し意外に思ったのも確かである。

かつてブールジャドの小説を幾つか読んでいたこともあったのであえて言わせてもらえば、失礼ながら、エロチックであれば何でもいいというわけでもないだろう。フェリックス・ガタリについても、若干色合いは違えども、現代美術の評論に関して同じような感想をもった覚えがあるが、ここでは関係ない（誤解がないように言っておくと、ガタリは金子國義については何も言っていないはずだ）。

そうはいっても、例えば、このあたりの作家でいえば、ピエール・ド・マンディアルグなどは、彼の書く小説と美術評論がかなりぴったりしていると考えられるが、マンディアルグに悪態をつくわけではないが、それは逆にこちらの審美的凡庸さをかなりの確度で明るみに出しているにすぎない、ということだけのことなのかもしれない。だがそんな話は、まあ、どうでもいい余談である。

*

私はもぐら叩きをしているのだろうか。絵画も文学も穴だらけであることにかわりはないが、穴から飛び出てくるのはもぐらばかりではない。

前述の生田耕作訳『眼球譚』にはいろいろなヴァージョンがある。もともとのバタイユの原本である『眼球譚』にも三つくらいヴァージョンがあるからである。角川文庫を除けば、挿絵入り『眼球譚』は生田耕作のプライベート・プレスの感があった奢灞都《サバト》館から刊行されていた。最初はオーシュ卿（ジョルジュ・バタイユ）名義で、一九七七年に刊行されている。挿絵は山本六三だった。その後だいぶ経ってから、金子國義の挿絵入り『眼球譚』も刊行されている。その度に生田耕作はそれまでの自分の訳業に手を入れたはずだから、生田耕作訳『眼球譚』は、さっきのバタイユの言葉を借りれば、ほとんど「生を取り戻すための」執念と言えるものだったのだろう。

大昔のことだが、私には生田耕作氏の言ってみれば私的な書生のような日々を送っていた時期があった。私はそれ以外ほとんど何もやっていなかった。ほぼ毎日のように先生の家で先生の謦咳《けいがい》に接していただけではなく、日々、生田耕作の嗟歎《さたん》と感嘆と激怒にも接していた。それまでもその後もごくごく稀な例外を除いて、そう呼ばないにしても、私には先生と呼べるような人はいなかったが、あげくの果てにとうとう奢灞都館の出版のお手伝いまでする羽目になった。手伝いの真似事だったと言ったほうがいいかもしれないが、生田先生からやれと言われたのである。その後、私は不肖の弟子として先生のもとを去ることになったので、ずっと後に奢灞都館から出ることになった、金子國義挿画の『眼球譚』をつくったときの事情はまったく知らない。

むろん私は生田耕作氏の教えに忠実であることができようはずもなく、さらに言えば、先生の取り巻きのように、文学のそれをも含めた生田耕作の経験をさも自分が共有しているように振る舞うことも、それを生きているように思い込むこともできなかった。文化的サークルは私の得意とするところではない。当時そんなことは全部錯覚だと思っていた。このような愚痴めいたことはただのろくでもない道化の世迷い言だと思われるだろうが、ここで当たり障りのない理由をあえて挙げれば、例えば、生田さんは音楽嫌いだったが（このことはある意味で決定的である）、私はすでに音楽にも手を染めていたし、つぶさに見れば私の読書傾向と先生の信念はぴったり重なってはいなかった。先生はさぞ不満を覚えられたことだろう。

詩はつねに裏切るのである。私は言ってみれば登場したばかりのパンクであった。生田先生は大正生まれなのだし、こんなことは当たり前であって、どうしようもないことである。むろんあれやこれやを考え連ねても、世間では珍しくはないように、自分で考えようが人が考えようが、訣別の理由にすらならなかったと言っていいかもしれない。わけがわからないのは本当であるが、ビートはビートであり、些事は些事であって、とにかくまだ生意気だった私が、あれほど魅力的な人物だった生田先生に残念ながら暇乞いをしたことにかわりはないのである。

閑話休題。たぶん金子國義氏と生田耕作氏のつき合いは最初の角川文庫のときに遡るのだろうが、金子さんが生田さんと一緒に京都の祇園の紅灯の巷をそぞろ歩いたのは、ずっと後になってからのことなのかもしれない。私が覚えていないだけかもしれないが、ともあれ生田さんから金子國義さんの話を聞いた印象は、残念ながら私のなかにはまったく存在しない。

*

ところで、前述した金子國義のシモーヌはどうなったのであろうか？　シモーヌのような女性。このエッセーのタイトルではあるが、そんな人がいるのだろうか。これはすでに最初から紛失し、行方不明となり、そんなものがあったとしてもすでにどこかへ散逸してしまったシモーヌのイメージのことなのだろうか。

とはいえシモーヌと、例えばもうひとりの金子絵画の登場人物である不思議の国のアリスは交換可能なのだろうか。そう考えることもできなくはない。金子國義はある鼎談でそんな風に語っていたように思うが、少なくとも彼女たちはそれぞれ似たり寄ったりのアイテムなどではない。アリスといっても、たぶんイメージの順序の問題としては、ルイス・キャロルが写真に撮っているアリスのモデル、おかっぱ頭のアリス・リデル本人のほうを考えてしまうが、しかしアリス・リデルと金子國義のシモーヌはまったく似てはいない。むしろジョン・テニエル描く挿絵のアリスのほうがまだ近いと言えるが、いずれにしろこんな類似にどんな意味を求めようとも、どのみち詮方ないだろうと言うしかないではないか。

何の写真だったかもう忘れてしまったが、青年期をとっくに過ぎた金子國義が白い花に顔を埋めている写真があったように思う。花に顔を埋めていたというのは私の思い違いかもしれないし、そのへんの妄想についてはよくわからないにしても、背後の壁にオードリー・ヘプバーンの写真が掛けてあったのは確かだったと思う。

黒いタートルを着た、映画女優としては初期の、若きオードリーである。バレリーナのような、と誰もが形容したくなるような写真ではあったが、ヘプバーンにしては、男性的な佇まいであったように思う。きりりとした美しいプロフィル。赤い口紅を塗っていることが白黒写真からもわかったが、どこか骨張っていて男の子っぽいとも言える。

もしかしたら金子國義にとって、これが理想の女性像なのかしら。ああ、そうなのか。まだ幼少の頃、家の中でみんなの前で簪《かんざし》を髪にさしてうれしそうにしていた金子國義（彼自身がどこかでそう述べていた）。花魁《おいらん》となった幸福な「小さな男の子」に大家族のみんなが拍手喝采する。状況劇場に出演していた金子國義はそう遠くにはいない。では、彼にとっての永遠の女性像というものがあったのだろうか。永遠の女性は鏡の中の自分を通り抜けて、どこに向かうのであろうか。これは逆説だろうか。いや、もちろん、金子國義にとって永遠の女性がいてもおかしくはないのである。してみると、シモーヌのような女性とはオードリー・ヘプバーンである、ということになりはしまいか。私はわりとこの発想が気に入っている。「おしっこをかけて……あたしの尻の穴にひっかけて」と科白を吐くオードリーがいるのだろうか。お皿の上に裸で座り、卵を手にした、錯乱せるオードリー。

映画『眼球譚』、監督金子國義、原作ジョルジュ・バタイユ、主演オードリー・ヘプバーン……。あり得たかもしれない、ありそうもないそんな妄想映画のことを、お目にかかったことはなかった金子さんに聞いてみたかった気もしないではないのである。

扉の脅威　Turn them out of DOORS！　奴らを追い出せ

1

扉から扉へ。
夏の雨を待ちながら、開けたのは知覚の扉だけではない。知覚の扉は最も近くにあった扉にすぎなかった。それは浄められたはずだった。

扉を開けると何があったのか。
何かが走り去る、
ぼやけはじめる不確かな幻影の末路。
埃だらけのゴーストタウン、誰もいない殺風景な部屋、使われていない通路、
ダイナマイトでも吹っ飛びそうにない分厚い塗り壁、

ぐるぐる廻りながらどこまでも続く暗い穴、
叫び声、囁き、空耳、
何かをくわえた禿鷲、旋回する鳶、
想像どおり眩暈のするような恐ろしい深淵、
雲ひとつない、抜けるような青空、
空中に飛び出てしまいかねないハイウェイ、
揺らめく夜のなかで明滅する滑走路、
インディアンたちの焚き火、
ハイエナとコブラの砂漠、赤い岩、
ざわざわとそよぐ原生林、
見たことのない小動物たち、不思議な極彩色の植物、
乳香と毒麦の草原、
妖精の足跡がずっと続く砂浜、
溶けた鉛の海、真っ赤に燃え上がる巨大な溶鉱炉、
夕日……。
それらがぼんやりと光を帯び、反射し、自ら発光し、凍てつき、息づき、収縮し、膨張し、震え、かすかに振動し、出たり入ったり、行ったり来たりしている。
だが不健康な渇きに満ちた、永遠に続く昨日と明日のことを思えば、それは瞬きする間だけ、ほ

んの一瞬のことでしかなかった。永遠が非在の暗い中心だということがついに白日のもとに暴かれる。でもあまりにも美しい風景じゃないか。どこかここは違うここ。徐々に違いがわかりはじめ、しまいにどこかしらズレてしまったここにいることがわかる。ここはどこなのか。だがここはここだったし、他処ではなかった。お姫様のきらびやかな部屋であったり、千切れ雲のごとくやがて地球もろとも掻き消える壮麗なシェイクスピア風の宮殿でなかったことだけは確かだ。幸いなことに。

扉を開けるとまた扉があった。なんの変哲もない扉。見飽きた扉。新しい古いは関係ない。次の扉、また次の扉、さらに次の扉、さらに次の……。いい加減うんざりするというものだ。誰が扉を開けたのか。

2

サイケデリックの実験は、被験者にしか、実験をやっている真っ最中の人間にしか役に立たない。いかに実験が楽しげに見えたとしても、やっているのは俺で、彼でも彼女でもなかった。それにいくら人ごとだと思っていても、いずれ墓穴や洞窟にたったひとりで入っていったミイラ取りは、つねにミイラにならなければならなかったはずである。他にすることはなかった。まだほかほかのミイラは包帯でぐるぐる巻きだった。当時、ウォーホルの双子のようだったイーディ・セジウィックは、友だちの悪徳医者の診察室でＬＳＤをお尻に注射してもらっていたくらいである。

ＬＳＤが何であるかはほぼわかっていた。それは哲学をつくりだそうとしたが、空間と時間、つまり自己を覆すやり方、哲学を覆すやり方というものを除けば、総じて効き方はけっして哲学的であるとは言えない。ほんとうは総じてドラッグなど必要ないかもしれない。フーコーのような哲学者がLSDを好んだ訳もわからないではないが、そうなのだから仕方がない。

シナプスが軋んで、知覚の扉が荒っぽく、あるいはほんの少し開かれ、底なしの身体から五感が鋭く発散されても、実際に自分の皮膚を破ることはない。身体は拡張され、短い時間のあいだだけ別の可能性を示すが、意識がまったく別の意識に取って代わることはない。たしかに別の空間が現れる感覚的与件をそこここで手に入れ、そこに入り込むことができたが、この空間がどんなに奇妙な時間に取り巻かれようとも、時間は結局は一巡せざるを得なかった。元の木阿弥だ。ほんの少しの違い、相対性理論の旅行者みたいに。人は疲れきって元の場所に戻っていた。

I love her badly. ぐるぐる急速に回転し続ける外の世界、内側で激しく分裂し、堂々巡りする思考。思考を固定することができない。悪夢のパラノイアトリップのさなかに、あるいは紫色の霧に覆われた墓場の塀を乗り越え、地下納骨堂で助けてくれる友人がいてさえくれれば、それでも不慮の死を遂げる場合も含めて、自分がどうなるかはほとんど想像可能である。例外は例外でしかない。ドアーズはステージから「これでおしまい、おまえを殺してやる」と歌っていたが、人を殺したりはしなかった。

一九六四年のケン・キージーやニール・キャサディやアレン・ギンズバーグのサイケデリック・キャラヴァンは、まだどこに向かうか決まってはいなかった。当たり前だ。ドアーズはそこにいなかった。キャンピングカーがぽんこつだったからではない。ヴェーダ哲学の言う真の自我であるアートマンが、いくつもの分身を従えていて、どれが真のアートマンであるのかわからないことに薄々気づき始めたからではない。

デビュー当時、ドアーズはウィスキー・ア・ゴーゴーで演《や》っていたって？　彼らは最初から自分たちの躓《つまず》きの石が何であるかを知ってしまっていたのだと言わざるを得ない。ジム・モリソンが官能的な政治家に似ているなどというのは間違いである。彼がショービジネスの世界でやっていけるわけがなかった。いろんな面倒が以後降って湧いたように起こることは必定だった。六〇年代だったのだから、どうすることもできなかった。

だがコミューンのほうもことごとく失敗だった。いくら渡り鳥稼業だからといって、コミューンからコミューンへと渡り歩いてもどうなるものでもない。ビートはヒッピーと仲良くなり始め、見分けがつかなくなりかけていた。ギンズバーグはいざ知らず、少し後になればビートとヒッピーの違いが、非常にデリケートな問題ではあったが、実体験としてわかったと思った人間たちが私を含めていた。間違ってはならない、路上はけっしてそのまま楽園などではない。

もちろん彼らの敵としてのモデルであったアメリカの家庭、アメリカ式生活様式、二十世紀のアメリカ神話のほうも崩壊がすでに始まっていた。大いなる崩壊だった。アメリカは暴力に取り憑かれていたし、魅了されてもいた。オープンカーの上でケネディの脳味噌が吹っ飛ばされて、六〇年代が始まっていた。誰が大統領の頭を撃ち抜いたのかいまだに判然としないけれど、そんなあれこれこそアメリカ国家というものを映し出す鏡である。味噌も糞も一緒くたのウッドストックも一種の嘘に近かった。日本的スノビズムはまだ世界を席巻する気配すらなかった。コジェーヴもフランシス・フクヤマもまだ出番はなかった。

コミューンはコミューンで、コミューンからコミューンを、何としても共同体から共同体を追い出さねばならなかったのだ。これはかなり高度で困難な方法であったに違いない。うまくいかなかった。今もそうであるが、そうできなかったからといって、当事者たちの責任では必ずしもないと言っておこう。当事者たちはいつも苦労しているのである。


ブレイク・オン・スルー。何を突き破るのか。鏡である。鏡の裏側もろとも。ジム・モリソンはナルシストだったのだからなおさらである。扉を開けると、古びた鏡があったのだろうか。ブレイク・オン・スルー。それで宝は見つかったのか。それは時宜にかなって、首尾よく掘り出されたのか。さながら朝日を浴びた墓掘人夫だ。文字どおりの意味で、さぞかしまぶしい感じがしたに違いない。ブレイク・オン・スルー。ロックミュージックには深さはなかったのだろうか。

野外コンサートに雨が降る。鏡にも雨が降る。表面をひっ掻き、表層を少しだけ掘って、鏡の表面をこじ開ける雨降り墓掘人夫、墓掘りの達人が必要である。時には鏡から血や涙が流れた。重力崩壊だって歪んだ重力の虹だってそこに見ることができたはずだ、と人は思ったに違いない。

ばかでかい合わせ鏡に映った無限に列をなした扉と自分。だがそれは扉の前に突っ立った自分というただひとつのイマージュにすぎない。偽りの永遠がにやにや笑っている。無音のまま、口をぱくぱくさせて。いつまでも飽きずに数を数え続けることができるような潜在的無限は、実在的、現実的無限ではないし、ほんとうは無限のイマージュですらない。この先自分と扉がいつまでも続いていくかのように思えるだけである。錯覚なのだ。無限に続いているところを実際に見た者などいない。もちろん錯覚だということは全員にわかっていた。だから今も昔も画家たちのように、何としても自分なりの錯視の方法を躍起になって編み出さねばならないのだ。

だが内在性がひとつの生であり、鏡を見ているのがひとつの生であるならば、鏡のなかに入ってしまうこともできたのではないか。量子力学者が言うように、鏡の向こう側とこちら側では起きていることがかなり違っているらしいのだから、ナルシスも獲物を落とすことなく別のものに変化するかもしれない。いや、それどころではないことは量子力学者でない私にもわかっている。

しかも外へ向かって突き破った途端に、気づいてみれば中にいる、ということだってあり得た。瞑想をやってみろと言っているのではない。この場合、中にいることは外に出ることであり、何もしないで、そのまま外にいることだった。でもね、表面の墓掘人夫がいても、残念ながらその前に鏡が割れてしまうじゃないか、と今も誰かが余計な忠告をしているのがここからも聞こえるが、こんな魔法くらいじつに簡単なことだったのだ。少なくともそんな風に思えたのだから文句はない。LSD－25。リゼルギン酸ジエチルアミド。だから奇妙な日々のほうがわれわれを見つけ出した。鏡の上に雨が降る。断っておくが、これはショーではないし、手品でもなかった。

3

夏が終わる、もう夏が終わる、夏が行ってしまう、逝ってしまう、夏が終われば俺たちはどこにいればいいのか、とドアーズは歌っていた。アメリカという蝉の抜け殻。西海岸の砂浜に打ち上げられた穴だらけの流木。寂しい浜辺。アメリカには蟬はいないだって？　それどころかアメリカに大量発生する蝉。おびただしい蝉の抜け殻。急いで夏を過ごしたキリギリス。

夏が終わった。旅が終わった。退屈のあまり黒魔術にまで手を染めた。愛が欲しくてたまらない、などとジムがステージでわめいたのは、たぶん完全にアルコールのせいだった。酔っぱらいのたわ言。観客が暴徒化する。観念が暴徒化する。愚か者！　彼は観客に向かってそう叫んだ。彼もときには愚かだった。あからさまにセクシー・シンボルだなどと言われたのは、ジム・モリソンの欠点のひとつだったと考えることもできる。よくよく考えてみると、老けて見える彼もまだ二十代の若者だった。しまいには酒のせいでぶくぶくに太った。ジム・モリソンはどうしようもなくなると、たぶん車でひとり砂漠を疾走したに違いない。

砂塵の向こうに見えるインディアンたちの大地。焚き火のそばの休息、祈り、テントのなかの儀式。最後にはくちゃくちゃに壊されて、ただの砂以外に何もなくなってしまう美しく神秘的な砂絵。子供の神がいる。それが古い真のアメリカの大地なのだ。同じようにやらなければならない。バッハを弾くレイ・マンザレク（彼がいなくてもドアーズは成立しなかった）、フラメンコギターのロビー・クリーガー、ジャズドラムのジョン・デンスモア。ロックンロールの詩人などどこにもいない。彼らのやっていたのは、少なくとも無意識裡にやろうとしていたのは、ポップにアレンジされたブルース風のインディアン音楽だった。久しぶりにドアーズを聴けば聴くほどそう思えてくる。ドアーズというピースはどこにもはまることはない。マイ・ワイルド・ラヴ。彼女は赤い土の上を一日中うろついていた。悪魔のもとにまで旅をした。夕暮れになったので足を止めて、頭を下にして横たわった。

ドアーズより少し前に、ジャック・ケルアックはこんなことを書いている。

ハンドルを握り、今度はぼくが自分の夢想に浸りながら運転し、リナレスを抜け、暑い真っ平らな湿地帯を過ぎ、湯気のたつリオ・ソト・ラ・マリナからイダルゴへと進んだ。青々とした大きなジャングルの谷が目の前に開け、収穫された緑のものが畑いっぱいに並んでいた。男たちの一団に見つめられながら狭くて古風な橋を渡った。熱い川が流れていた。やがてまた上りになり、砂漠地帯のような土地がふたたび現れた。グレゴリアの町がもうすぐだった。ふたりは眠っていて、永遠のなかでぼくはたったひとりでハンドルを握っていて、道がまっすぐ矢のように延びている。キャロライナやテキサスやアリゾナやイリノイを運転するのとはぜんぜんちがった。世界を通りぬけて、いよいよ世界に冠たるフェラヒーンのインディオとともに学べる場所に入っていこうとしていた。かれらこそ、泣き叫ぶ原始の人類の血を正しくひく者たちで、その住処《すみか》は、世界の腹である赤道の周囲にベルト状に広がり、マレー半島（中国の長い爪）から巨大な亜大陸のインドへ、さらにはアラビアからモロッコへ、メキシコとまったくおなじような砂漠やジャングルへ、そして海を越えてポリネシアへ、黄色い僧衣の神秘のシャムへ、さらにどんどんめぐって、やはり悲しく泣き叫ぶ声の聞こえる崩れかけた壁のあるスペインのカディスへ、そんな声が一万二〇〇〇マイルにもわたってひびく深遠なベナレスという世界の首都まで延びている。ここにいる連中は間違いなくインディオで、文明化されたアメリカ人のあいだで愚かにも言い伝えられてきたようなペドロやパンチョではなかった——頰骨が張っていて目が釣り上がっていてのろのろしているといったような。彼らは愚者ではない。道化ではない。偉大で落ち着いたインディオであり、人類の源であり、人類の父だ。波のように漂っていくのは中国人だが、大地はインディオのものだ。砂漠の岩のようにずしりと重く、「歴史」の砂漠のなかにいる。ぼくら、見かけ倒しで尊大な金袋を抱えたアメリカ人たちは面白半分にやって来るが、かれらはぜんぶ承知している。だれが父親で、だれが地上の古代の命を受けつぐ息子なのか。コメントしないだけだ。「歴史」の世界に破壊が訪れて、フェラヒーンの黙示録が、かつて何度もあったように、ふたたび訪れても、それをかれらはいまと変わらない眼差しでメキシコの洞窟から、バリの洞窟から見つめるだろう。そこがすべての始まりの場所、アダムが乳をもらい知識を授かった場所だ。こうして想いがぐんぐん広がるなか、ぼくは車を熱い太陽に焦げたグレゴリアの町に向けて入っていった。

旅の終わりが近づいていた。焚き火は消えかけていた。でも燠《おき》のなかの火はまだずっとくすぶっていたではないか。広大な荒れ地が両側に広がっていた。雲は近くにあり、巨大な薔薇色だった。火と沈黙から目を上げてみると、世界は一変していた。ずいぶん時間が経ったのに、それほど時間は経っていないようにも感じる。いったいいつの話をしているのだろう。時代はいつなのか。どうでもいいことだ。時間はいつもリアルなものでしかないが、そうとも言い切れない時間が存在する。これも一種の魔法、呪いのヴァリエーションである。

ジムにとってはどこかそぐわない、何となく場違いにも思えるウォーホルのファクトリーに出入りしていた頃、付き合っていたヴェルヴェット・アンダーグラウンドのニコとの日々は最悪だったに違いない。ストレンジ・デイズが最悪の日々だった、ということだってあったのだ。日々はカットアップされ、混ぜこぜにされる。でもさっきも言ったように、これらの日々のほうこそが俺や君たちを発見し、ちらっとだけ認めたのだ。人はあわてて、ひょっとしたらそれは神の目じゃないかと思ったりもしたが、そんなものじゃなかった。

狼煙《のろし》が上がっていた。狼の遠吠えが遠くに聞こえた。アナサジ族は忽然と姿を消した。巨大な岩の横穴で過ごした穴居生活は終わった。目のない魚が母親の羊水のなかでじっとしていた頃、われわれは長くて訳のわからない幻覚を見ていた。ものすごい幻覚だった。ジム・モリソンの父親は海軍大将で、ヴェトナム戦争の空母の上の指揮官だった。父親は子供の頃にすでに死亡しているとジムは経歴に書いているが、真っ赤な嘘だ。ヴェトコンが勝利した。戦争は掃除ではない。大地を汚したのは誰なのか。さっきから熱い岩の上を蛇が這っている。旅人がそれを見る。すると岩の下で蜥蜴《トカゲ》の茶色の目がじっとこちらを見つめているのだ。観客席にペンキが投げ込まれる。奴隷どもめ！　腹話術師の真似をしていたのはいったい誰なのか。

ジム・モリソンの詩にはあからさまに泥臭くビート的なものと、そうでないものがある。この落差が彼にアメリカの外への旅を促したのか。逃亡を記念しよう。パリ二十区にあるペール－ラシェーズ墓地に葬られる前に、ジム・モリソンはパリのアパルトマンの風呂場でヘロインのオーバードーズによる心臓発作のため死亡した。

4

もう一度反復して、強調しよう。ロックンロール詩人なんていない。存在したためしはない。ロックミュージックと詩がいかに近いところにあるとはいえ、詩とロックミュージックはまったく別のものである。ロックミュージシャンはロックミュージックのなかに完結し、そこで息の根を止める。詩人はひそかに詩のなかに消えるだろう。そして二つの存在も別々の仕方でいずれは跡形もなくなる。本もディスクもただの物にすぎない。誰がつくったのだろう。誰が歌っていたのだろう。ともに後には何も残らないのだ。ほんの少しの息づかいを除いて。すがすがしいまでに。

他のものと比べなくてもドアーズの歌詞はそれ自体で素晴らしいが、そのこととは話は別である。言うまでもなく詩と音楽が無関係であるなどと言いたいのではない。ここではこの議論はやりたくないが、それどころではなくその反対である。両者には不吉な色合いがある。たしかにそれを感じ取ることもできるだろう。ジムは絶壁をよたよた歩いていたことに変わりはないのだから、どちらに転んでも言い知れぬ不吉さを免れることはできなかった。不吉な詩人なのか、不吉な歌手なのか。もちろん両方なのだろう。両方ともが世紀の、つまり大時代の挫折の憂き目に遭ったのか。決定的な挫折。気怠《けだる》さにおけるオルタナティヴなのか離接的綜合なのか。若きジム・モリソンにそんなことを考える暇はなかった。ぼろぼろの毛布と見分けがつかなくなったドアーズ。

だがそれにしても、ジムはどんなアメリカの歌手になろうとしていたのだろう。エルヴィスからシナトラへ。これには笑ってしまう。そうはいってもエルヴィスもシナトラもジム・モリソンのような詩を書かなかったし、書くことはできなかった。

敵はどこにいたのか。ジム・モリソンは詩とロックミュージックの両方を通してずっと敵を探していたのだと思う。せこくてしみったれた西洋の夢、アメリカという仇敵。この幻影に手で触れることはできない。何度もジム・モリソンはそう言おうとした。ラメリカまでしょぼい旅を続けなければならない。ハイウェイでけちなスパイ行為を続行しなければならない。ジムは断じて敵の世界に関与してはいない。この点でだけは、彼の詩とロックミュージックはからくも一致していたと言ってもいい。空白は、ハレーションを起こした真っ白の光景は、疫病のように灼熱と化していたのだから、一致は最後には燃え尽きる。ガラスの家などない。変質者を装ってそう言っていたのはジム・モリソンである。ほんとうの生活は始まったのか。あちこちに敵の生活があった。足もとを見ながらジムが愛という言葉を口にするときは気をつけたほうがいいのだ。

ひれ伏せ。
見慣れぬ神々が素早い敵の姿を借りてやって来る。
彼らの衣は柔らかく
布と髪を一緒に固く結わえたものだ。
腕全体に沿って飾りがあり
歓待を装って、

血より青い血管を隠している。

（ジム・モリソン「新しい被造物」）

嵐を駆けるライダーたちが見える。鏡の上に、異邦の鏡の上に激しい雨が降る。よそ者のドアーズにとっては優しい雨だった。インディアン・サマー。冬の日の夏。あのぞっとするような夏。二度なんて愛せないのはわかっている。

月の上をふわふわ歩く、ひとりっきりの役者みたいな路上の人殺し。あちこちでサイレンやガラスの割れる音が聞こえる。怒号が夜の壁に反響する。沼地で拾った木、そいつで作ったピラミッド。陰惨な街だ。骨のない犬がうろついている。眼下のネクロポリス、死を纏った都市が朝の光に薔薇色に染まり始める。アトランティスやニーベルンゲンの夢のせいなのか。トマス・ピンチョンのような作家ならそう言うだろう。他にすることがないのだ。

バック・ビートしか持たなかったドアーズはこの世界のなかに投げ込まれた。

＊ジャック・ケルアックの『路上』からの引用は、素晴らしい翻訳である『オン・ザ・ロード』（青山南訳、河出文庫）を使わせて頂いた。

ビロードのノイズ

ルー・リードとヴェルヴェット・アンダーグラウンド

今日はずっとサンデーモーニングである。でもヴェルヴェット・アンダーグラウンドの「Sunday Morning」を聴くにはじつは暗い土曜日の朝がいい。明日が憂鬱な安息日でもあるからだ。へっ、ヴェルヴェッツはそう思われているようには破滅的ではなかった。言っておくが、昔は、リアルタイムでは、誰もヴェルヴェッツなんていう呼び方はしなかったのだ。

ともあれ地上の塵《ちり》のなかの塵を、水の溜まりかけた、汚れた肺いっぱいに吸い込んだ地下共同体に、どうしてヴェルヴェットという言葉が冠されていたのか誰にもわからなかったが、この黒か紫か臙脂色《えんじいろ》のビロードには、ニャーニャー甘えているのか、それともフーと怒って立ち止まっているのか、そこで置物のようにじっとしている黒猫たちの毛並みや、部屋の隅のほうで忘れられてしまった古ぼけたなめし革のような光沢があって、後になって七〇年代のヨーロッパにパンクが登場したときでも、革ジャンかよれよれのレインコートを着ていようとも、ヴェルヴェッツが演奏していた六〇年代のかつてのウォーホルの「ファクトリー」のなかで、それが銀色の反射を受けて時間を逆撫でするようにピカピカ光っていたのが時おりよく見えたのだった。
だが、パンク以前の六〇年代後半から七〇年代初頭にかけて、ヴェルヴェット・アンダーグラウンドを聴くというのはどういうことだったのか。急いでつけ加えておくなら、それは今でもさして変わらないはずである。時間の経過などなんてことはない。そうでないと誰かさんがやってられなくなるだろう。

ヴェルヴェット・アンダーグラウンドが、もしアンディ・ウォーホルの「ファクトリー」の様々な種類の「匿名性」を自らの体内に取り込んでいなかったならば、伝記のなかには絶対に書かれることのない、あの無駄になった膨大な毎日、やりきれない諍《いさか》いや、つまらない嫉妬や、パラノイアや、クスリのやり取りも含めた結果的には何のためにもならなかったあらゆる折衝、そしてたぶんウォーホルとルー・リードとジョン・ケイルの間で、無言のまま、瞬時に交わされたあの合図、どちらも交互に見えなくさせる森と木の間の目配せ、つまりあの非関係がなかったならば、ヴェルヴェット・アンダーグラウンドはヴェルヴェット・アンダーグラウンドにはなれなかっただろう。そのことは当時のロックシーンのなかではきわめて独特で、唯一の事柄だった。フィードバックの騒音のなかの「政治」、あの匿名性は何物にも代え難いものだった。だからこそそこでは誰でも十五分間だけ有名になれたのである。

ビロードには光沢だけではなく、臭いもあった。それは変態や犯罪者やドロボウや、怪物やお化けのような人間、何もしない人、何もできない人の臭いだったのだろうか。チンピラだって本を読んだりはすることがある。私は大きく息を吸い込んでみる。ざまあみやがれ、私にだって息ができるのだ。勿論、それはなぜか人を寄せつけず、外の夜の大気のかすかなざわめきと高鳴る心臓の鼓動の音以外に何事も起こりはしない地下室の黴《かび》くさい臭いに似ていたはずだった。どうでもいいことだが、精神分析家たちをたぶん喜ばせるに違いない、この本物の地下室の臭いが、私は非常に聡明な（!?）子供だった頃から好きだった。だが私のことなどこの際関係ない……。

このヴェルヴェット・アンダーグラウンドのビロードの光沢と臭いは、どんなにうまく外部を呑み込むことができた芸術とも、この芸術に結局は一致し呑み込まれてしまう他はなかった非芸術とも、まったく別の感触をもっていたのだ。いずれにしてもどれもさえない芸術と非芸術じゃないか！　当時私はそんなものは全部かっこ悪いし、断然いけてないと思っていた。

状況を考えればヴェルヴェッツがポップアートとともに登場したのが確かだとしても、ポップアートだけが好きすぎる人種には、それしかなかったオシャレな田舎者には、ヴェルヴェット・アンダーグラウンドのことはあまりよくわからなかったはずだ。請け合ってもいい。そこが微妙ではあるが繊細でデリケートな点であり、この公理はきわめて「政治的」にして「美学的」だったのである。だからこそこのビロードの冷たい非関係の感触と臭いはとても希薄なもので、これを一人一人が有無を言わせず生身のからだから発散させるには、誰それにとって一夜漬けの芸当などではとうてい無理なことは火を見るよりも明らかだった。

ヴェルヴェッツがひとつの共同体、「共同体から切り離された共同体」だったとしても、いや、そうであるからこそ、誰もが誰とも無関係の関係を結んでいたし、だからこそそれに反して、妄想の内でも外でも、躍起になって、あるいは業界人の病気が嵩じたように、関係をつけ、関係を迫ろうとしていたのは、あるいは今でも飽きずに同じことをやっているのは、たいていは駄目な連中なのである。

「芸術」の歴史には時おりとても奇妙な細いライン、曲がりくねってはいてもとにかく一本の糸でできたライン、ほんとうに迷宮の出口につながっているのかはけっして定かでないアリアドネの細い糸が見えるときがある。だがそれをノイズのマッスのなかであれ、どこであれ、手に摑むことはできない。糸を手繰《たぐ》っても、中心にいる怪物はおろか、この場合はバンドの形骸すら目にすることはできない。ヴェルヴェット・アンダーグラウンドの音の中心はいたるところにあって、点線ででてきた茫洋たる円周はどこにもなく、ある意味では中心などというものはこちら側にもあちら側にもなく、音の行方が不在であるという意味において、完全な不在のなかで決定的に宙に浮いたままである。

当時のロックンロールの歴史においてヴェルヴェット・アンダーグラウンドだけがこの高度に離人症的感覚を持ち得たということは、どうでもいいことなどではなかったのだ。たとえぼろぼろのビロードを纏った肉体が、ヘロインの注射器が血管を求めるあまり、からだじゅうから一瞬だけ天罰のように消えてしまったみたいな静脈のなかをすでに駆け巡っている苦悩に、それともマゾッホの主人公たちがこうむったようなひどい苦痛にすでに冒されていたとしてもである!

いつもファクトリーでは、ヴェルヴェッツの爆音に合わせて、一瞬だけ『ヴォーグ』のモデルをやったイーディ・セジウィックと一緒に、美術家のジェラード・マランガは鞭を手にして鞭踊りをやっていたのだった。何しろ鞭踊りだ！　才能があったかもしれないのに、あらかじめすべてを無駄にし、魅力的で、落ちこぼれで、楽しげなまでに空虚で、ひどい神経症で、嘘つきで、とびきり人を呪縛しがんじがらめにすることにたけていて、結局はサディストのくせに透明人間みたいだったイーディと、おとなしくてアンディに忠実そうに見えたジェラードは、二人ともヴェルヴェッツのメンバーだったと言っても言い過ぎではない。

とりわけイーディは間違いなくそうだった。役立たずのフィルムがいつも無駄に回っていたのだった。何の変哲もない、ヒューズが飛び、壊れた電球がぶら下がったままの、擦り切れた風景。イーディたちは間違いなく退屈していた。ファクトリーにたむろしていた連中のなかには有名人たちもいろいろ混じっていたなどというのはどうでもいいことである。同性愛や銀髪やボーダーのTシャツその他のこともある。

「ファクトリー」の時代は、イーディはウォーホルの夢にまで見た分身のような存在だったのだから、つまり彼の第二の自我《アルテル・エゴ》、要するに彼のご「主人」様だったのだから、ウォーホルは自分を一生懸命いじめ抜いていたのである。言うまでもなく問題は、誰がサディストで誰がマゾヒストなのかを知ることなどではなかった。そんなことを斟酌するには、時はあまりにも迫っていたからである。

マゾヒズム？　ドゥルーズが言うように、それは官能的ですらなかったと言っていいだろう。誰が何をこっそり否認していたのか？　服従という法の内と外で。だがクラフト・エビングやフロイトの話をしているのではない。いつだってそこには「特定秘密」の権力の問題があったことはわかっている。サドとマゾッホの文章はまったく異なっていて、反対方向を向いていると言ってもいいが、それでも偉大なサド研究家であったジルベール・レリーがどこかで言っていたように、この種の攻撃性は、自分に対するか他人に対するかの違い、つまり内に向けられるか外に向けられるかの違いがあるだけで、マゾヒズムなどそもそも存在しないのかもしれないのである。そして私の好きな特異な詩人でもあったこのレリーの見解は、たぶん見事に間違っているのだろう。

いまから引用しようとしているのは、ジルベール・レリーではなく、ルー・リードの詩である。ロックミュージックに寄り添うアメリカの詩人たちは、ジム・モリソンも含めて（とはいえモリソンの詩が最もビートの影響が希薄だったのかもしれないが）、仕方のないことだとはいえ、誰も彼もがビートニクスの洗礼を受けていたし、少なくとも受けているつもりになっていたが、ルー・リードの、とりわけ初期の詩には時おり少し違ったテイストを感じることができた。これはルー・リードの個人的な文学的才能によるものである、などと言っては身も蓋もないだろうか。

マゾヒズムの詩？　この詩を読むと、いつもウォーホルの銀髪のカツラが電気ヴィオラの音の塊りのむこうにぼんやりと見えるようだ。だが真のマゾヒストであったり、（何しろルー・リードは「ヘロイン」の歌詞を書いたばかりだったのだから）マゾヒストの振りをしていたのは誰だったのか。それにいったい誰が語っているのか。ルー・リードにとってこの混乱はとても頼もしいものだ。話法の混乱。話法もノイズの轟音のように取り扱わねばならない。一般的に言って、アメリカのビート風の「詩人」たちの書く詩はたいていはあまりにもアメリカの平凡な「風景」に似すぎていたし、ランボーがかつて自分が詩の手ほどきを受けたこともあった中学の先生の書く詩を批判して言ったように、あまりにも主観的だったのだから。
そして言うまでもなく、そんなすべては最悪のことだった。

光る、光る、ピカピカの革のブーツ
闇のなかの鞭打ち少女
喜び勇んであなたの下僕《しもべ》がやって来る、彼を見捨てないでください
叩いて、女王様、そして彼の心を癒してください

街灯妄想の気持ちのいい罪なのさ
彼女の纏う衣装を必死で探そう
白貂の毛皮が傲慢さを飾り立て
セヴェリン、セヴェリン、彼女はそこであなたを待っている

俺は疲れているのさ、へとへとなんだ
千年間だって眠れたぜ
俺を起こす千の夢
涙でできたいろんな色

ピカピカ、ピカピカの革のブーツにキスしろよ
闇のなかで光るレザーに
焼きゴテを舌でなめろ、飛んでくるベルトがおまえを待っているのだ
叩いて、女王様、そして彼の心を癒してください

セヴェリン、セヴェリン、かすかな声で囁けよ
セヴェリン、曲げた膝で這いつくばれ
鞭を味わえ、そっと与えられなどしない愛にまみれて
鞭を味わえ、さあ、俺のために血を流せ

光る、光る、ピカピカの革のブーツ
闇のなかの鞭打ち少女
セヴェリン、喜び勇んであなたの下僕がやって来る、どうか彼を見捨てないで
叩いて、女王様、そして彼の心を癒してください

（「毛皮のヴィーナス」）

ノイズのなかには反復の恐るべき力業があった。しかし「ヘロイン」の歌詞にあるように、「キリストの息子の気分」になれるかどうかはわからない。死の本能の話をしているのではない。それはひとつの神性ではなく、別のノイズを誘発したのだ。フィードバックはノイズの合いの手だったに違いない。精神病になったり、なんやかんやで、地獄に堕ちることなどじつは必要なかった。別

のリズム、リズムの差異、別のトーンをともなう微妙な、わからないくらいの、いや、そうは言ってもはっきりとわからなければならない変化、別の全面的放棄、別の演技。結果的には結局のところほんの少しだけ別の演奏を誘発すればよかったのではないか。

『Metal Machine Music』を「何度か」聞いてみればいい。ルー・リードがラ・モンテ・ヤングと、恐らくファクトリーでの演奏のたびにジョン・ケイルから学んだはずのドローンの手法は、ノイズやフィードバックとなぜか対をなしていて、このノイズを裏側から補強するものだったような気がしてくる。ケイルの電気ヴィオラの旋律の不安定なライン。旋律はこうじゃなくっちゃ。タッカーのリズムを外した原始的な太鼓もそうだった。勿論、ヴェルヴェッツのドローン風演奏はラ・モンテ・ヤングのドローンとはまったく違うやり方なのだが、そんなこと以上にもっと重要なのは、ドローンであれノイズであれ、誰もが演奏には微妙に加わらない、それとなくハズして知らん顔をする、ということだったのである。というか、同時に全体的な演奏に加わる振りをして、というかむしろ加わっているつもりで、別の方向を向いているようにして別の音を聞いているかのように演奏すればよかったのである。

最初のアルバム『Velvet Underground & Nico』には、それ以前にお蔵になった「Phantom Banana」と題された音源があって、「Sunday Morning」を除く曲の別テイクと別ミックスが収録されているのだが、それを聞くと、ヴェルヴェッツがこの乖離性の演奏の動機を最初からもっていたのだということがかなりよくわかる。プロデューサーはこれでは売れないと判断して、最初のアルバムとなった誰もが知っているバナナのジャケットの録音の方を出したのだろうけど、ヴェルヴェッツ特有の臨場感という点からしても、だらしなさという点からしても、いまとなってはこちらの演奏の方が断然いいと私は思っている。

いつもながら音色の変化のフィルター代わりになったのは、さっきも言ったように、「ファクトリー」の時と場所の励起性と、どうでもいい雑踏のような雑多な人間たちの反発的親和性であった。ドラッグの薬理効果はたぶん必要不可欠だっただろうが、それを加速させたにすぎなかったのではないかと思う。一緒に音を出すにもいろいろやり方があるのだ。だがこの方法が長続きしないというのも本当である。ヴェルヴェット・アンダーグラウンドがヴェルヴェット・アンダーグラウンドでなくなるのに、珍しいことではないが、そうたいして時間はかからなかった。実際、その後のルー・リードもジョン・ケイルも同じような音を奏でることはついになかったし、彼ら自身にもできなかったのだ。

「毛皮のヴィーナス」を、ニコが後でやっていたようにハモンドオルガンか、教会にあるパイプオルガンで弾いてみたらよくわかるのだが、その後のニコの音楽はヴェルヴェッツの最も暗い旋律、そのレトロ・ヴァージョンだったのではなかったのかとさえ思えてくる。ニコはヴェルヴェット・アンダーグラウンドに「死」の危険なたゆたいと、ピリピリしてささくれ立った揺れ動きを否応なく与えていたのは確かだが、それにもかかわらず晩年のニコといえどもヴェルヴェッツの音から逃れおおせてはいなかったのかもしれない。

このことは、つまり時間など無視してヴェルヴェット・アンダーグラウンドという全体から考えれば、彼女が第二次大戦後のドイツ人であったということ、そしてそれが彼女に何らかのファシスト・ドイツの死の影をもたらしていたのが否定しようのない事実だったことを逆に証明しているかもしれない。はじめからヴェルヴェッツに、死臭というにはあまりにも甘美な死の香りを持ち込んだのはニコだったからである。だがそれはたしかに死臭に近かった。彼女の歌うドイツ国歌、「ダス・リート・デル・ドイッチェン」と、なんなら世界一暗い味わいであるといっていい「マイ・ファニー・ヴァレンタイン」、それと「ジ・エンド」を、もっとも晩年の歌なら他のどれでもかまわないが、そんなどれかを静かに聞いてみれば、どんなに無神経なデクノボウにもよくわかるというものだ。

あえて言わせてもらえば、ニコは、「おまえらを殺したい」、とジム・モリソンの歌詞を繰り返していたのだった。それが耳から離れることはない。

ニコ。腐った連中しか見当たらないパーティ、そしてあまりにも下世話で吐き気のするような、あまりにも制御不能だった石の舟みたいに、泥沼に沈み込んでいく彫像作品のような生。ニコは普段ルー・リードとどんな話をしたのだろう。話などしなかったのだろうか。

紛れもない古代ギリシア彫刻。汗をかいたまま冷たくなった大理石を見たことがあるだろうか。すべての古代ギリシアの叡智は風に吹かれた抜け殻のようであり、ディオゲネスやクリュシッポスといえども顔色はとうに失せている。

最後の頃のコンサートでニコはしこたま汗をかいていた。晩年のニコからはクスリ臭い、ケミカルな、悪臭といってもいい汗の臭いがしていたに違いない。なんということだろう！　ディートリッヒ以来のドイツ・リートの歌姫だったにもかかわらず、晩年のニコはヴェルヴェッツの澱《おり》、底に沈んだニコゴリみたいに見えたのは誰のせいでもなく、それにニコが自転車から転げ落ちてイビサで死んでしまったのは、あまりにも当たり前のことを言わせてもらえば、ヴェルヴェッツとかかわったニコの逃れようのない運命だったのだ。

これは、ニコも出演したフェリーニの映画『甘い生活』の後半に出てくる、幽霊の出る貴族の古城に向かうとりとめのない行列（ニコもそこに混じっていた）のようなものだったのかもしれない。そこでは誰が主人公なのか、もはや誰にもわからないままなのだ。そして私はそれを認めざるを得ないのである。

ヴェルヴェッツ以降のルー・リード。『ルー・リード』（ロックの幻想）も『トランスフォーマー』も『ベルリン』も、当時はそれなりによく耳にしたうちに入るレコードだったはずである。だが知ったかぶりをするつもりはない。ここまで述べてきてすでに読者諸兄にはおわかりだと思うが、私にとっては、ほぼヴェルヴェッツ時代のルー・リードだけが興味の対象だった。

興味の対象なんて言葉はほんとうは使いたくはない。興味の対象なんて言葉は日常からも誰も書かない日乗からも遊離してしまっている。では、それはぼんやりとした愛の対象だったのだろうか？　愛に対象があるなんて残酷なことである。だがそんなことは私と君のあずかり知るところではない。ルー・リードは結局日曜日の朝に死んでしまったが、彼が死んだ直後のローリー・アンダーソンの言葉がとてもいい。二人はルー・リードが死ぬ前に、最後の最後になって結婚した。そう望んだのはローリー・アンダーソンだったが、人生でやれなかったことをやりたかっただけだと言っていた。

「人生はあまりに美しく、痛ましく、まばゆいものだけれど、それ以上のことはありえません。それなら死は？　死は愛を解き放つためにあるのだと私は思っています」

愛を解き放つのは難しい。

ドルチェ・ヴィータ！

ヴェルヴェット共同体

ヴェルヴェット・アンダーグラウンドは実在命題だった。

あの素晴らしくもとんでもない本、市田良彦の『ランシエール——新〈音楽の哲学〉』（白水社）の言い方を借りて先に結論から述べるなら、おまけにこのくだりで著者は直接ヴェルヴェット・アンダーグラウンドについて論じているのだが、共同体は共同体から切り離される、ということなのだ。第二次世界大戦の終結による解放は、新しい核の時代が描いた絵空事のはじまりでしかなかった。ヴェトナム戦争のアメリカ、ビート、黒人運動、ヒッピーのアメリカ、そして不思議な同時性によって全世界の六〇年代は、「ポリスの論理」の共同体が、「誰かであること」が「全体」を標定するためのただの縄張り争いの収容所にすぎなかったことを自ら暴露したのだし、その共同体は時が経つにつれてさらにそれ以下のものだったということをはっきりさせた時代だった。当時の若者たちはそのことをはっきりと知っていた。そしてほとんどの者は後から、しかも今になってそれを陰険で狡猾で都合のいい痴呆のように忘れたのだ。だからわれわれには何の遺産もない。そのことははっきりしている。

もう一度言おう。共同体は共同体から切り離されねばならなかった。それはあまりにも切実で、切迫し、焦眉の急を告げていた。笑ってしまうが、外では、すべては今日のお天気のように上々である。共同体のなかで自分が、つまり主体の「現れ」が確認され確保されるのではない。その反対である。微に入り細をうがって管理され管理するかわりに、あるいはずっと下の方で霊的ノイズの波が押し寄せる自殺者の断崖から飛び降りるのをためらうようにして、あるいはでたらめに、めくら滅法に、主体は自分に対して、厳密にはどんな風にしてかはわからないにしても、別様にしか生きることのできない自分としか言いようのない自分を与え、自分の知らない自分を再構築し、再建し、つくり直すことによって、一般的に、つまり共同体的に言えば、堕落することによって、共同体を共同体から切り離すのである。

旧世界も新世界もない。ああ、なんてことだろう。ある詩人によれば、なぜならまだ現実の実在性は構築されてはいないからであり、いうなればこの悪魔的非実在性に抗して、まさに主体の「政治」はここに現れるからである。リズムはすでに狂って、ガタガタになっている。ギグはやり直しだ。ビートニクスの最低条件は、アメリカ人が言っていたように、まずは自分自身のやむにやまれぬ実在性のなかに「追放」されていることである。月面であれどこであれ、これがはじめの一歩なのだ。

共同体は共同体から脱落し、または離脱するだろう。希望は待機することを何が何でも拒絶する。あれこれ言う必要はない。中世のオッカムが言うように、少しでも実体の数を増やしてはならない。

ナウ、ボーディング！　離陸が始まると同時に、すでに抜け殻である自分も自分から抜け出すことになるが、というかそれによって共同体の共同体からの離脱が始まるのだが、ポンコツ飛行機自体はどこに着陸するか決まってなどいない。飛行士はもはやただの影、亡霊じみた分身のなれの果てにしか見えないのだから、どうしようもない。ふざけるな！　操縦桿を握っている振りをするか僭称している飛行士にかまけている暇などないのだ。

街を徘徊する非行プランは存在しても、飛行プランなどどこを探しても見当たらない。夜が明けると、夜間飛行は知らぬ間に終わっているという事態だって起こりかねない。しらけた朝の光のなかに素っ裸で立っているのは誰なのか。黒人なのか、南部のパーマネントの臭いをぷんぷんさせたチーズケーキなのか。飛んでいるのか、墜落しているのかもわからない。詩の憤怒の虜《とりこ》になっていてもほとんど何も始まらない。共同体は霧に包まれている。あまりに分かりきったことだが、主体は主体としては最初からつねに五里霧中である。誰にでも真似できることだって？　そう、そう、そうであると言うには、たぶんそんなことはなさすぎる。それには微分音のなかを揺れ動くあの不安定で独特な歌のきめが少しだけ必要だったのだ。

ヴェルヴェット・アンダーグラウンドはひとつの共同体だったのか？　もちろんである。市田良彦も言うように、その意味においてこそ、政治的メッセージはおろか、何ら政治的な意匠も衣装も纏わなかったヴェルヴェット・アンダーグラウンドは、それでもロックンロールの歴史のなかに最初の政治的バンドとして登場するのである。ウッドストックなどくだらないと吐き捨てていたブリジット・フォンテーヌの言い分がよくわかる。私には断然ヴェルヴェッツのほうがよかったのである。

だが、急いでつけ加えておかねばならないのは、このバンドは、ルー・リードの伝記作者たちがなんと言おうと、実際のヴェルヴェッツの歴史がどれほど詳細に語られようとも、ルー・リードのバンドでもなければ、ジョン・ケイルのバンドでもなかったということである。少なくとも私はそう思っている。ましてやダグ・ユールのバンドなどではなかったことは言うまでもない。誰でもない人はどこにもいないのかもしれないが、瞬間が過ぎ去れば、ヴェルヴェット・アンダーグラウンドは誰でもない人が誰かになる必要のないバンドだった。それが終わればきれいさっぱり消えてしまえばよかった。後はゴミの野となれ山となれ。どんなに惨憺たる状態にあっても、すべてはつねにバンドの離接的綜合においては選り取りみどりである。


ルー・リードに関しては、二、三のアルバムを除けば、ヴェルヴェッツ以降の彼にさして興味がないということを率直に告白しておこう。ヴェルヴェット・アンダーグラウンドの時代が終わった後、何かにつけて、その後、その後、ポスト、ポストとやかましい世の中の片隅で息を潜める古めかしい幽《かそけ》きヘーゲル的住人である私は、世間並みに彼のアルバムを続けて聞きはしたが、体系的に物事を見据える悪しき性癖を生まれつき免れているからかどうなのか、次第に彼の音を聞かなくなっていた。このことですら、もはやルー・リードの音楽のせいでさえなかった。

最初に言ったように、ヴェルヴェット・アンダーグラウンドのほうが実在命題だったからである。ヴェルヴェット・アンダーグラウンドはひとつの共同体なのだから、もはやヴェルヴェッツの、お望みならば、「文化的」実質がどうなろうと、何であろうと、それすら別にどうでもよかったのである。この共同体の外縁をなしていたノイズはずっと途切れることなく続いているのだし、時間を派手に分断しそうなパルスの可聴域の外にあろうとも、そこからあえて出発してしまっているときですら、われわれのからだ自体がすでにノイズでできているからだ。

さらに言えば、私にとってヴェルヴェット・アンダーグラウンドのアルバムとは、最初のバナナのアルバムと『ホワイト・ライト／ホワイト・ヒート』であり、それにかろうじて、あえて言うなら、『ヴェルヴェット・アンダーグラウンド3』のごく一部がつけ加わるくらいである。音楽はあまりにも身近にあったので、いつも音楽のことなど忘れてしまう。六九年だったか、七〇年だったか、まだガキのくせにすでに街をうろついていた私が最初に手に入れた輸入盤が、最初に挙げた二つのうちのどちらだったかも覚えていない（たぶん『ホワイト・ライト』だ……）。「ホワイト・ライト／ホワイト・ヒート」から「シスター・レイ」へ。あるいはその逆回転が好みだった。

暗闇が暗闇に重なり、層を成し、断層が現れ、フィードバックのスペクトルはほとんどうっすらとした色彩すらもっているように思えた。ホワイトノイズの色合いはわれわれ自身をそのつどフィルターと化しているからだ。そいつはブルースの外側で粉末になった籾殻か信号のようにきりきり舞いしては、どこかで鼻をくしゅくしゅいわせていた。曇った鏡の上を粉末だらけにする前に、共同体の小間使いの日記に汚い字で記される前に、きれいに鏡の表面を磨いておかねばならない。私にはわかった。電気の埃だらけだ。どこもかしこも！　埃は発光し、白熱し、鼻の骨を溶かした。

リズム的反復が、それがつくり出す振動を超えてきわめて身体的な跛行性の差異を生み出すことを、この途轍もなく繊細な差異が、ほとんど現実化されかかっていた実存の要件であることをわれわれは学ぶべきだったのだ。どこからやって来るのか、それともそこに最初からあったのかどうかもわからないパルス的歓喜。十七世紀にパスカルは自分の服の裏地に文字を縫い込んでいた。ジョワ、ジョワ、ジョワ、歓喜、歓喜、歓喜、と記された布を。ヌイイの橋の上には実際誰がいたのだろうか。だからノイズを服に縫いつけるべきだったのだ。

時間から時間へ、間に挟まれていた沈黙などひとっ飛びだ。実際、シュトックハウゼンが言うような音楽的時間の統一などほんとうにあるのだろうか。瞬間が後ろに引き下がることはない。絶対的な実在はそれだけである。持続のなかで瞬間は絶え間なくその場にとどまって分裂して層をなし、無限に足踏みしているだけだということを、われわれは生理的要件の欲求の外で知らねばならなかった。

電気の水たまりに、暗黒に薄墨を流しているような青空を映して、キャンディは言った、肩越しに鳥が飛ぶのをずっと見ている、って。歳をとったら何が見えるの？　そうなのか？　ほんとうにそう言っていたんだよな？　違うだろ、スキニー、こっちは真っ黒か真っ白の写真を撮っていただけだった。残念ながら、パルスの消息を告げているのは青い鳥でも、最後の歌をうたう白鳥でもなかったけれど、道には水たまりがあって、そこに映る鳥が飛んでいたのはほんとうだった。

それはそうと、一例を挙げれば、ずっと後でサイバーパンクがおずおずと登場あそばして、いろいろと出自をでっち上げ始めたとき、私は肩をすくめるしかなかった。日本のそれらしき信奉者も含めてサイバーパンクに別に何の恨みもないが、あんなものはどうせたかが知れていると思った。機械工学と生理学が結びつくなんてあまりに普通のことだった。ただのホワイトノイズは横ではなく上下に小刻みにダンスし、フーリエ変換によってどんな周波数でも同じ背丈になるが、似たり寄ったりのつまらないロボットのことを気にかけるのなら、このノイズの可聴域の外でこそラリることができなくちゃならない。だがノイズ中毒を含めて彼らは中毒の問題など何も知らなかった。電子であれ何であれ、ネットワークが古代の呪いでできていることを彼らは実感できたはずなのに、日曜日の朝の毛皮のサディストもなにも、何ひとつつぶさに見届けることもできなかったし、くだらない業界と分析を放り出してしまうこともできなかった。実際、そこで語っているのがサディストなのかマゾヒストなのかは永久にわからないだろう。

眩暈は重層化する一方だったアナログなズレのなかで定着されなければならなかった。定着は骨が折れる。たったひとりで、長いことかけて、組織的にやらなけりゃならない。そんなことはすでに神学要綱だったのである。マクルーハン? ネットワークだって? 蜘蛛の巣に古いも新しいもないじゃないか。ヴェルヴェット・アンダーグラウンドのホワイトノイズは普通の意味ではもっとお粗末なものだったし、全然違っていたのだ。

ヴェルヴェット・アンダーグラウンドはひとつのポップアートへと帰結するものだったのか。コピーのコピーがコピーのように見えるには、そうとうな才能の欠如が必要である。いずれにしても、ともあれノイズはドリッピングではないし、ラウシェンバーグの貼り絵でもないし、ヴェルヴェッツ特有の抒情的沈滞はメイプルソープの百合の花ではなく、ジム・ダインの梟《ふくろう》でもない。行き当たりばったりに述べたこんな例はとても近いところにあったし、まだ似ているほうである。

だが最も重要なのはヴェルヴェッツのリハはウォーホルの「ファクトリー」で行われたという動かしがたい事実のほうである。なんだかんだといって邪魔が入って中断されたに違いないファクトリーでの細切れの演奏がなければ、ジョン・ケイルの電気ヴィオラはあんなドローンを延々と奏でなかったし、モーリン・タッカーの原始的太鼓はもっとうまくなっていたかもしれなかった。ラ・モンテ・ヤングを聞くまでもなく、普通はドローンはそもそもノイジーなものではない。ジョン・ケイルの不安定さを見習うべきである。ファクトリーの当時の映像を見るかぎり、「毛皮のビーナス」の前奏風音出しと後のルー・リードの『Metal Machine Music』に大差はない。つまりあの場所がなければ、ヴェルヴェット・アンダーグラウンドの最良の時期、金はなくともアンフェタミンだけは毎日なぜか手に入るあの時期は、疲れるだけで益のないただのバンド練習の日々と化していたはずだ。ヴェルヴェット・アンダーグラウンドは仕上がらなかっただろう。

声のビブラートごとに日曜日の朝のなかに螺旋形に落ちてゆくリフレイン、ギターのフィードバックとともに日の出のように上昇しつつその場にとどまってはすぐさまかき消えてしまうリトゥルネロは、肩越しに飛び立ったに違いない見知らぬ鳥の声を捕獲することはできなかったはずなのだ。

第一、ファクトリーにあって、ヴェルヴェッツにとっても、ジェラード・マランガとイーディ・セジウィックは余興の添え物などではなかった。「十五分間なら誰でも有名になれる」。つまり「誰でもない人」だった、そこに存在しただけの人だったイーディが、ヴェルヴェッツのメンバーであってもちっともおかしくなかったことは確かだが、彼女は歌がうたえないし、楽器が弾けなかったのである。それだけのことだった。イーディがひどい神経症で、痩せていて、魅力的で、とんでもない嘘つきで、弱々しく、自己顕示欲が強くて、透明で、傲慢で、あまりにも自分をもてあましていたことは、ウォーホルが彼女の分身になるための最低条件だった。彼女が何かをやる必要などなかった。ウォーホルは、ファクトリーの日々のろくでもない共同体的要請のために、自分がなんとかやっていくために、自分自身を精一杯虐待しなければならなかったのだ。ルー・リードは、たぶんウォーホルとイーディじきじきに強請されたのだろうが、「ファム・ファタル」の歌詞を書いている。この曲はイーディのことを唄っている。

ほら、彼女がやって来る
自分の足もとに気をつけたほうがいいぜ
彼女はおまえの心を二つに裂いちまう
嘘なんかじゃない
理解するのはとてもむつかしい
彼女の色付き人造目玉を覗き込んでみろよ
きっとおまえをこき下ろすために彼女はおまえを持ち上げるのさ
なんておっちょこちょいなんだ
（……）
みんな知ってるさ

(……)
彼女の本に載ってるぜ
おまえの番号は三十七番、いいから見てみなよ
彼女はおまえにしかめっ面をさせようとおまえに微笑みかける
なんておっちょこちょいなんだ
ほら、彼女はおもての通りにいる
おまえが自分のビートに乗る前に
彼女はおまえに阿呆の真似をさせるのさ
ほんとうだぜ

美術のマーケティングだって？　誰にでも真似のできる可能性の発現であり非発現でもあった、作品が資本と等価であるというウォーホルによる発見は、ひとつの壮大な皮肉であると同時に、マルクスやデュシャン以降の哲学におけるきわめて自然な論理的帰結にすぎなかった。私はダ・ヴィンチやラファエロを模写していた晩年のウォーホルの孤独にも大いに興味をそそられるが、ウォーホルが大金を手にした結果をわれわれが知っているからといって、それがいったい何だというのか。

ファクトリーにディランやカポーティやビートの詩人たちやミック・ジャガーやジム・モリソンがやって来たことなどそれほどたいしたことではない。あそこで無駄に失われた膨大な時間、何の役にもたたないフィルムがヴェルヴェッツたちをつくり上げたのだ。フィルムはそこに誰一人いなくなろうともずっと無駄に回り続けていた。カメラの目さえ必要ないみたいだった。

ウォーホルにしてからがそうだった。ウォーホルは何もしていなかったかのように毎日すべてを観察し、苛立《いらだ》ち、ヒステリーを起こし、喜びを感じていたに違いない。八〇年代に入ってからでさえ、毎日CBGBにやって来ては、ただ客の動静だけを十五分間だけ眺めて店を出て行くアンディ。なぜかこのあたりで、同時期に日本でも密かに流通していたキナゾロン系、メタカロン系の睡眠薬とほとんど同じ薬理作用をもつクェアルードという催眠剤が蔓延していたのは、なんともご愛嬌だった。ここにもまた誰それが画策したということがまったく意味をもたない「街の作業」というものがあった。ああ、工場見学！……。そいつはどこにでもありそうで、どこにも、「ファクトリー」という名前のなかにすら存在しなかった。バックグラウンド・ミュージックはだからつねに仮にもヴェルヴェット・アンダーグラウンドでなければならなかったのだ。

それにしても、自分がウォーホルの落とし子だと勝手に思い込んでいる美術家たちがいかに多いことか。特段、これまた何の恨みもないのだが、あえて言わせてもらえば、いずれにせよ村上隆氏には、全世界に先駆けてウォーホルのファクトリーを創造することはできないし、主宰できる技量も才覚も魅力もカリスマもないのである。これではウォーホルの後継者になることはできない。

ニコのことに触れないわけにはいかない。そうでないとヴェルヴェット・アンダーグラウンドのひとつの輪は閉じることがない。パリ、七〇年代の半ば頃、私は地図もガイドブックもなしに本の記憶だけでロートレアモンがそこで死んだはずのホテルを探し回った後、前衛ジャズや実験音楽を除けばあまり行くことのなかったコンサートに行く予定にしていた。なにしろニコのコンサートがあることをどこかから聞きつけていたからだ。ロックのライブといえば、数カ月前にパリの大きな会場でまだ少年みたいなパティ・スミスを見ただけだった。

私はずっと長いあいだコンサートの場所はアルトーが最後の講演を行ったあのヴィユー・コロンビエ座だったと思い込んでいた。でもそれは記憶違いかもしれず、今にして思えば、サン・ジェルマン・デ・プレではなく、モンマルトルの古い劇場だったような気がする。第一、あんな有名なヴィユー・コロンビエであるはずがないし、現在のヴィユー・コロンビではきれいすぎる。もっとぼろぼろの古い劇場だった。だがどこだって構わない。劇場に入る前の寒い感触だけを覚えていれば十分だ。あの冬の日はモンマルトルの寂れた通りにしかないような凍てつき様だった。観客の半分は私より年上の六〇年代の人たち、後の半分はフランスにも登場したばかりだったパンクスたち。革ジャンと、この寒さだというのによれよれのレインコート。離脱しかけの共同体。

望遠鏡を覗いたまま目が貼りついてしまった離人症のような光景。誰かが誰かを通して誰かの向こうにいる誰かを見ていた。ここでも誰でもない人はまだ誰かになりそうで、誰かになってはいなかった。さほど大きくない劇場なのに、ものすごく遠くにあるようにしか見えないステージ、階段席の上からそれを半分眠ったように全員が見下ろしている。

最初、ニコはアンプの上に座ったままだ。粉を吹いたような石膏でできたヒトガタが突然立ち上がると、そのまま茫然としている。ギリシア彫刻。まったくひと気のないパルテノン神殿を冷たい風が吹き抜ける。乾いた風は時間のなかにとって返し、渦を巻きながらどこへ出て行こうか思案している。石は崩れてあたりに散らばったままだ。腹の底で永遠に続くかのようなハモンドオルガンの通奏低音。恐ろしいこと、不吉なことが始まりそうな予感がしていた。空はひび割れ、薄い皮膜を通してもうひとつの空が見えていた。劇場は沈み、下へ、下へ、ニコの突っ立っている底のほうへすべてがゆっくりと沈み込んでゆく。一番底にいたのはまぎれもないニコだった。彼女の表情にあの最晩年の最後の後始末のような凄い形相の片鱗がうかがえたどうかも今となっては思い出せない。

だがフェリーニの『甘い生活』のニコレッタのあの投げやりな笑い声はもう聞こえなかった。低い声。ニューヨークよりももっと下の地の底のほうで響いているどこまでも低い声。パリの五月革命も含めて六〇年代と暗い七〇年代の半分はもう終わっていた。まるで何事も起こらなかったみたいに、などと言いたいのではない。だが、それは終わったのだから終わったのだった。

アウシュビッツに送られるユダヤ人たちを駅で見ていた少女時代、ナチスの上官に殺された父親、ファクトリーにもいた彼女の小さな息子、バーダー・マインホフ・グループ、ベルリンでのドイツ赤軍の葬儀、元夫の映画監督フィリップ・ガレルとその仲間だった自殺したジャン・ユスターシュ……。

ニコはもうずっと前からヴェルヴェット・アンダーグラウンドに「死」を運んで来ていたのだった。

湯気のたったトウモロコシが捨てられていた。幻覚の手が後ろに回る。遠くのイビサ島の坂道の下で、自転車はフィルムを巻き戻すように転がったままである……

梟が観た亡霊　寺山修司とアルトー

詩人であり、劇作家、演劇理論家、映画俳優、舞台役者であり、同時にそのどれでもなかったアントナン・アルトーは、彼が何者だったのかと問いかけても、端からそれを拒むようなところがあるのだが、寺山修司にとってアルトーは何よりもまず演劇理論家であるほかはなかった。

とはいえ、自身、歌人であった寺山修司であれば、そしてこの世界とこの時間が、収縮する一方である迷宮のなかにしかないのであれば、アルトーという二十世紀における特異な「ルネッサンス人」を、例えば寺山が作家ボルヘスに抱いた愛着の傍らに置いて、もっといかがわしく（？）眺めていることだってできたはずだ。

だがそうはならなかった。演劇人寺山修司にとってアルトーはあくまでも演劇人、それも真面目な理論家でなければならなかった。理論家？　もちろんアルトーがれっきとした理論家であったことに異存があるはずはない。理論には語源的に「行列」という意味があるのだし、アルトーは明らかに何も構築することのない自分の思考の平行の行列を見ようとしていて、時とともに思考が苛烈になればなるほど、ある意味で、自身もまたその行列に苛《さいな》まれていたからである。彼はそのことによって自分の身体を引き裂いたのである。

そして理論がこれほど僥倖に満ちていたことはなかっただろう。なぜならいかにアルトーが最期の時を迎えるまである意味でずっと役者であり、演劇を「ペスト」として考え、ラシーヌ伝来のフランス心理的演劇の垂れ流す害毒を爆破しようとしていたとはいえ、よくよく考えれば、残念ながら、寺山修司を含めてわれわれの誰一人としてアルトーの芝居を、しかもどれもが惨憺たる失敗だったと伝えられる実際の芝居を結局観たものはいないからである（急いでつけ加えておくなら、残された映画を見る限り、私にはアルトーの演技が惨憺たるものだったとはまったく思えないし、むしろその逆である）。


アルトーの芝居については、録画もなければ何もない。写真ですらごくわずかしか残されていないのであれば、役者ではなく演出家である寺山は、アルトーの「残酷の演劇（第一宣言）」をまずは真摯に、生真面目な一人の学生のように熟読しなければならなかった。当時、これがどれほどのことであったか！　外は革命前夜のような雰囲気だったし、みんな酩酊状態に近かったのだから、本を読んでも頭になど入らなかったのだ。

アントナン・アルトーと寺山修司、この二人の巨匠は、だからはじめからアルトーの提唱した「残酷の演劇」によって、互いの分身のなかで、役者と演出家というそれぞれの分身を打ち消し殺し合い、影響など受けたくもない若者であれば当然のことながら、互いの亡霊を振り払うようにして出会うことになったのである。それればかりか、分身は外形をもつことができるかのように見えた。それが錯覚だったとしても、当時は、分身は群衆に紛れることができたのである。

だが寺山修司自身には何人分身がいたのだろう。一人が二人であり、二人が三人、三人が無数であれば、盲目の梟は、夜空を飛び交う幾つもの亡霊を観ていたことになる。

文学の言語、絵画の言語、音楽の言語があるように、演劇の言語というものがある。かくしてアルトーは「身振りと思考の間の途上にある一種の独自の言語活動の観念」を再発見しなければならないと身をもって考えたし、それを生きようとした。寺山はこの観念を演劇のみならずあらゆるもの演出において、劇と劇的行為の場所の政治的拡大において、そしてアルトー自身はたぶん最終的には役者の肉体において、「神の黴菌《ばいきん》」がつくった自らの身体そのものにおいて見出すことになる。

大量虐殺の世紀、それとも臓器移植の時代が来ることを予測できたからなのか、二十世紀は「身体」の思想を手当り次第に探し求めたが、ではこの肉体は果たして言語を持つことができたのだろうか。かてて加えて、別の身体の言語は？　どうやら寺山によれば、演劇の言語は微妙に肉体の言語とは異なるものだったようなのだが、日本におけるもう一人のアルトーの精神的な弟子である舞踏家土方巽のように、寺山は肉体そのもののなかに降りて行って、肉体の観念を裏返したりしようとは考えなかった。彼はあくまでも詩人であり、「演出家」だった。演劇とはすべてが演出によって出来上がるのだから、私は今ではこの「演出」に言うまでもなく貶めた意味を求めたりはしない。

ところで、演劇がもともと残酷なのではない。残酷な演劇ですらない。アルトーの「残酷の演劇」は例えばブレヒトよりもエリザベス朝演劇の「野蛮な」ドラマに遥かに強い類縁性を示していたはずだが、それでもアルトーが二十世紀の演劇の革命を最初に告げるものとして登場したのは偶然ではない。アルトーが力ずくでそれらすべてをひっくり返したのである。そのことに誰も異論はないだろう。

アルトーには当然のことながら演劇の言語が必要だったが、アルトーが演劇の言語を語るためには、まずは新しい「演出」の観念が創造されねばならなかった。戯曲と演出、役者と観客、舞台と客席、身振りと言語の関係、エトセトラが根底から覆されねばならなかった。無論、「残酷の演劇」は舞台の上で血が流れるというような単純なことではないし、もしくはただそれだけのことではないのだが、ともあれアルトーは、あらゆる生の、生命力の、生活の、人間的な感情や生理の基盤には、まさに事象の原始的次元において「残酷」というものがあって、舞台の上でも当然同じことが起きなければならないと考えた。あらゆる生の衝動のなかには原初的な「悪」があるからで、それを演劇と切り離すことはできないのだ、と。アルトーは、言うまでもなく、かつてのシュルレアリストたちが政治と生に関して行ったのと同じように、演劇の思考と生をごっちゃにしようとした。この混同もしくは一致は論理的必然であり、それはそれで偉大な、真似のできないことであったが、寺山修司はそのことに人一倍敏感だったはずである。

間違いなくアルトーはここでは一人のグノーシス主義者だった。「外界の事件、政治的衝突、天変地異、革命の秩序と戦争の無秩序」等々はまさに役者の肉体のなかに移行し、外部の出来事は肉体のドラマとなって、外部の真実と不正はそのまま肉体の坩堝《るつぼ》と化すことを強要するのである。実際、役者アルトー、詩人アルトーはそのように生きたのだし、不思議なことに彼の一生自体がそのようにして過ぎ去ることになったのである。

生涯、アルトーは麻薬中毒だったし、ずっと振動し続ける「ダンス」に捕らえられていたが、一方、寺山は出来事のさなかに在って「観察する梟」（レチフ・ド・ラ・ブルトンヌ）に似ていたように思われる。彼は「演出家」として自分のまわりの世界を見ていたし、それを仕事としていた。この点で寺山は、唐突だが、むしろアンディ・ウォーホルによく似ていたのではないか。類似性は分身として具現化するかもしれないのである。

イーディやマランガ、ヴェルヴェット・アンダーグラウンド、新宿フーテン族のようなビートニクスの後裔たちのたむろする「ファクトリー」は、ウォーホルのアトリエというよりはひとつの実験室であり、まさに「天井桟敷」だった。ウォーホルも、そして寺山も、同じように若者たちを愛し、観察し、目に見える分身のように動かした。分身たちは分身としてほとんど現実化し、具現するかに見えた。何かの綜合を成し遂げようとしているかに見えた。

しかし彼ら、寺山もウォーホルもそこにいながらにして、同時に別の場所にいたのではなかったか。例えば、寺山は東北の恐山に、ウォーホルは、とりわけダ・ヴィンチやラファエロを模写した晩年がそうだったように、空虚のなかに置かれたきわめてカトリック的なマリア像の前に……。

だが分身がそれ自体として現実化することはないだろう。分身たちの振舞いは、演出を通り越したひとつの無償性を形づくるだけだろう。演劇と美術、そして（芸術的）生活の無償性。いや、そうではない。この無償性こそが、演劇や美術と同じく、いや、それらを遥かに先行する目的とならねばならなかった。それは「革命」と同時に進行していたのだから、そうならなければならなかったはずであるが、それほど誰もが劇場やアトリエの外で退屈していたということなのか。内と外を截然と分けてしまえば、分身の居所はなくなってしまうだろう。

寺山の演劇の言語には横向きの、外に外に出て行こうとする独特の構造があったのだと思われる。寺山があらゆるジャンルに首を突っ込み、その間隙を自在に通り抜けたのはそのためである。この構造は骨組みを暴かれ、換骨奪胎されて、別の構造、別の身体、結局のところは、「別の人」の外形を指し示そうとしていた。黒子が角材をもって劇場と観客を支配し、最後には役者たちによって舞台が、舞台の意義そのものがぶっ壊されてしまう『邪宗門』のような芝居は、見かけの暴力性にもかかわらず、このことをはっきりと示していた。

横向きに突破される構造。そこには、幾つもの扉を透明人間のように通り抜ける、何かしら言いようのない、逆立ちした「演出」のようなものがあるのだ。私が若い頃、この「演出」に強い反発を感じたのも確かだが、演劇が演出そのものにほかならないことを考えれば（アルトーも言うように、すべては演出であり、脚本はそもそも重要なものではない。脚本が重要であるのは、ただ脚本として、明らかに文学の一ジャンルとしてのみである）、いまにして思えば、寺山の演出は傑出したものであったと言わざるを得ない。

「死ぬのはいつも他人ばかり」

そう、いずれ自分は死んでも、分身は死ぬことがないだろう。

残酷の演劇という外形のなかで、アルトーはそのままで「別の人」だったが、寺山はこうして別の人になったのである。

それを記憶にとどめよう。アントナン・アルトーの記憶、寺山修司の記憶。死体のなかにも死者のなかにも「死」自体が存在しないように、記憶はその内実を恐らく蒸発させて、きっとかくれんぼを決め込むに違いないのだが。

かくれんぼの鬼は誰であっても構わないし、記憶はとても残酷なものだからである。

村八分のふらふら時計

宮殿の正面ではまだ何も動いてはいなかった。水は死んでいた。影でできた野営地は森の道を立ち去ってはいなかった。

（A・R「夜明け」）

ゆらゆらとした、大柄のシルエット、男たちのくぼんだ影でできた野営地。森の道をふさぎ、旅人の行く手をはばみ、魔女の夜宴のように火を焚き、膜の上を滑り、氷をまき散らし、インディアンのように紫の狼煙を上げ、邪悪なやつも含めて亡霊を呼び込み、わだかまり、喧嘩にあけくれ、じつは音も色もなく、腐ったボロ布、尻に穴のあいたズボンと埃にまみれた靴、それとも裸足、それに雨に濡れそぼった桜の花びらでいっぱいの、泥だらけの野営地。いがらっぽく、じりじりとして、酩酊と激しい動悸でいまにも窒息しそうな待機、軽い発作、血管のなかを駆けめぐるあの暗い塊りのせいで影だらけになった、いや、くぼんだ影だけしかもうどこにも見当たらない野営地……。

村八分というバンドはこれだった。

水は死んで動かなかったのだ。淀みの下のほうは澄んで透きとおり、少しだけ渦を巻いていたかもしれない。うたかたと眠りの水。鼻水とたいして違いはない。鼻からちょうちん。下鴨の禊《みそぎ》の水から遠く離れて、かつ消え、かつ結びて。生前にチャー坊が好んだ、元をただせばシェイクスピアの『あらし』の言葉にあるように、われわれのちっぽけな生涯は眠りによってその輪を閉じるのだから、この眠りをしばらくは再びここから遠ざけておくべきかもしれない。眠り。水たまり。眠り自体の執り行う盛大なる儀式。すべての子守唄があれほど恐ろしいのはそのせいなのだ。ぎざぎざになった眠りの輪。血が流れた。青空の映る水たまりの表面を波紋の輪が広がる。突然、轟音がとどろく。十一次元。今度は音の輪。音波。それから沈黙だ。

押し黙った案山子《かかし》たち。舌切り雀。なぜなのかは誰にもわからない。水辺にはさっきまでかろうじて人の気配があった。熾火はまだくすぶり続けていた。われわれが夢と同じ糸で織られているのは承知の上だ。ねぼけていては何のことか決してわからないほどもつれた、脈絡のない糸、だが長い一本の糸。ほんとうなのか、手繰りよせられて、風でゆらゆら揺れている一本の糸よ。とっくにお開きになった気違いお茶パーティ。「万歳！」と叫んだ奴が勝ったのかどうか俺の知ったことではない。百年経っても、人は同じことをやっているだろう。だけど森の道を、はじめから姿も形もなかったかのようにそっと立ち去った者は誰だったのだろう。君たちなのか。

はじめて村八分を見たのはいつだったろう。七〇年代初頭のある夜。ざわざわとして、とりとめのない、不穏なコンサートだった。不穏なだけが取り柄だった。僕は高校生の身空だった。何かが、何かの騒動が起こるかもしれないと直観し念じ続けることは、当時の僕の常套手段である。村八分はトリだった。他のバンドなんかどうでもよかった。夕方には、鳥が暮れなずむ空に黒いしみをつくるように群れをなして飛んでいくのが見えた。昼の間じゅうイライラしていたに違いない。フランソアやソワレの近く、四条西木屋町を上がったところにあったジャズ喫茶ダウンビートでぼんやりしていた。ダウンビートの隣を流れる高瀬川の浅い水が涸れることはないが、それを眺めている気になんかなれなかったのだ。髪の毛がまだ腰まで伸びていないことが少年っぽい負い目だった。ほかの奴はみんな年季が入っていると勘違いしていた。たいして年上でもなかったのに。後でたいてい失望させられる羽目になった。卑屈でドン臭いさえないスターたち。二十歳も三十歳も離れていたわけではなかった。だけど人間は物になりかけたり、突然、非人間的なキャベツになったりすることがあった。そう望んでいる人たちがいた。怪物遊戯。フーテン族は生まれつきのフーテン族でなければならなかったのだ。でも実際そんなことはありえない。木ぎれが自分をヴァイオリンだと思っても、銅が目覚めてラッパになっていたとしても、木ぎれや銅の落ち度ではない、と誰かも言っていたではないか。時計が叫ぶように吐血しているみたいだった、地球の自転速度が速くなっていたからだろう。

僕はひとりで神戸から京都にふらっとやって来ていた。ポケットのなかからは乾燥した草むらの匂いがした。ほんとうに他愛もないことだ。革命の話も女の話もなしだ。何の変哲もないある冬の日、だったと思う。いや、記憶違いだろうか。第一、記憶のなかに自分の明瞭なイマージュを見つけることなんかできないし、そいつにどうやっても手で触れることはできないのだから、そんなことは全部幻影のシッポを捕まえるようなものだ。それがいつだったかなんてどうでもいい。時計自体がふらふらなのだ。われわれは歴史のなかにいて、いなかった。「私は居た、そして居なかった」。さすがジャン・ジュネの言葉は素晴らしい。つまり思い出すまでもなく、シューベルトの『冬の旅』のような、静かで寒々とした冬の日であったかもしれない。それとも晩秋だったのか。昔は秋があった。お生憎様《あいにくさま》でした。突風が時おり思い出したように人気《ひとけ》のない通りを吹き抜け、干からびたオドラデクのキリキリ舞いみたいに落ち葉を舞い上げていた。何も見てはいないのに、ざわめく梢しか見えなかった。

櫓のような特設（?）ステージの足下に、ひとりぽつんと、痩せた少女みたいなカルメン・マキが立っていた。彼女は出番を待っていたのだろうか。まだ寺山修司の天井桟敷の家出少女そのままで。不機嫌そうにふくれっ面で、険しい目をして。所在がないのは誰もが同じだった。存在は非在の去勢である。ましてやガキだった僕はなおさらだ。僕はただ村八分だけを見にやって来た。それだけ。おまけに近くから見てやろうと考えていた。立入り禁止のロープなんか無視した。吐き気をおぼえるだけではすまされない。気楽なもんさ。尻すぼみの熱意なんて最初から願い下げだった。

カルメン・マキはケイトウの畑か撫子《なでしこ》の草原に捨てられた操り人形か、インド人の姉みたいに見えた。そこの地下にまっすぐ土管のようについでに埋葬されていたのが何だったのかは知る由もなかった。ここはロンドンでもニューヨークでも東京でもない。泣きはらした目をした女の子が老婆におんぶされて空気中の階段をぎくしゃく降りてくる。彼女は死人だったのか。コンクリートの下の見えない草むらには赤い着物が捨てられた。そのずっと下の地層には大きな苔だらけの古い池、妖怪になりかけの大昔の亡者たちがそこからぞろぞろ出てくるのだ。百面相だって何だって選り取りみどりだ。崩れた木の橋だって見える。楓《かえで》の木が腐って泡を吹いて倒れている。泡のなかはヒキ蛙の卵だらけ。橋があまりに軽いので、橋のそばには煙のように立ち上る長いからだをしたもの凄い老人たちがいて、ぐったりした鶏を手にぶらさげている。彼らは灰色で、半透明に透けて見える。何をやっているんだ、うるさいじゃねえか。他のバンドがどこのどいつで、何をやっていたのかはまったく覚えていない。たいてい僕は何も覚えていない。

村八分がステージに上がってくる。衣装も全体も全部がくすんでいて、大気自体がドンゴロスか何かの、ごわごわした汚い生地でできているように見える。僕は空気をつかんでみる。まさか！　手のひらを開いても、うじゃうじゃと蟻は湧いてはこないだろ？　蟻なんて一匹だっていないじゃないか。第一、村八分の輪郭はすでにぼやけていくばかりだ。麗しいデスタンス、つねにかすれてつぶれてゆく風景……。見えるのは、深紅のストール、病気のような化粧、腐った歯とボロ布だ。それが、おお恐、四つ辻で夕方にひらひら飛び回る経帷子《きょうかたびら》だったのかどうかはわからない。音は女郎蜘蛛に化けたストーンズというよりも、会場が広すぎるのか、音響や機材の悪さも手伝って、もっと膨張して、靄《もや》のようだった。靄は形をなしたりはしない。どちらかといえば地下で演っていたヴェルヴェット・アンダーグラウンドの爆音のホワイト・ヒートみたいに。熱は次第に白くなり、石灰と化すだろう。

　演奏が始まっていくらもたたないうちに、歌っていたチャー坊が、突然、マイクスタンドを蹴っ飛ばす。何も言わずにくるっと踵《きびす》を返す。冨士夫が間髪をいれずにギターのシールドをアンプから引き抜いた。ほとんど電光石火のすばやさ。そういったものすべてには素晴らしい速度がある。そこでじっとしているものも含めて。速度が計測できるのなら、位置のほうはけっしてわからない。もともと行方不明なのさ。座標は最初からゆがんでいるのだし。ドラムのカントがスティックを持って立ち上がり、ギターを抱えて、メンバー全員がすぐさまそのままステージから引き上げる。何も言わずに。はい、これでおしまい。終わりなんだよ、今日の鬼ごっこは！　僕もすぐに会場を後にする。こんなところには一瞬たりとも居ることはできない。まっぴらごめんだ、他の客と一緒にションベンするなんて。まだ京都に知り合いもいなかったし、行くところがないので、ヒッピーがやっていた「墳」という素敵な二階建のしもた屋へ向かう。季節はいつであれ世界はひどく寒かったのだし、いまでも寒いことに変わりはない。

古「墳」で、小さな音で流れるジョン・リー・フッカーのブルースか何かをぼんやり聞いてホットミルクか何かを飲んでゴールデンバットか何かの煙草を吸って退屈していたら、ドラムのカントが外人の女の子三人と店に入ってきた。おっ、村八分だ！　アブサンなんか飲んでいなかったのに、ヴァン・ゴッホの絵「夜のカフェ」の黄色い電燈の下でアブサンを飲んでいたみたいに、発狂しそうになりながら僕はカントを観察することにした。ガキだからそうせざるを得なかったのだ。

光の輪が二重にも三重にもなってお客のハゲ頭に接吻する。目が霞んでくる。夜も更けたので、子供の通りゃんせの歌声は聞こえない。くぐり抜ける鳥居なんかあるもんか。太秦《うずまさ》にある三つどもえの鳥居。どこから入ってどこへ出ればいいのか。奇妙なトポロジー。こっちがおかしくなっちまう。窓がカタカタいっていた。ここは青髯の家なんかじゃない。湯気の立つマザグラン・コーヒーなんかなかった。雨宿りする山門はあった。南禅寺は近かった。そこでキリシタン弾圧の綱領が練り上げられたのだ。

カントの顔は哲学者カントというよりも同じく哲学者だがヘーゲルに似ている気がした。エジプト彫刻のことはよく知らなかったが、エジプト彫刻みたいだと思った。ただ、石のエジプト彫刻よりはもっと薄い皮でできているみたいだったけど、血走ったままの目が離せなくなった。賢い子供のやることとさ。からからのミイラの皮でできた、少し首を傾げたスフィンクス。カントは結局三時間ほど店が閉まるまでそこにいたのに、とうとう誰とも一言も口をきかなかった。ココアを飲んだり下を向いてシンセイを吸い続けているだけだった。後でよく考えると、僕も誰とも一言も口をきいていなかった。外人女たちのほうは笑ったり日本酒を飲んだりぺちゃくちゃとうるさかった。ちぇっ。だんだん腹が立ってきたけど、僕は完全に無視した。

閉店で店を追い出されたので、通りをぶらぶら北のほうへ歩いた。コートを着ていたと思うが、足は裸足だった。寒い。どこへ行こうかな。ポケットのなかは空っ風が吹いてすかんぴんに近かった。この寒さじゃ、朝まで過ごせる場所は銀閣寺からそう遠くない「ダムハウス」くらいしかなかった。ヒッピーと過激派の鳥の巣で、朝までやっているとんでもなく汚い店だ。テーブルも椅子もビールの空き箱で、神の思し召しなのか、店のなかの土間を水がちょろちょろ流れている。ゴキブリと鼠なんかご愛嬌だ。でっかい間抜けなスピーカーが二つ。吉田山の麓にあって、吉田神社で幽霊を見たとわめくヒッピーたちが真っ青な顔をして丑三つ時に店に転がり込んできたこともあった。朝の四時頃になると店の前を阿呆なパトカーが行ったり来たり。冨士夫も時々を顔を見せていた。おいおい、俺のこの足、なんとかしてくれよ、動けねえんだ。

「ダムハウス」へ向かう道を歩いていると、後ろのほうで笑い声とドタドタ走る跫音《あしおと》が聞こえた。

さっきの外人たちだ。彼女たちが近づいてくる。いきなり僕は両腕をつかまれた。誘拐？　それもいいさ。蒼白い汚れた手でそこにはいない目には見えない天使に手を振ったりはしなかったのに、訳もわかからずそのまま「ダムハウス」へ。英語なんかろくに喋れない。後で知ったが、彼女たちはチャー坊のアメリカ人女房のヒッピー友達らしかった。金髪のレスリー、仏教美術の勉強をしているお姉さん、もう一人は忘れた。不平も言わず、嘆きもしない。ガキだった僕はそのまま数日間彼女たちの狭い町家で寝泊まりすることになった。お行儀は悪くない。食い意地は張ってない。「夜明けは痛ましかった」。暖房はない。そのあと真冬に訪ねても火鉢だけ。僕は東洋かぶれではない。死ぬほど寒かった。

最初に行ったコンサートはほんとうはどれだったのか。夏の円山公園の野外音楽堂だったような気もする。どっちだっていい。古「墳」のカントの印象があまりに強烈だったので、これが僕にとっての最初のコンサートみたいなものだろう。皆殺しの天使にはいまだお目にかかったことはなかったし、家の戸口に赤い印も柱時計もついてはいなかった。時間にパンチを食らわすと、こっちが失神してしまう。

円山の村八分のコンサートだったかどうかは忘れたが、円山音楽堂で面白い光景を見た。村八分の親衛隊がコンサートをつぶしに来ていたのだ。まるで寺山修司の映画『田園に死す』に出てくるサーカスの一座。でっかい幟《のぼり》には「豚　村八分」の文字。ステージ近くでやんややの乱闘騒ぎ。会場の一番後ろのほうには、夏だというのに派手な古着のドテラを裸の上に羽織った村八分のメンバーのひとりが腕組みしてにやにやしていた。すべからく退散すべしなどと言う間抜けな大人はひとりもいなかった。二十歳の美しい肉体は裸で歩くに違いない、鳥たちの歌はおまえたちの顔を赤らめさせる、だって？　そう、そう、たしかに。

しばらくして京都にも知り合いができた。なぜか神戸ではなくずっと京都にいた。僕はうわの空だったのか。友だちの彼女の家に泊まっていたら、冨士夫が時々やって来た。たまに早朝にイノダコーヒーの本店に行くと、新聞を読んだりしている近所のおじさんたちに混じって黒い奇怪な塊があった。朝なのだから、突飛で、おしつけがましい。冨士夫たちだ。早っぱらから牛乳を盗んだみたいなあんな顔は見たくねえぜ。お互い様だ。リフレイン、リトゥルネロ、冨士夫のかき鳴らすタメのきいたリフみたいなもんさ。きつい毎日、楽したキリギリス、ちょっとだけ遅刻の朝のお勤め、クビになった牛乳配達。

もう少し後になってからだが、三条蹴上《けあげ》の手前にあったオールド・ジャズのかかる「カルコ」という店でチャー坊と時々会うことがあった。幽霊薬局からの帰り道だったのか。ハシバミの木に鳥がやって来る。すべての前衛芸術家たちよ！　彼の京都弁、そこはかとなく漂う平安時代伝来の幻覚の二重像、チャー坊はいつも眠そうだった。アレ交換せえへんけっ、ソウ君、テーブルの下に手出しなよ。「最近、何の本を読んでるの？」、とチャー坊に尋ねる勇気は僕にはなかった。『万葉集』と『風姿花伝』や、とそっけなく答えるに決まっていたからだ。

僕にとって村八分のコンサートとは、後にライブ録音のレコードが出ることになった、派手なグラム風の衣装を着たあの盛大な京大西部講堂のライブではない。村八分は京都の路地の誰も知らない見捨てられた土塀のように、何色なのかわからないくすんだ色をしていなければならなかった。見たこともない土塀の内側を闇雲に掘ると、人骨がわんさか出てきてもおかしくはない。それにカンカン照りの下で、着物姿の麗人がありえないような場所に日傘をさして立っていた。時間は止まり、日傘の下で彼女はこの世のものとは思えぬ微笑を浮かべている。

村八分のことを思うと、いまでも僕は少し憂鬱になる。

分身がいっぱい　結びにかえて

ここまで書いてきたものをざっと眺めてみると、分身がいっぱいである。太陽がいっぱいとまではいかないとしても、分身だらけのこの世界の片隅（本はもちろん世界の片隅を秘密裡に、だが確実に占めている）は、だからといって暗く闇に閉ざされるわけでもないだろう。この本の冒頭で述べたように、これらの分身はドイツ風のドッペルゲンガーでもないし、いまでも古都の路地裏はおろか、近代都市のいたるところに巣食って人心を惑わしている古来からの死霊でも、『源氏物語』に登場するようなおぞましいまでに色情的な生霊でもないからである。

光があれば、闇があるのだろうか。光がなければ、闇があるのか。マニ教徒だった不良時代を悔いて改心することになった聖アウグスチヌスのようにはにわかに決定し難《がた》いことだが、アレクサンドリアのグノーシス派が言っていたように、かつて光と闇の、光の子らと闇の子らの、宇宙を突破せんとする死に物狂いの闘争があったのだとすれば、いずれにせよ私の言う分身が闇の産物であったなどと誤解しないでいただきたい。

本書におさめられたこれらの文章を書くにあたって、少なくとも私の思惑と心づもりはそのようなものであった。とにかく私はこのきわめて形而上学的である主題のなかに絶えず入り込もうとする霊的なものに抵抗するか、そいつの裏をかこうとしていたのだし、ともあれそのつもりだったのである。分身がどこをうろつこうが、どこに顔を出そうが、どこでお茶を濁していようが、分身をめぐって、霊的機構の反対側には、恐らく大方の予想に反して神的機構（なんなら神学的機構と言ってもいい）が控えているはずであるが、これはアントナン・アルトーが『ヘリオガバルスあるいは戴冠せるアナーキスト』のなかで述べる「諸原理の戦争」の一環であり、また別の話である。

いずれにしても、翻って考えるならば、だからこそ私は、これらの霊的、哲学的……などなどの主体とほぼ同じ資格をもつものとして分身を考えていたことになるのかもしれない。いや、分身は主体ではなく分身なのだから、分身を思考することなどどだい無理な話であり、ほんとうは主体にとって可能ではないのだ、とどこかの誰かが言っている。はっきり言って、大きなお世話である。一見、場合によっては、そんな風に見えたかもしれないが、分身こそが私を思考し、分身こそが私をして思考したのだから、実は私はそもそも分身を思考してはいないのである。これは身も蓋もない事実である。それにこの分身の振舞いのどこが哲学的、あるいは社会学的、人類学的、美学的、大脳生理学的、精神分析的、マルクス主義的などなどの主体の存立要件と異なるというのか。それならこちらから聞いてみたいのだが、主体が語る場合、「私」はどこにいるのか。どこかの学者先生にはさっさとそれに答えていただきたい。

とはいえ、霊的なもの云々はいざ知らず、私の拠りどころ、私の味方はといえば、書くという行為だけであり、書かれたものを書かれなかったもののなかに紛れ込ませ、書かれなかったものを、そのかろうじて極小の一部分を書かれたものによって語らせ、あるいは書かれたものをそのつど部分的にしろ言ってみれば解除することによって、まあ、何と言えばいいのか、なんの変哲もないただの日常のまっただなかに突発する一種のささやかな時間の緊張のグラデーションを捕獲することだけであったのだが……。時間の緊張……。とりあえず言えることは、それが錯覚であれ何であれ、書くということが、誰に頼まれたのでもなくそれを私に要請したということである。「私」は仕事をする、ただそれだけである。この要請は現実の知覚そのものとして知覚の現実のなかにあって、ましてや精神異常の兆候などではないし、このこと自体は滑稽で、かつ迷惑なことかもしれないが（誰にとってだろう？）、嘘ではない。

もっとも分身は神秘思想のなかにすでに入り込んでしまっているのではないのか。いや、そうでもなさそうである。浅学な私の知る限りでは、汗牛充棟、神学を含めて悪魔や天使についての研究は、アレクサンドリアの図書館を焼き払わねばならなくなるくらい古今東西枚挙にいとまがないが、分身についてはお目にかかったことがない。分身は悪魔のように多くは語らない。分身は沈黙の、あの不在の権化である。そしてあの不在の井戸のなかにはかろうじて言葉の残骸以外に何もないのだ。だが、分身の地位は、悲しいかないまだに低いと言わざるを得ない。あえて断っておくが、私の言う「分身」にはいかなる神秘もない、というかこいつはいかなる神秘現象でもないのである。むしろ「私」がそこかしこにいること自体が神秘であり、幸いなことに、それによって事の本質を嘲笑《あざわら》い、台無しにしている張本人は「私」のほうなのである。われわれの道元だってそんな風に言っていたではないか。
アントナン・アルトーは、ある時期、神秘思想やオカルティズムに没頭するあまり、自分のすべての行動と精神と肉体を結果的に苛《さいな》み続けることになった。彼は自分の精神の病の原因はそれにあったとまで言い及んでいる。だがアルトーのようにあらゆる犠牲を払ってオカルティズムや神秘思想に通暁していた人でさえ、影のようにあらゆるものに憑きまとい、「私」という事象の裏面を出来事の裏地のように成すものも、かてて加えて、彼自身が実感できた分身さえをも定義することはなかったのだから、私のかなりざっくばらんな分身譚について、私の怠慢と無能をことさら無慈悲なまでに非難などできないはずである。私……私……私……。ああ、それなら分身はどこにいるのか？　私は無駄を承知で言い訳をしているのだろうか。そんな風に思ったからといって、私は断じて冗談を言っているつもりはない。

私もまた、いささか大袈裟に言うなら、こんな風にアルトーの言っていた「思考の無能性」から出発せざるを得なかったのである。アルトーは、思考の中心、すなわち魂の中心にある崩壊、思考の腐蝕、思考の一時的な喪失、思考できないというその不能と不可能から自らの思考の死闘を開始したのだが（それは歴史的に有名な話である）、いくらなんでもそこまでではないにしても、分身が私に不能と無能を無理強いしたことは間違いないのだ。アルトーの場合、それが麻薬のせいであったなどとは口が腐っても言ってはならないが、この不能と無能に関して、分身は、身体のなかにまで入り込む障害、偶然によるのではなく、偶然の障害を、内的な、心に巣食う窃盗や、押し込み強盗を必要とはしていないのである。盗まれたのが自分自身であれば、まだ幸いであったと言わねばならない。ランボーは自分の靴ひもを持ち上げて、遥かに見上げる大熊座の下で宙づりになって、それを琴のように、ギターのように、アフリカの知られざる楽器のように奏でていたのだった。

それはそうと、分身が私を嘲笑い、いっとき陰険なやり方で私を否定し、そしらぬ顔をして私の尻拭いをし、同時に私を徹底的に拒絶するというのは、「私」自身には確信がないこととはいえ、ほぼ確かなことである。私と分身は似て非なるものなのだから、私に代わって、分身はあちこちで謝り回ってさえいることを私は知っているのだ。彼は言ってみれば神的機構の無神論的な要であり、あるときは使い走りである。なぜそれをおまえが知っているのかって？ それはできれば秘密にしておきたい。私にも言いたくないことがあるのだ。

われわれは夢を見ているのだし、同時に夢を見てはいない。ネルヴァルが言っていたように、夢は第二の人生であるのだし（何と言っても、第二である）、夢のことなど、夢のまた夢のことなど、今ここにいれば、たしかに言葉の外に放り出された私にはあずかり知らぬことではある。その点ではわれわれは日なたの犬ころやニャンコと何ら変わりはないといっていいだろう。夢と比べて、上述した不能と無能は、それについて何事かを言おうとすればするほど、それを分析し、それにある意味で距離をとって俯瞰すればするほど、それこそが「私」の核心はおろか、生身の私自身をなまなましく組成するものであることが反作用としてわかるというものだ。書けば書くほどそれが見えてくるというのは致し方のないことである。書けば書くほど……。

しかしアルトーは、問題であるのは語ではなく、持続であると言っていたのだし、これは実際の経験からもたらされた見解であって、実際、血の滲むような努力を、隕石や火山の噴石を空から降らせるくらいの努力をアルトーはしていたのである。何の益もない努力、実りのない氷塊のような精神の枯渇と徘徊。だがアルトーは、なんと精神病院のなかでも、われわれの想像を絶する状態におちいっていても、ずっと何かを書いていたのである。彼は安物の小学生用ノートに四六時中書いていた。そのノートは、死ぬ前に、彼の弟子の娘、彼が可愛がっていた幼い少女と手に手を取って一緒に通っていた（いまでは犯罪である）文房具屋で買い求めたこともあったに違いない。

その点で、かつてジャック・ラカンが下した診断は完全に間違っていたと言わざるを得ない。あるときアルトーを診断したラカンは、アルトーは長生きするだろうが（長生きしなかったし、晩年のあれらの有名な写真が撮られた頃は、どう見ても八十歳くらいに見えるが五十代前半である）、もう一行たりとも書けないだろう（普通の意味でアルトーの創作意欲は最晩年の二年間もきわめて旺盛だった）とこれ見よがしに強調していた。名医としては恥ずべきことである。われわれはそのアルトーのノートを苦労して翻訳しているのだから、ラカンに文句を言う筋合いくらいはあるというものだ。

それはそうと、ラカンは『アンコール』と題された講義録のなかで、たしかジョイスとソレルスのエクリチュールについて、「書かれたもののクォーク」などという言い方をしていたが、私が思うに、これは「分身」以外の何ものでもない。素粒子は物質の本質であり、根幹をなすものでありそれを構成するものだが、同時に物質の根幹あるいは基盤を、物質的組成を成立させているものの反対側に追いやる何かであり、つまり物質の二重の幽霊であり影のような何かであることは、素人の私にも理解できることである。要するにこれに関してラカンの言っていることは、至極あたり前のことなのだ。書かれたもののなかに、クォークが、つまり分身が存在せざるを得ないことは、ここまで読んでこられた読者諸兄がすでに見たとおりである。

六〇年代のラカン。芝居っけたっぷりの、愛すべきラカンは葉巻を手にし、いつも苦味ばしって正装をわざとハズしたようないでたちだったが、警報装置が鳴るのもおかまいなしに、目にしみる紫煙がもうもうと立ち籠める教室で、銀縁の眼鏡の奥から眼光鋭く、腕を振り上げていた。当時を知る人たちは、あれは一種の演劇だったとみんな言っていた。七〇年代の話だが、冷やかしでラカンの講義にひとりで勝手にもぐったことがあった。ただで、無償で、一銭も払わず。私は未来のない若者だった。いまは未来のないおっさんという違いがあるだけである。私が覚えているのは、黒板に書きなぐられた数式とへたくそな図形だけだった。ゼイゼイ言っていたかどうかは知らないが、ラカンは精魂尽き果てたという感じだったように思う。内容はもちろん、フランス語もちんぷんかんぷんだったと言っていい。講堂教室がどこにあったのかすら覚えていない。

これが実際に私が見たことなのかどうなのか今となってはもう確信がもてないのだし、そんな私事にまつわることなどどうでもいいのだが、ラカンは当時すでに気息奄々《きそくえんえん》だったのだと言うほかはない。だが彼の仕事はどうだったのだろう。それは人を惹きつけてやまない一種の秘教だった。ラカンはきわめて魅力的な人物だったが、私が好きなタイプの人物ではなさそうだ。彼がヘンテコな日本趣味だからといって、点が甘くなるわけではない。遠目に、外野から、生意気にもこんな奴とは絶対につき合いたくないと思ったほどである。それに私は偶然のようにドゥルーズの一読者であるのだし、精神医学は、精神分析学はどこにいるのか、医者だ医者だ診断だ診察だと騒ぐのなら、その医学とやらはどこまで行っているのかと問わざるを得ない。彼らはわれわれを監禁する権限をもっている場合があるからである。だからアルトーの恨みは、われわれにも想像できるとおり、生半可なものではないのだ。

おまけにサザビーズかクリスティーズかは忘れたが、かつてアルトーの死後すぐに誰かに盗まれてしまった上述のぼろぼろの小学生用ノートは、いつだったか、わりと最近のバブル競売で、二千万円とかの値がついたようである。これは言うところのアルトーの呪いだったのか。それともアルトーが死ぬまで闘った目には見えないオカルト的網状組織による呪詛と籠絡なのか。絶対の自由などと人は軽々に言うが、アルトーは精神の局面というものすら認めることはなかったのである。

分身の話に戻ろう。

私の言う分身はドゥルーズが批判していたような「思考のイマージュ」を免れてはいないのだろうか。ここまで読まれてきた私の分身譚が美術的な意味での一種のイマージュ論であることは、炯眼な読者諸兄ならすでに見破っていると思うが、これは恐らく非哲学として告発されるべきものであるかもしれない。そう言ったからといって、私はいっこうに困ることはない。それはすでに普遍的な誤謬、意味のパラドクス、エレメントの崩壊のなかにあって、イマージュの存立の公準自体のいわば完全な破壊を体現しているとしても、すでにわれわれに与えられている理念やドクサのほうが、判明であるあまりに如何《いかん》ともし難い曖昧さのなかにあるからである。われわれは何も分かっちゃいないし、われわれには何の範例もありはしないのだし、そんなことはすでにして日常の経験である。しつこい繰り返しの同語反復になるのでこれ以上はもう言わないが、だからこそ否定がそのつど否定され、いっとき一条の光がこの喜劇全体を全滅させるように射してくることだってあるにはあるのだ。

けっして手の内を明かすわけではないし、実際、単なる思いつきにすぎないのだが、私の言う分身の親戚のようなものを探してやろうとぼんやり考えているときなどに、いつも目の前にちらつく奴がいる。ただしこれは「思考のイマージュ」ではなく、「概念」であるのだから、これが私の分身のモデルのひとつを提供しているなどとは間違っても絶対に考えないでいただきたい。

カフカの短篇「家父の気がかり」にオドラデクという奴が出てくる。「もしオドラデクなどがこの世にいなければ、誰もこんなことに頭を痛めたりしないはずだ」、とカフカは書いている。「ちょっとみると平べたい星形の糸巻きのようなやつだ。実際、糸が巻きついているようである。もっとも、古い糸くずで、色も種類もちがうのを、めったやたらにつなぎ合わせたらしい。いま糸巻きといったが、ただの糸巻きではなく、星状のまん中から小さな棒が突き出ている。これと直角に棒がもう一本ついていて、オドラデクはこの棒と星形のとんがりの一つを二本足にして突っ立っている」(池内紀訳)。

もちろん私の分身たちがまったくこんな姿をしていないことは言うまでもない。だが似たようなところもある。このオドラデクは屋根裏にいたかと思うと階段にいたり、玄関にいたかと思うと廊下にいたりするし、長いあいだ姿を見せないこともある。肺のない人のように笑うし、落ち葉がかさこそいうような声で喋るし、黙りこくったりもする。カフカは、「木のようにものを言わない。そういえば木で出来ているようにもみえる」と書いている。こんな会話だってすることがある。

「なんて名前かね？」
「オドラデク」
「どこに住んでるの？」
「わからない」

カフカは、こいつは死ぬことができるのだろうかと一応は心配するふりをしているが、分身が死にそうにないのと同じように、「自分が死んだあともあいつが生きていると思うと、胸をしめつけられるここちがする」とも言っている。

スペインの作家エンリーケ・ビラ＝マタスは、『ポータブル文学小史』のなかで、心のなかに「黒い間借り人」が棲みついているような気がしていたが、そいつがオドラデクだった、と書いていた。だが分身が黒い間借り人なのか、それとも「私」のほうが家賃を払わない居候なのか判然としないことは、すでに述べたとおりである。

だが果たして分身がわれわれに語りかけるときが来るのだろうか。冒頭で、分身を見たとしても龍之介のように死ぬとは限らない、人はどのみち死ぬのだ、と言ったが、舌の根も乾かぬうちにこう言わねばならないはめに私は追い込まれている。まんいち分身がわれわれ自身だけに向けて正面から自らの秘密を語るようなことがあれば、発狂することはないにしても、死が生の覚醒であるなら、もしかしたらわれわれは死ぬかもしれない、と。それは何かの終焉であるだろう。ボルヘスの言葉を借りれば、そのとき残るのは言葉であり、言葉の残骸だけであり、私はユリシーズのように誰でもない人になるだろう。私は死ぬだろう。なぜならそのとき人は自分に対して時間の琴線を暴くことになるからである。

二〇一六年六月

謝辞
最初に作品社とのコンタクトをとってくださった四方田犬彦氏に、そして一緒に本をつくることを快諾してくださった編集部の青木誠也氏に感謝いたします。

初出一覧

「はじめに」（原題「分身について」）『神戸新聞』、もぐら草子46、二〇一五年十月二十五日
「分身とは何か　序にかえて」書き下ろし

1　言葉、分身

「誰でもない人　異名としてのフェルナンド・ペソアを讃える」現代思潮新社ウェブ・サイト「鈴木創士の部屋」、二〇一四年二月
「正午を探す街角」「鈴木創士の部屋」、二〇一四年五月
「ニーチェの狂気?」『現代思想』、二〇一三年二月号、青土社
「ドクロマクラ　夢野久作『ドグラ・マグラ』覚書」『文藝別冊　夢野久作』、河出書房新社、二〇一四年二月
「ジャコメッティとジュネ」「鈴木創士の部屋」、二〇一五年八月、九月
「舞踏家土方巽を読む」「鈴木創士の部屋」、二〇一五年十月
「身体から抜け出す身体」「鈴木創士の部屋」、二〇一三年七月
「天体残酷劇」「鈴木創士の部屋」、二〇一三年八月
「ベケットあるいは無傷の歳月」「鈴木創士の部屋」、二〇一二年八月
「デュラス　意志と表象としての愛人」『マルグリット・デュラス』、河出書房新社、二〇一四年九月
「マゾヒスト侯爵サド」『ユリイカ』、二〇一四年九月号、青土社
「坂口安吾　地の塩のヒロポン」『文藝別冊　坂口安吾』、河出書房新社、二〇一三年九月
「文学の泥棒について」「鈴木創士の部屋」、二〇一二年三月

2　イマージュ、分身

「分身残酷劇『カリガリ博士』趣意書」糸あやつり人形一糸座、主演・十貫寺梅軒による『分身残酷劇　カリガリ博士』（二〇一五年九月高田馬場にて初演）のための趣意書、未発表

「映画、分身」「鈴木創士の部屋」、二〇一二年十一月

「映画を見に……」「鈴木創士の部屋」、二〇一二年九月

「ブニュエル雑感」「鈴木創士の部屋」、二〇一三年十月

「ギー・ドゥボールの映画の余白に」「鈴木創士の部屋」、二〇一三年一月

「彼は死のうとしている　ロラン・バルト」「鈴木創士の部屋」、二〇一六年四月

「Happy new ear？　ジョン・ケージ」『ユリイカ』、二〇一二年十月号、青土社

「古代様式　デヴィッド・ボウイ」『文藝別冊　デヴィッド・ボウイ』、河出書房新社、二〇一三年五月

「シモーヌのような女性」『ユリイカ』、二〇一五年七月臨時増刊号、青土社

「扉の脅威　Turn them out of DOORS！　奴らを追い出せ」『文藝別冊　ドアーズ』、河出書房新社、二〇一四年十二月

「ビロードのノイズ　ルー・リードとヴェルヴェット・アンダーグラウンド」『ユリイカ』、二〇一四年一月号、青土社

「ヴェルヴェット共同体」『文藝別冊　追悼ルー・リード』、河出書房新社、二〇一四年一月

「梟が観た亡霊　寺山修司とアルトー」『別冊太陽　寺山修司』、平凡社、二〇一三年四月

「村八分のふらふら時計」『山口冨士夫　天国のひまつぶし』、河出書房新社、二〇一三年十二月

「分身がいっぱい　結びにかえて」書き下ろし

（なお、初出の文章に手を入れたものがあることをお断りしておく）

鈴木創士（すずき・そうし）

1954年生まれ。フランス文学者、作家、ミュージシャン。著書に、『アントナン・アルトーの帰還』、『中島らも烈伝』（以上河出書房新社）『魔法使いの弟子　批評的エッセイ』、『サブ・ローザ　書物不良談義』（以上現代思潮新社）、『ひとりっきりの戦争機械』（青土社）、『ザ・中島らも』（河出文庫）など。訳書にジュリア・クリステヴァ『記号の横断』（せりか書房、共訳）エドモン・ジャベス『問いの書』、『ユーケルの書』、『書物への回帰』（以上水声社）、フィリップ・ソレルス『女たち』、『サド侯爵の幻の手紙』（以上せりか書房）、アラン・バディウ『ドゥルーズ——存在の喧騒』（河出書房新社）、アントナン・アルトー『ロデーズからの手紙　アントナン・アルトー著作集Ｖ』（白水社、共訳）、ジャベス『歓待の書』（現代思潮新社）、ジョルジュ・バタイユ他『無頭人』、ベルナール・ラマルシュ＝ヴァデル『すべては壊れる』（以上現代思潮新社、共訳）、アルトー『神の裁きと訣別するため』（河出文庫、共訳）、『アルトー後期集成3』、ジル・ドゥルーズ『無人島』、『狂人の二つの体制』（以上河出書房新社、共訳）、ジャン・ジュネ『花のノートルダム』、アルチュール・ランボー『ランボー全詩集』（以上河出文庫）、アルトー『ヘリオガバルスあるいは戴冠せるアナーキスト』（河出文庫、近刊）など。

装画
ヨハンネス・グンプ
Johannes Gumpp
「自画像」

分身入門

2016年8月25日初版第1刷印刷
2016年8月30日初版第1刷発行

著　者　鈴木創士
発行者　和田肇
発行所　株式会社作品社
〒102-0072東京都千代田区飯田橋2-7-4
TEL.03-3262-9753　FAX.03-3262-9757
http://www.sakuhinsha.com
振替口座00160-3-27183

編集担当　青木誠也
本文組版　前田奈々
装　幀　水崎真奈美（BOTANICA）
印刷・製本　シナノ印刷株式会社

ISBN978-4-86182-591-0 C0095